U0683599

教育部高等学校高职高专广播影视类专业教学指导委员会
主持与播音专业"十二五"规划教材
丛书主编　毕一鸣

播音主持作品赏析

王　强　编著

中国广播影视出版社

图书在版编目（CIP）数据

播音主持作品赏析／王强编著. —北京：中国广播影视出版社，2011.7（2024.8重印）

教育部高等学校高职高专广播影视类专业教学指导委员会主持与播音专业"十二五"规划教材／毕一鸣主编

ISBN 978-7-5043-6460-9

Ⅰ.①播… Ⅱ.①王… Ⅲ.①播音—语言艺术—鉴赏—高等职业教育—教材②主持人—语言艺术—鉴赏—高等职业教育—教材 Ⅳ.①G222.2

中国版本图书馆 CIP 数据核字（2011）第 131536 号

播音主持作品赏析

王 强 编著

责任编辑	杨 凡
装帧设计	亚里斯
责任校对	张 哲

出版发行	中国广播影视出版社
电 话	010-86093580　010-86093583
社 址	北京市西城区真武庙二条 9 号
邮 编	100045
网 址	www.crtp.com.cn
电子信箱	crtp8@sina.com

经 销	全国各地新华书店
印 刷	涿州市京南印刷厂

开 本	787 毫米×1092 毫米　1/16
字 数	236(千)字
印 张	13
版 次	2011 年 7 月第 1 版　2024 年 8 月第 9 次印刷

书 号	ISBN 978-7-5043-6460-9
定 价	27.00 元

（版权所有　翻印必究·印装有误　负责调换）

教育部高等学校高职高专广播影视类专业教学指导委员会
主持与播音专业"十二五"规划教材

顾　问

王铁城　中央人民广播电台　播音指导

吴　郁　中国传媒大学播音主持艺术学院　教授

编审委员会名单

王建国　主任委员　广播电影电视管理干部学院副院长　教授

陈信凌　副主任委员　南昌大学传媒与社会研究所所长　教授

陈　龙　副主任委员　苏州大学凤凰传媒学院副院长　教授

毕一鸣　委员　南京师范大学新闻与传播学院副院长　教授

布和温都苏　委员　呼和浩特民族学院副院长　教授

董广安　委员　郑州大学新闻与传播学院院长　教授

高晓虹　委员　中国传媒大学电视与新闻学院院长　教授

蒋贻杰　委员　广西职业技术学院教务处处长　教授

梁小庆　委员　中央广播电视大学音像出版社社长　教授

刘民朝　委员　中央电视台办公室主任　高级编辑

王诗文　委员　安徽广播影视职业技术学院院长　教授

谢晓晶　委员　北京电影学院副院长　教授

张瑞麟　委员　中央广播电视大学图书馆馆长　教授

郭卫东　秘书长　广播电影电视管理干部学院教务处处长　教授

覃晓燕　秘书　广播电影电视管理干部学院教务处副处长　副教授

序 ●●●●●●●

    21 世纪，人类社会进入了信息时代与知识经济时代。在这个飞速发展的时代里，经济全球化与文化多元化已经成为不可阻挡的历史潮流。随之而来的是跨文化传播在全球的迅速兴起，而影视艺术作为当今世界影响力最大的艺术创造和文化传播方式之一，在跨文化传播中具有最广泛的观众群和覆盖面。

    随着广播影视事业在全国的迅速发展和产业属性的显现，对广播影视人才的需求也越来越大，近年来，我国广播影视类专业高等教育取得了长足的发展，为广播影视系统输送了大量的人才。随着广播影视行业的迅猛发展，社会对广播影视类人才提出了更高的要求。进一步深化人才培养模式、课程体系和教学内容的改革，提高办学质量，培养更多的适应新世纪需要的具有创新能力的广播影视高素质人才，是广播影视教育的当务之急。

    作为广播影视教育的重要环节，教材建设肩负着重要的使命，新的形势要求教材建设适应新的教学要求。高职高专教材应针对高职高专学生自身特点，按照国家高职高专教育的特点和人才培养目标，以应用性职业岗位需求为中心，以素质教育、创新教育为基础，以学生能力培养、技能实训为本位，使职业资格认证培训内容和教材内容有机衔接，全面构建适应 21 世纪人才培养需求的高职高专广播影视类专业教材体系。广播影视类专业教学指导委员会组织编写的规划教材，主要包括影视动画、影视广告、新闻采编与制作、主持与播音、电视节目制作、摄影摄像技术等专业系列教材，本系列教材的出版，必将对高职高专广播影视类专业的人才培养和教育教学改革工作起到积极的推动作用。

本系列教材的出版，得到了教育部高等教育司领导、国家广播电影电视总局人事司领导及行业专家的大力支持，得到了国内众多同类院校的大力协助，在此对他们表示衷心的感谢！同时，我们也希望广大师生和读者给我们提出宝贵意见，使教材更加完善。

教育部高等学校高职高专广播影视类专业教学指导委员会主任委员

王建国 教授

CONTENTS

目　录

第一章 播音主持作品赏析的目的和意义

在播音主持艺术的发展过程中，丰富的实践活动和缜密科学的理论相互补充和促进，在不断的磨合中促进了该艺术的完善和发展。对于播音主持艺术这门学科来讲，除去它的发展历史、科学的理论、丰富多彩的实践活动以外，从艺术赏析的角度来观察其中优秀的作品，揭示其感动人们心灵、创造美的境界的规律，对于完善该学科的架构体系有着十分重要的意义。

本书主要是站在受众的角度，以专业的眼光审视播音主持作品。站在受众的角度意为作品需要依靠和服务受众，如何更好地满足他们的审美需求；以专业的眼光来审视作品，是要求对于播音主持作品的审视不能仅仅止步于一般意义的类似观众的欣赏水平，还要以专业的方法对优秀的播音主持作品进行细致而科学地分析，认真解读其中的具有独特意义的创作手法和方法，揭示其中的规律，为广播电视播音主持作品创作的繁荣发展提供有意义的借鉴。

广播电视播音主持作品，其构成有硬件方面的元素，更有软件方面的元素。硬件主要是指技术的支持，比如音响的制作、使用，电视画面影像的技术处理；而软件方面主要是指编导、播音员、主持人等在各自的创作过程中运用创作性的思维方式，对各种可以利用的创作元素进行有机整合和运用，形成总体艺术效果，体现作品主题的创作方式。

播音主持作品赏析所涉及的作品都是优中选优的经典之作。它们具有高度的思想性和艺术性。既符合作品所诞生时的社会时代精神，又富有强烈的艺术感染力，成为具有鲜明时代特色的艺术品。当然，每部作品所展示的侧重点都有所不同，有的反映时代变革，成为某个时代的一面镜子；有的更加追求高超的艺术氛围，体现出浓厚的艺术境界。如此便为受众提供了丰富多彩的精神食粮，同时也为专业的赏析活动提供了可供研究的优秀范本。

　　准确地说，一部成功的播音主持作品是创作集体共同辛勤劳动的结晶，尽管最终劳动成果的体现者是播音员、主持人，但是进行专业性的赏析工作，需要具有整体观念，注重作品的综合效益，这样方可体现出广播电视播音主持作品真正的存在意义。

第一节

播音主持作品赏析的目的

人类的任何行为都有其目的，以目的为指导，行为便可以具有明确的指向性，当然也就会有与之相适应的理想结果。对于播音主持艺术创作而言，更是有着鲜明的目的性。宣传党和政府的大政方针、传递民声民意、为受众提供愉悦身心的精神食粮。服务受众，为他们提供有声语言的美的享受。为了达到这些目标，广播电视媒体的创作人员，从各自的媒体特点出发，结合某个节目或者栏目的特点进行创造性的劳动，为广大听众和观众不断呈现绚丽多彩的作品，这些作品有的立意高远深刻、有的形式新颖独特、有的作品其中播音主持具有高品位的审美风格，或气质高雅或声音规范、纯正，或者智慧幽默，使整部作品成为思想性和艺术性有机结合的优秀作品，既具备了教育和指导受众的作用，同时也为他们带来有声语言创作的魅力，满足他们的审美需求。因此，揭示创作的目的，便为赏析活动阐明了目的。

一、揭示播音主持作品的创作规律

广播电视播音主持工作具有新闻性和艺术性双重特质，对于创作人员来讲，预想达到理想的传播效果，认真遵循业已发现的创作规律，努力探索和发现新的传播规律，不但可以使自身的创作之路呈现出亮丽的前景，同时也为后来者的创作提供有益的经验，丰富整个播音主持作品创作队伍的艺术创作道路。

由于对播音主持作品的赏析，运用传播学、播音学以及新闻学的理论进行分析品评，因此赏析活动可以探寻创作者的思维轨迹，揭示整个作品的创作规律。提供具有较强操作性的创作方法。

在我国的广播电视事业发展过程中，逐步认识和运用各种相关的理论加强信息传播的优势，一直是专业人士努力探索和实践的要素。传播理论对于受众地位的认识就生动地说明了这一点。从最早的魔弹论、皮下注射论等，到受众中心论，受众的地位有了突飞猛进的变化，以这样的变化为依据，广播电视的编导和主持人都在不断地了解和研究受众的特点和需求，借以指导自己的创作。可以说整个节目构思创意和实施的过程就是不断地认识

3

自己节目目标受众和努力满足受众需求的复杂过程。这其中不停地通过传播反馈和修改再传播和再反馈的模式，不停地完善节目和播音员主持人的形象和风格特点，赢得更多受众的信赖。很多成功的节目尤其是主持人节目都是因为有了明确和准确的受众定位而使得节目迅速为人们所关注和接受，并在较短的时间内形成了广泛的影响，比如我国早期的电视服务类节目《为您服务》《夕阳红》《幸运52》和《星光大道》等，都是因为在节目创作伊始准确地定位了自己的受众群，节目迅速吸引了众多的参与者和观众。节目成为受众展示自己和实现自我价值的舞台。

主题是一个播音主持作品的灵魂，是节目编创的风向标，如何选择主题，如何表现主题，如何将诸多创作元素有机结合，发挥合力，共同构成播音主持作品的艺术特色，都可以在赏析的过程中进行探究。

新颖别致、厚重高远的主题，可以使人们在欣赏作品的过程中得到心灵的感悟和情感的升华，从而内化为自身所拥有的一种高贵情怀，提升人们整体的素养。

二、提高赏析者的艺术欣赏水平

对播音主持作品的赏析，实际上也是带领众多赏析者感受作品魅力的过程。对于作品的赏析者，更多情况下是播音主持方面的专业从业人员，播音主持工作岗位一线从业者或者大中专播音主持艺术专业的学生。借鉴是提高的重要手段。尤其是对于播音主持这样实践性很强的专业，更是重要。学会用科学的方法对优秀作品进行观察和分析，是学习播音主持艺术的一项重要能力。鉴别是认识事物本质和提高自身创造能力的基础。对于广播电视播音主持专业，赏析活动，是让赏析者对已经学习过的专业理论知识进行回顾和感悟的重要手段。常言说：我们对于事物的认识需要知其"然"，还要知其"所以然"。赏析的过程就是探究和知晓作品"所以然"的过程。以优秀广播电视播音主持作品为赏析对象，运用科学的方法揭示其中的艺术要素，循序渐进，赏析者的专业水平定会得到实质性提高，有了专业水准的赏析能力，对于播音主持作品的创作者整体专业艺术水准的提高无疑有着很大益处。

三、展示播音主持作品的美

播音员主持人就其工作性质来讲，既是新闻工作者，同时为了达到迅速有效传播节目信息的目的，又需要掌握一定的语言表达技巧，涉及创作艺术的层面。因此，播音主持创作有其新闻性的一面，同时它又是一门艺术。艺术之所以产生和发展，是因为其自身有着为人们所喜爱和欣赏的元素。因此发掘和揭示播音主持活动中所具有的这些特性，一方面可以给从事专业工作的人员提供一定的可以借鉴的经验，有利于自身业务的提高；很多经典的播音主持作品，集中体现了创作全体的艺术灵感和智慧，将其选择作为艺术赏析的对象，可以清晰地揭示其作品的创作轨迹、特点以及艺术风格，将这些有创造性的点深入分析，探究其中的规律，对于今后的播音主持作品的创作大有裨益。

播音主持作品的美包含着丰富的内容。从宏观到微观，从整体到细节，无不体现在作品的各个创作环节上，每位参与者各尽所能，充分发挥创作元素的内在潜质，营造美好意境。

播音主持作品的美既有内在的也有外在的，既有形式的也有内容的。因此赏析活动和过程所揭示的作品的美是一种立体的内外结合的和谐。

广播电视播音主持作品由于创作所依托的介质不同，所以作品呈现出的美感形式也都有自己独特的方面。对于广播媒体中的广播播音主持作品，利用声音元素进行深入地艺术创造，努力挖掘各种可以通过人们听觉感知的元素，表现既定的主题，这是广播媒体的优势。

《刘健和他的瑶歌》中陌生而富有神秘色彩的瑶语和瑶歌；《曲苑大观》——《天津曲艺—火》中，种类繁多的曲艺形式的精彩片段，让人大饱耳福，借助广播的优势，将优秀的艺术文化传扬。

电视媒体的声画同步传播，更多视觉因素可以成为电视播音主持作品创作者的创作工具。电视播音主持作品中包含了播音员、主持人的整体形象、语言；电视镜头语言因素：画面、字幕、音响、同期声等。这些因素可以进行排列组合，变幻无穷，这样的变化中渗透着创作者的艺术灵感和智慧，最终给受众带来的是富有艺术感染力的作品。

电视的镜头语言有着很强的艺术创造力，看似简单的因素组合在一起，却能表现出令人耳目一新的情境。电视纪录片《江南》在镜头语言的使用上十分考究，为了突出表现江南那种婉约、朦胧、浪漫的情调，创作者对画面的色彩、被拍事物运动的方式、构图等都进行了精心的设计。如图1－1所示。

片中起到过渡和连接作用的小片花，其精致的画面和富有江南水乡风

图1－1

韵的音乐，比如悠扬的笛声，都给观众带来一种内心的触动，感觉到了江南清丽温润的诗意情调。如图1-2所示。

细雨中的小巷，从高处俯视，颜色各异的雨伞来来往往，犹如水中的莲花，在微风吹拂下，轻轻摇摆，诗意浓浓；富安桥被清晰地倒映在水中，微微浮动的涟漪，将桥的倒影轻轻摇动，好似二者无声的对话；狭窄的雨巷中，一位江南姑娘，撑着油纸伞，悠然走过，远去的背影给人留下久久的思念。这些富有诗情画意的镜头，有着江南一样浪漫的表意功能，其中的人和景物在慢放镜头中展示出令人难忘的思绪和情趣。这些只是《江南》中对于镜头语言运用的一个缩影。如图1-3所示。

图1-2

在对于播音主持作品赏析的过程中，还有一点和一般的观赏有着很大区别的方面即对于作品文字稿件的审视。文字稿件是许多播音主持节目的创作基础，因此对于文字稿件的研究也是探究播音

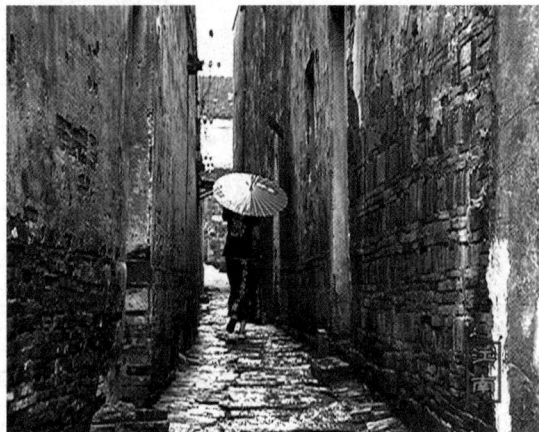

图1-3

主持作品创作风格不可或缺的要点。依据节目自身的定位，其文字稿件也呈现出相应的风格特点，或清丽、或缜密、或豪放等，尤其是电视纪录片的解说词更是将文字的表达潜力发挥至淋漓酣畅的层次。

电视片《江南》中有这样的文字：

多年以前，已记不清在周庄的哪条小巷的巷口，有一个德记酒馆，卖酒的人是女子阿金。因为阿金的美，引得南社诗人柳亚子、叶楚伦等人常去那里饮酒，他们为阿金写了许多诗歌，并把小酒馆叫做迷楼。

"贞丰桥畔屋三间，一角迷楼夜未关。尽有酒人倾自堕，独留词客赋朱颜。"

这是柳亚子《迷楼曲》中的句子。前辈的风雅让我们看到，滴雨的檐下，小镇的少女酤酒而归来，纤巧的身影，在悠长的巷子里飘逸，而那一把油纸伞，仿佛就是江南最诗意的岁月里，正在盛开的莲花。

（资料来源：电视片《江南》第一集"在水一方"）

以上三段解说词风格优雅，富有烂漫情调，其中的诗歌营造了一种回味悠长的氛围。令人阅读之时便在内心升起一种对于作者真实情感的感同身受。文字的表情功能得到充分发挥。而最后一段的细致描摹，将江南雨巷和走在巷子里的人描述得如同在梦境中一般，迷蒙而恬淡。作者内心的一种感情诉求让人们了然在心。

四、展示播音员、主持人的个性美

这里的个性美是一个有着丰富内涵的概念。其中包括播音员、主持人形象、语言之美，以及众多因素共同作用所营造的其整体的个性特点。在广播媒体节目中播音员、主持人所依靠的只有唯一的一个工具——声音传递信息并与听众形成一种信息交换的环圈。在长期的以声会友的状态下，他们用声音逐步树立起自己富有个性特征的形象，而受众也通过声音与他们形成一种内心的默契，共同营造交流空间和情趣；而在电视媒体中，由于其本身所具备的丰富多样的创作元素，给电视节目的编辑和播音员、主持人开辟了更为广阔的创作空间。优秀的播音员、主持人以自己独特的魅力吸引着大批的受众，他们有的有着大方优美的形象，有的有着超凡的语言表达能力，展示出高超的语言生发和控制能力。这些都是为受众所关注的重要因素。

电视媒体中播音员、主持人的屏幕形象是给人们带来审美愉悦感的一大要素。它包括外在形象和内部形象。外在形象很直观，主要包括相貌、形体动作、表情动作以及服饰等；屏幕形象对于电视播音员主持人来说有着十分重要的传递信息的作用。

不同类型的节目对于播音员、主持人有着不同的限定性，一般来说，"在新闻节目中，形体动作、表情动作要规范利落、朴实大方，只有把握新闻消息的文风特点，才能适应新闻的庄重、真实等特性。在服务性节目中，形体动作、表情动作要松弛、柔和、自信、流畅，才能适应这类节目的亲切感。在文娱艺术性节目中，形体动作、表情动作要优美、潇洒、敏捷，与具体节目的风格相统一谐调，或抒情、或幽默、或风趣、或俏皮……才能适应观众赏析艺术的审美要求。"[1]

在实际播出的各种类型的电视节目中，播音员、主持人的外貌和服饰等因素会给受众带来较大甚至是深刻的影响。新闻播音员基于自身所存在的位置以及节目的性质，有着十

---

[1] 张颂主编：《中国播音学》，北京广播学院出版社 1994 年 10 月版，第 442 页。

分广泛的受众面，比如新闻联播类节目，其中播音员的服饰一般都会引人注目。一般来说，他们的服饰具有新颖但不新奇，往往有意想不到但是又合理的样式，令人感觉耳目一新。较有代表性的就是中央电视台新闻联播播音员李修平，她的服饰有着鲜明的东方女性贤淑雅致的特点。简约大方，颜色淡雅，曾经有着"李修平服"的美称。由于有了得体恰切的服装，李修平典型的东方女性的魅力更加浓郁地散发出来，成为一道亮丽的风景。

主持人李咏在节目中的服饰也显露出一种独特的风格，欧陆风情的服装给他平添了几分高雅和利落之感。这些服饰都和播音员、主持人个人的气质和性格以及节目本身有着密切联系，他们生长在一起，形成一种合力，共同为节目信息增添密度，使之更易于为受众理解和接受。如图1-4所示。

对于播音员、主持人的外貌，更是一个受众的热门话题，不论是新闻节目还是娱乐节目，其中的播音员、主持人都是百里挑一甚至是万里挑一。人们从这些自己喜爱的播音员、主持人的脸上读到了亲切、恬淡、智慧、善良等带给他们不同情绪的审美愉悦。

图1-4①

内部形象是通过外在形象而表现出来，让受众感觉到其存在。它主要包括政策水平、文化素养、个人气质等因素，这些尽管不具有可视性，但是却可以通过播音员、主持人的举止言谈充分地显现出来。往往观众会发现，主持人的外表形象和内在积淀以及修养是息息相关的，是内在的东西慢慢决定了外在的表现形式。

许多优秀的播音员、主持人都有一份属于自己的独特的慧中而秀外的优势。比如中央电视台戏曲节目主持人白燕升，唱起戏曲来有板有眼，颇有专业演员的感觉，别有一番风味，令人叹服，体现出高雅的气质。也充分体现出他对于戏曲艺术的深刻感悟和理解。中央电视台《中国新闻》播音员徐俐有一副好嗓子，一曲《青藏高原》常常歌惊四座。播音员、主持人内在厚实的修养和积淀是他们日后事业腾达强有力的助推力。

播音员、主持人的语言美也是吸引受众的重要因素。语言美有播音员、主持人自身先天具备的诸如较好的音质音色等因素，同时也包括他们在后天经过专业磨炼后所形成的独特的用语等语言习惯，长期的磨砺可以把播音员、主持人的语言特点逐步集中起来，并形

---

① 照片来源：http：//bugu. cntv. cn/zhuchiren/liyong/index. shtml#。

成具有一定个性意味的东西，吸引着受众。一个主持人的语言风格可以起到十分重要的沟通感情的作用，它最感性，可以很直接地带给受众一种刺激。许多有影响的播音员、主持人都有着自己独特的语言风格。比如，有的人语言清新，有的人语言幽默，还有的人语言富有哲理等。

对于广播电视播音员、主持人来讲，其有声语言表达风格不尽相同，由于播音员多是以文字稿件为依托进行二度创作，因此播音员有声语言表现出更多的规范性美，比如中央人民广播电台的《新闻和报纸摘要》节目中的播音历来都是人们心目中标准普通话的样板。人们历来都是把这个节目中的播音员作为看不见的老师来进行模仿学习的。其中的播音规范、大气、富有活力和生机，体现出一个泱泱大国的气派。

而对于主持人节目尤其是谈话和娱乐节目的主持人，他们的语言更富有个性，体现出节目个性和主持人个性的有机融合和完善。这些节目中的主持人根据节目性质和现场的语境，努力寻找节目现场的即兴因素，或者是人们闪现的思想火花，或者是现场观众或嘉宾的显现出的娱乐因素，他们都敏锐地觉察并迅速形成有声语言给予生发和延展，使节目呈现出一种生动灵活的状态，让人们感受到真实和鲜活的思想。比如：《实话实说》节目主持人崔永元，善于对现场嘉宾的交流进行总结和升华，常常妙语连珠，显示出高超的语言生发能力和对于节目现场的控制能力；《星光大道》的节目主持人，在节目现场机智灵活、风趣幽默，可以自如地应对现场发生的多种不可预测因素，同时还可以根据现场听到的、看到的事物充分发挥自身幽默的语言特点，把节目现场营造成了笑的世界。在欣赏此类电视节目时，人们更多感受到的是一种真实感，主持人边想边说，边看边说的口语化语言，生动地体现了"主持"这个概念的内涵，运用相关的知识，通过语言驾驭节目进程，实现传播目的的活动规律和方式方法。像崔永元等主持人都是先有了长期厚实的积累，担任记者或者编导，而后才从幕后走到台前，他们的语言能力是基于他们早先的经历带来的敏锐感悟力。丰富的人生阅历给他们许多难得的积淀，不知什么时候就可以和节目现场的气氛相互交融，擦出闪亮的火花。

此种情景之下主持人的语言生发状态才算得上是真正的掌控节目现场和进程，这样的语言具备了给人们带来视听审美感受的潜力。

上面谈到的内外形象因素共同构成了一个播音员主持人的个性特征。这样的个性特征经过长期和节目的磨合以及受众的反馈的作用，而逐步成为节目或者栏目的标志，有的主持人温文尔雅，有的机智灵活，有的干练利落，从不同的侧面满足了受众的心理需求，丰富多彩的富有个性的主持人，形成对于受众稳定和长期的吸引作用。

对于广播电视专业的创作人员，赏析有着引领和启发心智的作用；而对于非专业人员即一般的听众和观众则可以帮助他们更深刻和透彻地感受到播音主持艺术的魅力所在。可以说是一举两得的事情。尽管非专业人士没有必要一定懂得专业方面的知识，但是接受一些有规律的专业知识，可以帮助他们对播音主持工作的艺术性有更新的欣赏角度，由此也就会感受到更深和更丰富的美好元素，愉悦自己的身心。

第二节
播音主持作品赏析的意义

一、揭示出作品的内涵和主题

主题是任何一个节目的核心，是创作的起点和最终的落脚点。

每一部播音主持作品都有其明确的主题，它贯穿着作品创作的始终，既是作品的指南针，也是作品追求的目标。

主题是播音主持作品创作意图的浓缩和升华。通过各种方法揭示作品主题，或是弘扬传统文化，或是讲述人间真情，或是展示社会的发展变迁，每部作品都是一幅生动的社会和人生的素描，给受众带来思考和回味，让他们感受社会和人生之美。

不论是广播媒体还是电视媒体，不论是消息、评论、通讯还是专题，都充分利用和挖掘自身优势，努力实践传播规律，有机加入艺术表现手法，使作品呈现出高度的思想性和艺术性，最终为受众展示出富有吸引力的内涵和主题。

电视纪录片《血脉》《苏园六纪》《最后的山神》等，广播音乐专题节目《古诗新韵——介绍民乐室内乐〈春夜洛城闻笛〉》《刘健和他的瑶歌》等都充分运用。如图1-5、图1-6所示。

图1-5

图1-6

对于这些优秀作品的赏析，可以更加清楚地展示节目的意义所在。纪录片《血脉》通过平实的语言、真实的人物、感人的故事揭示出两岸同胞渴望祖国早日统一的愿望；《苏园六纪》则是以园林所蕴含的文化信息为切入点，对苏州园林的文化内涵进行重新梳理，从而表现出其独特的形象特色；《最后的山神》全篇充满了对由于受现代文明影响而渐渐离我们远去的鄂伦春族民俗文化的一种忧思之情。

广播音乐专题节目《古诗新韵——介绍民乐室内乐〈春夜洛城闻笛〉》，充分体现了创作者对于中华民族悠久灿烂音乐文化的崇敬之情，借助古诗的恰切意境，充分体现出我国古代乐器的独特表现力。该节目主题的确定和挖掘颇费了一番工夫，几经思考，才使其逐渐浮出水面，经过精心打磨，最终成为广播节目中的精品。节目的主题，耐人回味，悠远绵长。

播音主持作品的赏析活动，在传者和受者之间建立并架起一座信息往来的桥梁，形成信息交流和共享，把创作者的创作意图传递给受众。在传递、接收、反馈、共享信息的过程中，播音主持作品的思想性和艺术性得到充分展示，作品的价值得以充分体现，这一过程的完成也使节目由成品转变为作品。

二、提高广播电视播音主持艺术创作水平，更好地为广播电视受众提供精神食粮

赏析活动是信息传递的过程，同时也是对于创作者艺术创作的一种促进和鼓励。

在赏析的过程中通过对于创作者艺术创造手法和流程的观察，更为清晰地展示出其优势和需要改进之处，而观察和品评他人的作品，更是可以以一种“旁观者清”的视角进行全新的分析，由此会帮助创作者更真切地认识到自身创造的轨迹，尤其是针对其中有提升空间的部分，在今后的创作中努力探索更加富有艺术表现力的手法。

一种艺术的发展除去创作者的努力，还需要有鉴赏和批评者对创作者的作品进行评价，才能构成其发展的完整的健康的发展路程。从受众的角度出发，以多个角度审视播音主持作品，可以总结归纳出作品自身的优点，为后来人提供可以借鉴的创作方法，进而丰富广播电视播音主持作品的创作，为受众提供更多更好的精神食粮。

没有借鉴就没有提高，艺术创作要发展，创作者对前人的优秀传统借鉴和模仿是一条十分重要的道路。有了继承，才会有发展，正如辩证唯物主义所讲“扬弃”。播音主持艺术更是需要对于前人的继承才有可能更进一步，而如何继承，在很大程度上需要有针对性地对优秀的播音主持作品进行细致分析，发现和品味其中的精妙之处，触发自己创作的灵感。

对于播音主持作品的赏析，包含了更加丰富的内容，它不单单是对播音员、主持人的评析，而是从某一个作品整体的概念上去把握。因此，这样的赏析活动层次更为丰富、过程更为复杂，当然方法更多、角度也多样，结果自然也会具有更加深层的意义。

不论是广播还是电视播音主持作品，都是依托自身可以借以生发艺术灵感的要素进行创作。这些因素正是我们进行播音主持作品赏析中所要观察的要素。

对于广播电视播音主持作品的赏析，为创作者提供了丰富的创作手法、拓展深入的创作思路，借此越来越多的创作者可以有更加开阔的创作空间，为广大受众创作出更多更好的作品，丰富人们的精神世界。

播音主持工作是新闻工作的一部分，同时又是语言艺术工作，运用丰富的方法和技巧可以把平面的文字转化成富有感染力的艺术语言。比如在进行播音主持创作时，巧妙运用播音内外部技巧对稿件文字进行加工，比如利用语气和节奏的变化使有声语言更加富有对象感和起伏感。艺术有其发展的规律，需要不断地探索、总结和发展。如何坚持优秀的传统，并以此为基础拓展新的表现手段是一个历久弥新的问题。

播音主持艺术的创作没有止境，因此对于它们的赏析活动也会一直相随相伴，并且逐渐向高深层次发展。通过对具有典型意义的广播电视播音主持作品的赏析，可以为播音员、主持人提供富有感性色彩的创作手法，结合自身实际，进行融合拓展，最终达到提高播音主持水平的目的。而基于此，广播电视节目众多的受众也便会有了更为丰富的精神食粮，自己的精神世界也会因此而丰富和精美。对于播音主持作品的赏析活动，其意义也正在于此。

对于每一部作为赏析的广播电视播音主持作品来说，赏析活动没有止境，基于每位赏析者的人生阅历、教育经历、性格特征等因素的差异，其对作品的感受也会有着或多或少的不同。其实这样的不同并非坏事，而是从多种角度揭示作品的特点和魅力。

思考题 ● ● ● ● ● ● ●

1. 广播电视播音主持作品赏析的目的是什么？

2. 广播电视播音主持作品赏析的意义是什么？

3. 为什么说播音主持作品的赏析没有止境？

一般来说，受众从广播电视媒体中收听、收看节目的时候，注意力主要集中到节目的播音员、主持人上。诚然，播音员、主持人的声音和形象的确有着巨大的吸引力，清脆悦耳的声音、或端庄或清秀的形象给人们带来审美愉悦，但是，这些仅仅是播音主持作品的重要组成部分，从整体的角度观察，这些作品的构成因素要复杂得多，概括起来诸多因素可以分为语言要素和非语言要素，它们在节目中互相支撑、有机融合，共同构架起节目，在各自的位置上发挥着独特的作用，正是有了这些创作元素的合力，广播电视播音主持作品才能呈现出多姿多彩的风格，为广大受众不断提供精良的精神食粮。

第二章

播音主持作品赏析的要素

第一节

语 言 要 素

语言要素是指播音主持作品中有声语言，包括播音员、主持人的播音、主持、解说和节目中出现人物的访谈语言、人物对话等。

语言要素是播音主持作品中十分重要的组成部分，在整个节目主题和艺术情调的表达上都占有极为重要的作用。因此语言要素在广播电视播音主持作品的赏析过程中有着突出的位置。其中播音员、主持人的语言更是我们观察、品评和赏析的重点。对于学习播音主持专业的人士来说，结合其他因素观察如何用有声语言来阐释作品的主题和内涵是重中之重。

播音员、主持人的播音主持风格受多种因素的制约和影响，其中包括作品的类型、风格和创作的时代背景都起着重要的作用。这也充分体现了播音创作的二度性创作特点。

一、播音、解说要素的特点和作用

播音、主持、解说等是播音主持作品中最重要的因素。播音、主持和解说的风格受到一个时代和社会风格的影响十分显著，不同的时代和社会，政治经济的发展变化促成人们生活和精神追求的变化，而这样的变化又会使人们的审美情趣和追求形成新的促动力，使人们对于广播电视的播音主持风格产生巨大的影响，其中对于播音员、主持人语言风格的要求和期待是最大的。

1. 时代因素和播音、解说要素的关系

社会和时代是我们每个人生存所依赖的环境。广播电视媒体中节目的诸多创作者，同样不能脱离社会和时代的影响。他们的思想观念都会深深打上某个时代的印记，而当他们以节目创作者的身份出现在媒体中时，这样的思想观念就会在他们的创作中有所体现。

在我国，从新中国建立到目前的和谐社会发展目标的提出，不同的社会发展阶段都呈现出明确的发展特点，主要是党和政府制定适合某个社会阶段发展的具体目标所带来的变化。而这些变化对处于该阶段的广播电视媒体都会有直接的影响。在我国，广播电视媒体

的重要职责就是配合党和政府的工作重心，从自身媒体特点出发，对相关的方针政策进行宣传，使之更为清晰易懂，也就是强调一种宣传的艺术。这本身也符合传播理论的要求。

我国的广播电视事业从新中国建立之日起，有的开始进入新兴的发展新时期，有的则应运而生，并且在不断的磨砺中成长和发展。

从 1952 年 12 月到 1983 年 4 月期间，我国共召开了 11 届全国广播电视工作会议（其中前 10 次为全国广播工作会议，第十一次为全国广播电视工作会议）。这些会议的召开大都和当时的社会大环境有着密切的联系，会议大都会提出未来广播电视发展的计划和蓝图，对广播电视事业的健康快速有效地发展起到了巨大指导和推动作用。中国的富有时代特色的广播电视新节目不断涌现，而在这样的环境中，播音主持艺术也在相应的成长和进步，一批又一批富有鲜明时代特色的播音员、主持人走进人们的视野，他们的播音主持风格也给一代又一代人留下了深刻的印象。

以我国电视事业发展为例，从 1958 年开始建立北京电视台起，先后经历了"艰苦创业（1958—1956 年）、曲折发展（1966—1976 年）、成长壮大（1976—1991 年）、飞速发展（1992—2000 年）"[1] 这几个时间段分别表明了新中国成立以后所经历的几个社会阶段，每个不同的阶段都会有重大的社会现状以及发生的某些重大的变革，正是这些变革给电视媒体带来直接的影响，电视宣传的主题和中心，节目的样式，播音员、主持人的播音主持风格也都不同程度地映射出这些变革的影子。

在这些鲜明的社会时代阶段，众多的广播电视节目纷纷出现，有的节目成为开路先锋，有不少经过长期的完善和提高成为精品，深深印刻在受众的脑海里，并成为永久的记忆。

纵观我国的广播电视发展历史，尤其是新中国成立以后，伴随社会发展和经济进步，我们迎来了多个富有显著特点的发展时期，作为社会风向标的广播电视媒体也和时代的脚步相应和，体现出鲜明的时代特色，在节目创作的主题选择、节目的传播样式以及节目类型方面都能得到充分的体现。而这一系列的变革也为播音主持艺术的发展提供了更为广阔的发展空间。播音主持风格更加多样化，给受众提供了更多可以品评的节目，也为专业的研究者提供了更多可供分析的样本。

2. 时代标准对播音主持风格的影响

创作者身处某个特定的社会阶段，从自身的实际出发，将自己对于社会人生的思考投入作品中，以丰富的手段表达出来，等待受众的感受和反应。

---

① 刘习良主编：《中国电视史》，中国广播电视出版社 2007 年 2 月版，第 3 页。

因此时代的特点给播音主持作品的产生确定的大致的方向和总的原则，而富有不同特色的创作者在这样的原则之下发挥自己的聪明才智，把富含自己特色的作品呈现出来，是在和受众一起感悟社会和人生。

广播电视由于经济的发展和社会的变革而进行的改革，则对播音主持风格带来直接的影响，播音主持作品的风格、样式、内容都会有那个时代的烙印。

我国的广播电视发展经历了几个十分突出的发展阶段，比如新中国建立初期、改革开放时期、建设小康社会以及和谐社会时期。这其中都为广播电视播音主持艺术的发展提供了良田沃土。

新中国成立的时刻，我国播音前辈齐越和丁一岚在天安门城楼上对开国大典的盛况进行的实况解说，就是富有鲜明时代特色的例证。他们是真情投入当时的工作之中，充分体现出人民当家做主、扬眉吐气的愉快心情。而这样富有热情的现场解说，就是很优秀的播音作品。

当时的两位播音前辈正是处在意气风发的青春韶华，都是北平新华广播电台的播音员。丁一岚28岁，齐越27岁。很多参加过当时开国大典转播的工作人员都会说到这样一句话：开国大典上的播音是由丁一岚和齐越完成的。[①]

在当时的现场直播中，他们的情绪和现场的动人场景交融在一起，化作充满热情的播音回荡在新中国的天空。

参加大会的30万人都整齐肃立致敬，注视着人民祖国的庄严而美丽的五星红旗徐徐升起。各部队指战员行举手礼，在队列中间的干部和战士以及执行勤务的人员都肃然立正。随着国旗越升越高，她的声音明显更加激昂："国旗已经上升到旗杆的顶尖，在人民首都的晴空迎风招展。"[②]

和广场上的人们一样，播音员们的情绪也十分激动；但是他们一直"尽力控制住激荡在心中的火一样的热情"。直至五星红旗升起来的那一刻，丁一岚的情感才真正宣泄出来。她激动地告诉收音机前的听众："中华人民共和国的国旗，现在正由毛主席亲手把它升起。"[③]

大典开始前一小时，丁一岚和齐越已经在会场就位。布置简单的工作区甚至没有坐的

---

① http://www.sxldyk.com.cn/E_ReadNews.asp? NewsID = 746
② http://www.sxldyk.com.cn/E_ReadNews.asp? NewsID = 746
③ http://www.sxldyk.com.cn/E_ReadNews.asp? NewsID = 746

地方，他们一直站在一个立式的老话筒前，按照杨兆麟和胡若木的提示，轮流朗读解说词。待到晚上9时许庆典结束时，他们已经原地站立了7个多小时。齐越生前曾回忆说，他们只觉得越播越流利，一点儿也不觉得累。①

从上面的材料中我们可以清晰地感受到，作为一名播音员在特定的历史时刻发挥了何等重要的作用，他们用自己的声音记录着历史，见证着历史。他们的播音工作就是社会发展的组成部分。人们敬仰他们，因为他们是在用心传递着中华人民共和国成立的历史时刻，他们激昂的情绪也是全中国人民的心声，中国人民从此站起来了。

可以说他们是那个时代的播音员队伍的代表，高亢昂扬的播音风格也是和新中国成立时人们感到无比幸福喜悦的心情相一致的，充分地体现了时代的特征。

1976年到1991年期间，我国的电视事业的发展出现了较大转机。当时我国的社会状况有了很大的变化。粉碎"四人帮"以后，我国社会发展逐步进入正轨，新闻节目的发展得到进一步重视，集中体现在新闻栏目《新闻联播》上。这时的社会背景是，"从1976年开始，我国的电视机拥有量渐渐增长，观众开始遍布全国，观众们希望不仅能看到中央的新闻，更能看到全国其他省市及自己地区的新闻节目。技术的发展、设备的配套及全国电视观众的需求都为《新闻联播》创办准备了有利条件。"② 这些因素最终促成了《新闻联播》的诞生。1978年1月1日，该节目正式打出栏目的名称，并且恢复了中断多年的播音员口播新闻的形式。而由此亿万观众可以看到电视播音员的播音状态，也正是因为这样的变革，才给了节目的播音员更多的展示机会，他们也逐步成为人们关注的重点，他们的整体形象成为人们经常品评的对象。他们的播音风格也在不断地变革中变化发展。

1978年12月，党的十一届三中全会召开，确立了以经济建设为中心的指导思想，我国的经济建设开始进入一个新的发展阶段，社会主义市场经济开始崭露头角。经济的发展，物质生活的日益丰富，使人们对于精神生活的需求逐步提高，他们希望能够及时了解新闻信息，这样的需求给电视媒体带来了新的挑战同时也促成了其发展中新的转机。1980年7月12日，在中央电视台第一个新闻评论节目《观察与思考》中出现了主持人，字幕打出的名字是庞啸。在节目中他以记者的身份进行采访，同时还以主持人的身份代表这个节目，可以面对观众报道新闻。这样的传播方式收到了良好的效果，节目不断收到观众来信，而主持人在演播室里可以就这些来信一一作答，形成了良好的信息沟通状态。后来节目还增开了专栏《交流》，采访对象多为领导，还把政府各部门领导和观众请到演播室，

---

① http://www.sxldyk.com.cn/E_ReadNews.asp? NewsID=746
② 刘习良主编:《中国电视史》，中国广播电视出版社2007年2月版，第142页。

给他们面对面直接交流的机会。"在这样的对话中，主持人成为谈话的引导者，他要清楚对话双方的实际情况，调动现场情绪，巧妙引导话题的方向……"在这里，我们可以感受到新闻节目主持人的语言风格有了鲜明的特点，观众的热烈反响也说明了这样的方式满足了人们的需求，是社会的发展给节目的制作者提出了更高要求，在努力的实践中，主持人的探索也得到了应有的回报。《观察与思考》节目具有一定的突破意义，主持人的出现就是一个成功的尝试，它适应和反映了社会的变革给电视人观念带来的转变。

在这个时期，广播媒体的从业者也在进行着不懈的努力，并且取得了丰硕的成果。20世纪 80 年代中后期，在我国改革开放的前沿，珠江经济广播电台开创了大板块直播和热线电话交流的广播新模式。被称为"珠江模式"，它引发我广播界对于节目样式和制作理念的广泛和深入的思考，成为我国广播发展史上具有里程碑意义的突破点。由此，从中央台到地方台，新兴的节目争奇斗艳，而直接参与到这个变革中的当属主持人，大板块直播和热线电话给他们在节目中以更大的创作空间，同时也对他们提出了更高的专业素养要求。这个时期，听众感觉到了来自广播里的清新和亲切的问候。人们感觉到主持人就在身边，他们是活生生的人。听众不仅可以听到富有活力的直播节目，而且还可以通过热线电话，和主持人进行更为直接的交流，感觉到一种从未有过的真实和亲切。主持人和听众成为几乎可以面对面交流的对象，在这样的交流空间里，听众也自然地成了节目不可或缺的组成部分。这个时期广播主持人的声音更富有交流感，语音语调更贴近人们日常生活中的状态。

珠江经济广播电台的开播成为中国广播史上具有历史意义的里程碑。由于广播人对于广播特质和受众的新知，极大地改变了广播传递信息的模式。从原来的"我播你听"到"为听众服务"，想方设法为听众提供适合的信息，传播理念发生了翻天覆地的变化，而播音员主持人队伍则是实践这种全新传播理念的人。

被誉为"珠江第一声"的老播音员周郁从 1964 年进入播音队伍，直到 1986 年一直担任播音员工作。"从播音员到主持人的转变，她有最深刻的体会。过去是照稿直念，不可以错一个字，后来就放手给了主持人更广的空间。"①

这位珠江模式的亲历者和实践者的讲述，为我们清晰真切地描述了一个广播改革大潮来临时的动人情景。从播音员到主持人，不仅仅是一个称谓的改变，更是一种对于职业特质的更为深刻的理解。主持人成为媒体和听众的真实的纽带和桥梁，其实是在更为自然生动地传递党和政府的声音。亲切自然，注重交流感，是这个时期主持风格的突出标志，这

---

① http://gold.hexun.com/2008－12－09/112129121.html，2008 年 12 月 9 日《信息时报》。

也正好适应了当时人们对于平等自然交流状态的心理渴求。表明人们的思维更为多元和深入。对于这样的需求，主持人努力寻找和听众的心灵的契合点，也就是逐渐形成了那个时代特有的主持风格。

在这个时期，中央台也积极地参与到改革的大潮中，他们努力寻找和听众的契合点，推出新节目，同时也为主持人的发展提供了难得的机遇。我们在这里观察中央人民广播电台推出的两档节目《午间半小时》和《今晚八点半》及其节目主持人。

《午间半小时》于1987年1月1日创办。它融新闻性、评论性、知识性、服务性于一体，每天中午在第一套节目12点首播。在内容上注意把握时代脉搏，关注群众关心的热点话题，在反映群众意见和诉求的同时，寓教育于谈天说地之中，进行正确的舆论引导。栏目时代感强，雅俗共赏，有着广泛的受众群体。其受到欢迎的另一个重要因素就是主持人的风格。

该节目最重要的主持人是虹云和傅成励。应该说这个时期，全国各地的电台都已经进行了较大幅度的改革。主持人队伍呈现出蓬勃发展的势头，而中央人民广播电台在推动主持人发展的道路上作出了突出的贡献，虹云就是这个探索途中的亲历者和实践者。社会的进步，时代的发展把主持人呈现在听众的面前，一个最为显著的要求就是确立一种全新的主持理念和风格。虹云原来一直担任播音员工作，只是和稿件打交道，而作为主持人就要和节目生长在一起，呈现出和节目风格相融合的状态，听众不但能够听得到主持人悦耳动听的声音，更能通过主持人对于社会时事分析评论共同感受时代发展的脉搏。虹云的主持风格也日渐成熟，受到广泛地赞誉。在继续保持中央台国家级媒体的严谨、庄重、大气的同时，又增添了亲切、自然的风格，以平等交流的语气和听众进行沟通，追求真善美，让听众感觉到主持人是用心和他们交流。虹云的主持风格具有突出的典型意义，她在20世纪60年代进入中央台时的播音风格和80年代成为主持人后的主持风格，都是社会变革所产生的影响，清晰地折射出时代的丰富色彩。可以说，这是社会和时代的要求，也是社会和时代造就的成果。（图2－1）

图2－1①

---

① 图片来源：中国广播电视学会主持人节目研究委员会编，白谦诚主编：《主持人20年》，兵器工业出版社2000年12月版。

我们再来观察同年开播《今晚八点半》，这是一档综艺类节目，它以听众点播的内容为主，涉及音乐、曲艺、电影剪辑、人文知识等多方面内容，受到听众的广泛欢迎和喜爱。而节目的主要主持人雅坤更是以独特的风格为节目增添了亮丽的风采，成为当时此类节目主持的先锋。（图2-2）

我们通过对一段北京城市服务管理广播的《老年之友》节目的再现就可以对当年主持人雅坤的访谈有更深切的体会。

图2-2①

（主持人）成音： 那个时候也是直播，是吧？

雅坤： 不是，最初都是录播。因为当时领导比较慎重，从内容，我们这个稿子都不是让主持人拿点素材随便去发挥，都不行的，都是写出来，作为主持人的你要驾驭这个语言，从原来的播音语言到主持语言，这个过渡，我们有一段很艰苦的过程。

成音： 您也有过很艰苦的过程？

雅坤： 有的，我跟贾际，当时这个节目没开播之前，我们是在底下练，编辑写好了稿子，我们两个分出来，你一段我一段，合成节目，拿给领导去审听。听众老说我们有点播音的腔调，老是摆脱不了这个味道，弄得我们两个也着急，因为终归来讲，马上节目就要开播了，我们要是作为录音播出的话，一定要做几期，都有点备份，不能说今天做好了今天播，那就太紧张了，因为领导还要审听。弄得我们俩后来都没信心了，劳驾，你们谁能给我们做一个示范，我们俩自己老在这个窝里，有点不出来了。旁观者清，说谁给我们试试，我们谁也不行，就靠你们俩了。结果我们俩也没辙了，后来领导一声令下，行也是它，不行也是它了，因为咱们没有时间了，马上就要准备开播了。

…………

成音： 我特别能够理解，那个时候要甩掉播音腔不是一朝一夕就能甩掉的。

雅坤： 那个时候老觉得播音是很正经的、很严肃的事，做主持人，要面对面，像聊天

---

① 图片来源：中国广播电视学会主持人节目研究委员会编，白谦诚主编：《主持人20年》，兵器工业出版社2000年12月版。

的，首先这个状态你得把握住，我那个时候最初的设想，就是把这个话筒当做我的一个比较熟悉的朋友，跟他聊天，这么设想了半天，还半天进入不了状态。半年以后，我们一个编辑说，老雅，你发现没有？我说你发现什么了？我觉得你们俩现在这个语言很自然了，挺舒服的了。我们再静下心来感觉，是，跟以前不一样了。从状态感觉，我没有想到我是照着稿子在播音，我就是面对着面，跟着听众一个节目一个节目地介绍，那种对象感、那种交流感就特别明显了。①

从访谈中我们可以感受到，为了适应社会和时代的变革，为了更好地为受众服务，播音员、主持人都在一直在进行着不懈的探索和努力，他们的探索为播音主持风格的进步和发展提供了宝贵的经验，成为一笔宝贵的精神财富。

社会在进步，从 20 世纪 90 年代初开始，高新科技也在不断地丰富和充实人们的生活，最为显著的变化便是电视已不是人们向往的奢侈品，而成为人们生活中的日用品。而物质生活的进一步丰富，也催生了受众更多的精神方面的需求，比如放松紧张的心情，在繁忙的工作之余通过电视节目得到一种开心快乐的情绪。这便成为电视综艺娱乐节目产生的动力。在这样的节目中人们不仅看到自己喜爱的众多明星，而且他们还发现节目中的主导——节目主持人也成了吸引他们眼球的要素。此时，娱乐节目主持人已经悄然走入人们的视野并且逐渐呈燎原之势。

20 世纪 90 年代初，中央电视台先后推出了两档重头的综艺娱乐节目，一个是《综艺大观》，开播于 1990 年 3 月；另一个是《正大综艺》，开播于同年 4 月；当时的人们谈及这两个节目的时候，还经常会把它们的名字讲混，在某种程度上说，也表现出人们对于两个节目的喜爱。节目让观众眼睛一亮，前者综合了各个艺术门类，让人们在荧屏上可以集中享受高品位的文艺节目，后者则为观众打开一扇了解世界各地风情的门窗。而和节目紧紧联系在一起，让观众难以忘怀的就是主持人了，最具有标志性特点的主持人当属《综艺大观》的主持人倪萍和《正大综艺》的主持人赵忠祥、杨澜了。很多观众看节目除去欣赏节目内容以外，就是欣赏几位主持人独具风采的主持人风格了。

人们在《综艺大观》中看到的是感情真挚、善于流露真情的倪萍，她朴实大方，极富感染力的主持风格，能够很好地调动节目现场的气氛，观众可以和她一起在节目中感受生活的喜怒哀乐。屏幕上人们看到的是一个活生生的节目的引领者。得益于有过演员经历的她，可以充分地把自己对于生活的感悟更加富于艺术表现力地展示出来。那段用山东方

---

① http://fm1073.bjradio.com.cn/servlet/Report? node = 64155

言演绎的《天气预报》，至今还是人们津津乐道的名段，这个节目深深地打上了倪萍的印记。而这样的印记，其实更是时代的变革在主持艺术上的反映。是社会的发展，带来了节目的诞生和变革，主持人则直接显示出这种变革的痕迹，时代和节目给了倪萍更加广阔的发挥才能的空间，她如鱼得水，不断地以这个节目为园地把自己的主持风格推向新的高度。人们每每提及《综艺大观》，总是首先想到她。提到《正大综艺》，最吸引人们注意力的应该是被人们赞誉为黄金搭档的"老少组合"赵忠祥、杨澜了。成熟稳重、青春年少，两种不同的气质有机地在节目中融合，带给观众新鲜的美感。节目中两个人经常是师长和晚辈的真诚对话，这样的组合吸引两个年龄段的观众，他们看到了体现在主持人身上的一种默契与和谐，不但在他们妙趣横生的主持中感受的异国风情的独特魅力，也真切地感受到一种人生经历的美好。赵忠祥曾经是人们熟知的新闻播音员，而杨澜在进入节目组之前只是一个普通的大学生，是时代的变革给他们提供了发展的机遇，前者找到自己主持的新领域，后者则打开了自己人生的光明之门。时代塑造了节目，也塑造了出色的主持人，而主持人的辛勤耕耘也为时代和观众书写了一段值得记忆和收藏的美好光阴。

新闻类的节目也同样在沿着自己的方向发展。应和着时代的脚步，新闻人也作出了另人刮目的举动。而让人们耳目一新的节目和主持人成为最大的亮点，他们出色的表现，尽管是新生事物，但是却着实让人感觉到他强大的生命力。

图2-3①

时代的脚步从来不会停歇，伴随着时代前进的脚步，人们把自己喜爱的主持人一一收藏进记忆的空间，也更加期待有更多后来者成为他们新的关注，为他们展示出应和着时代旋律的新风格。

在我国，人们对于新闻节目的和主持人的关注程度历来都是居于首要地位的，因为新闻带给人们的是更多对于社会人生的思考和感悟。因此人们对新闻主持人也同样给予了高度的期待和关注。

中央电视台《东方时空》栏目开办于1993年5月1日，为杂志型新闻节目，节目改变了中国内地观众早间不收看电视节目的习惯，人们赞誉它"开创了中国电视改革的先河"。新颖的节目样式，主持中更多加入自己思想的主持人成为吸引观众的亮点。其中最为突出的是主持人白岩松。（图2-3）

---

① 照片来源：http://baike.baidu.com/image/cf5a83163aa51c4cf3de32da

　　白岩松进入电视节目主持人的队伍，对他个人来说可能是一种偶然，而从社会发展进步的角度来看倒是一种必然了。在之前的一些新闻节目中，尽管是冠以主持人的称谓，但是却较少有个性特点的言论出现。而《东方时空》中的白岩松有着自己富有个性的议论，观众真切地感受到主持人是在说自己的话，不是在读别人写的稿子。社会的进步，给了受众更多对于自己和媒体关系的思考，给予受众更多的话语空间成为一种新的趋势。它也从一个侧面反映了媒体对于受众重要性的认识。

　　20 世纪 90 年代中后期，我国的广播电视主持人节目和播音主持艺术进入快速发展时期。节目更加重视受众的需求，传播观念中受众的地位进一步得到加强，有的已经成为节目的重要组成部分，为信息的有效传递起到了较大助推作用。传播方式也呈现出多样化的趋势。比如谈话节目，遵循传播理论规律，把人际传播方式应用到大众传播之中，实现了二者的有机融合。节目较为完整地展示出人际传播的双向互动的优点，使大众传播更加具有人本化特点，有效提高了艺术水平和传播效果。

　　1996 年 3 月 16 日，让人耳目一新的谈话节目《实话实说》呈现在中央电视台的屏幕上，随之而来的是一个陌生而又富有个性的名字——崔永元。从这天起，他的名字和节目就紧紧地联系在一起，而观众也惊喜地发现他们越来越被这个相貌普通但却有着智慧和幽默的人所吸引，节目的现场他总是可以和观众打成一片，不断用他那特有的方式引领大家走向话题的深处，在笑声和真情中感受谈话和交流的魅力。他的主持风格适应了此时的社会时代对于传播方式的需求，受众提供了更大的话语空间，满足了人们表达多元化思想的心理需求。崔永元的出现也是得益于社会大环境所带来的机遇。

　　在电视社教育类节目中也出现了令人耳目一新的面孔。这样的变化同样源于社会进步，人们审美观念的转变。其中最为突出的当属中央电视台的《天天饮食》节目。刘仪伟（图 2 - 4）从一个不为人所知的无名之辈，一跃成为家喻户晓的厨艺明星。这着实给人们一个意外的惊喜。

图 2 - 4①

---

　　① 照片来源:http://baike.baidu.com/image/020e66f04cao88f37831aa6c

节目中的刘仪伟和善亲切、举止大方、语言幽默，把厨房变成了艺术的空间，他利落干练的风格迅速吸引了众多观众的目光。

节目中刘仪伟潇洒自如，不仅展示出超群的厨艺，而且在原本有些枯燥的烹饪程序中加入了幽默而富有情趣的语言，营造出轻松清爽的节目氛围。此时人们已经不太关注主持人是不是标致帅气，而是更愿意和他一起感受轻松愉快的生活情调，正是这样的收视心理成就了刘仪伟的主持生涯。

从播音理论上讲，新闻播音主持因为需要用事实说话，因此，新闻节目播音员、主持人多是以沉稳、客观的语气、平和的态度来播报信息。但是这不等于说是新闻播音员、主持人不需要感情，而且在某些情况之下，新闻播音员、主持人也会因为特殊语境表现出和平时状态有较大差别的感情流露方式。比如：

在汶川地震时，中央电视台的赵普等的真情流露，至今令人感动和难忘。

5月14日那天，在直播"抗震救灾"节目中动情落泪一事，赵普说："我是对在地震中遇难同胞悲怆情感的自然流露，为什么我们总是被这样的声音、这样的画面感动，为什么我们总是看着看着就会眼含热泪……"说到这里，赵普一下子有些哽咽了，不得不低头调整情绪，在停顿了两三秒钟之后，他继续说："因为我们爱中国这块土地，也爱四川的土地，他们都是我的亲人，这块土地上的人们懂得相互关怀……"①

播音员的有声语言表达有着规范、优美等鲜明的特点，不但能够及时传递新闻信息，还可以给受众带来各种美的享受。同时对于广播电视专题节目的播音，由于作品创作的规模较为宏大、运用的创作元素更为丰富，诸多元素的相互交融，可以创造出更加浓厚的艺术氛围，富有综合性的艺术魅力，可以较为充分地体现出播音员的个性风格，同时也给受众带来更为深层次的艺术享受。

在新闻节目的播音中，播音员标准规范的有声语言通过广播电视媒体，不断地传播影响着众多的受众。他们有声语言表达，是新闻节目中最集中、最主要的体现。播音员的播音具有鲜明的美感，主要体现在播音时的语气、节奏、停连和重音的选择和表达上。

伴随着时代的发展，我国的主持人事业逐步进入发展的成熟期，而主持理念也在丰富的主持实践的推动下逐步和播音理论有了明显的不同，主要表现在主持人在节目中的位置的提高和主持人传播理念的进步。主持人传播理念更加强调了媒介和受众之间的联系，具体讲就是信息的交流和共享更为明显，主持人和受众的交流更加直接密切。

---

① http://yule.sohu.com/20080626/n257756467.shtml

比如中央电视台的《夕阳红》中的"家有妙招"以及《非常6+1》、浙江卫视的《我爱记歌词》、湖南卫视的《快乐大本营》（图2-5）等。

图2-5

二、语言要素的作用和功能

播音员、主持人在工作状态中所使用的有声语言，都是在一定的吐字发声规律的指导下进行磨炼和实践的成果。这是一个复杂的、需要经过长期训练的过程。

从播音学的角度观验，主要有情、气、声相互统一的要求。只有做到三者的有机结合，才可以对已经理解了稿件，进行恰当地表达。

1. 情、气、声的基本概念

情、气、声统一的美学原则适用于每个社会时代的广播电视播音主持艺术，但是其具体的表现要求和方式则是不同的。

情、气、声统一的原则，主要是指播音员、主持人在有声语言的表达过程中基于真实感情的对于声音运用得当的美学原则。

情，主要是指播音主持中的情感。"情感就是人们对与之发生关系的客观事物（包括自身状况）的态度的体验。"① 生活在社会中的每个人总是在和客观世界中的纷繁复杂的

---

① 张颂主编：《中国播音学》，北京广播学院出版社2001年7月版，第210页。

事物发生着联系。而对于每个所接触到的事物，都会从自身的角度进行体验和感受，并产生相应的态度。广播电视播音员、主持人要在自己的工作中明确地表达出稿件特定语境下所要求的一种态度。情感是播音主持创作的源泉，它可以帮助播音员、主持人更加细腻地把握稿件中的内在含义。

播音主持工作从表面上看是一种运用声音的职业，但是如果从更深层的角度来观察，它真正的起始点是感情，当一个人对某件事情、事物或者是人物真的用真情去感受的时候，在内心就会产生一种感情的共鸣，此时感受方就会自然地把自己投入到所观察事物所处的情境之中，从另一个角度来感受它的状态、情感等。

优秀的播音员、主持人所体现出的良好的声音驾驭能力，都是源于对于情感准确把握的基础上，再运用相关的发声技巧所得到的一种积极的结果。

气，这里主要是指播音员、主持人对于播音主持工作气息的控制。"播音发声总体要求的每一点无不与气息控制相联系，它都是通过以胸腹联合呼吸方式为基础的，以稳劲、持久、自如为目的的良好气息控制状态来实现的。"①

声，简单地讲，声是指播音员、主持人在具体工作中运用一定的技巧对于自己的声音进行有效的控制，以达到符合广播电视节目传播的要求。对于声音的控制是一个复杂而又综合的过程。其中主要包括对于基本发生原理理论的理解、共鸣控制以及对于声音弹性的理解和运用等。这个环节是受众可以直接感受到的最生动和感性的过程，也是人们可以通过它对播音主持工作进行评价的主要因素，即播音主持工作最终的成果体现。

在播音理论中我们强调，如果要想感动受众，首先要让自己感动。

情、气、声，其实是一个自然的协调抒发情感的过程。在日常的生活中人们有感而发，没有刻意地去做这样的事情，喜怒哀乐的情绪都是一种触景生情的自然结果，其原因就是因为他们所感受的都是自己耳闻目睹的，并且是真实的。而对于播音员、主持人的工作，情况就有很大不同。首先是职业的要求，人们对于这个岗位上的从业者在声音、形象以及整体气质方面都有不同于普通人的期待，这个在无形当中给这些播音员、主持人增加了压力。对于声音的期待值更是非同寻常。尤其是在中国国情中，以标准正确并且富有美感的有声语言传递信息，和受众形成一种信息交流和共享的状态不但是一种职业要求，同时也是一种公认的重要社会责任。

接受过播音主持专业声音训练的人都会有这样的体会，当他们第一次拿到稿件的时候，注意力都集中到了如何把稿件中的文字读正确，如何让自己的声音更动听，但是当他

---

① 张颂主编：《中国播音学》，北京广播学院出版社 2001 年 7 月版，第 122 页。

们回听自己的录音时却惊奇地发现事与愿违，自己都没有办法接受。这是因为对于播音艺术的学习者来说，他们接触到的稿件即文字往往都是出自别人之手，所以第一紧要的事情就是要读懂作者包含在文字里的真实情感。这样接受和感悟生发并不是一件容易的事，它需要播读稿件的人运用诸多的因素来帮助自己进入文字稿件所在的一种特殊语境中。

情、气、声的协调统一，是播音员主持人工作状态中心理的要求，同时也是符合人的生理要求的一系列协调的运动。人们总结了较为凝练的语言来描述它们之间的关系——"以情调气，气随情变""以情带声，以声传情"。

2. 播音主持主持作品中情、气、声的运用

情、气、声的结合，要经过长期的训练，从"天然—磨炼—自然"是一个循序渐进和螺旋式上升的过程。就比如影视表演艺术，有人说最出色的表演是没有技巧的表演，即最自然的状态，而这样最自然的状态并不是原野上原生态的鲜花，而是经过人们精心栽培的富丽芬芳的花中名品。有着来于自然更高于自然的品格和气质。对于以有声语言为主要创作手段的播音主持工作来讲，认识并熟悉情、气、声之间的关系，在具体的播音主持实践中努力将几个因素有机融合，以科学的方法表达稿件的内涵和节目的主题，是基础也是一种极高的业务要求。

情从何处来，主要的依托就是对于稿件和节目的准确的理解和把握。

任何感情都有其来源，正是所谓情随物动，当然这里的"物"不仅仅指的是具体的某种物品，也可能是某种想法、意念等。播音员、主持人就是要善于发现理解和把握这些能够引起触动他们情感的事物，并运用科学的发声方法进行深入有效地阐释，把蕴涵在稿件内的某种信息及时准确地传递给受众。

关于情、气、声的有机运用，在广播音乐专题《古诗新韵——介绍民乐室内乐〈春夜洛城闻笛〉》《古钟新声》中著名播音员雅坤、虹云用自己的富有魅力的播音风格进行了明确的阐释。

情、气、声的结合其实一种和谐之美，就如同一个人学习驾驶技术一样，驾驭一辆汽车，需要从基本的技能学起，启动、上路，可以说在路上眼观六路、耳听八方。还要适时调整方向和速度。尤其是启动的过程，是一连串动作协调一致才可以达到目的的。这个过程对于初学者来说经常是顾此失彼。但是令人叹服的结果都是要经过艰苦的磨炼才可以达到。对于从事播音主持工作的人员来说，努力磨炼能够有机地把三者运用到每一个具体的稿件和节目中，表达节目主题，给受众以心灵感悟，当属最难却是最幸福之事。从这个角度来观察播音主持作品，可以时时感受到蕴涵在这个艺术创作过程中的和谐之美。

三、播音主持作品中人物访谈语言、人物对话的特点和运用

播音主持作品中的人物访谈语言、人物对话语言是其重要的组成部分。它们虽然不是播音员、主持人发出的声音，但是它们和播音员、主持人的播音主持或者解说相互配合，共同为整个作品服务，烘托气氛、突出主题，因此它们也是赏析过程中需要关注的对象。

1. 播音主持作品中人物访谈语言、人物对话的特点

一般情况下，在播音主持作品中出现的人物访谈语言、人物对话，都比较简洁，与节目的播音主持作品密切关联，有的起到了延伸解说内容的作用，有的是印证前面的解说，由于是节目主人公的真实话语，因此可以使节目更具生动性和真实性。

人物访谈一般具有很强的针对性，较为精炼，受众多是以第二人称的身份感受；而人物对话，多是在节目形成一个完整的情景，受众多是以第三人的身份感受的。

《苏园六纪》中的几个访谈选择的都是具有代表性的某个领域的学者或者权威人物，他们的声音对于节目的主题有着提高可信度的作用。

2. 播音主持作品中人物访谈语言、人物对话的运用

这样的人物语言在播音主持作品中的运用是十分讲究的。有的人物是某个领域的权威，借助他们的访谈语言可以让节目内容更具科学性和说服力；有的人物是某个事件的当事人，借助他们的谈话可以再现事件发生时的情景，给受众传递更为精确、真实的信息，帮助人们进入事件发生时的特殊情境。

针对两种人物语言的特点，在运用它们时，主要是结合作品的整体构思确定它们的作用。然后与节目中具体的情境相结合，把它们嵌入相应的位置，起到点睛的作用。

第二节

非 语 言 要 素

"在传播学中，非语言符号是指语言之外的其他所有传播信息的符号，大体分为三类：一是体语，二是视觉性的非语言符号，三是听觉性的非语言符号。"[①]

---

① 资料来源 http://baike.baidu.com/view/1628387.html

以上的要素具体到广播电视播音主持作品中，主要是指播音员、主持人的体态语、节目的解说词、音乐、音响、画面等。

尽管这些要素不是通过有声语言的方式表达意义的，但是它们却是播音主持作品创作中不可或缺的因素，而且有时它们的作用十分突出，为整部作品提升了艺术层次。对于非语言要素的出色使用还可以体现出创作者所具有的特有的艺术追求。比如广播音乐专题《刘健和他的瑶歌》《钟与钟乐》；电视专题片《江南》《苏园六纪》等，在对于非语言因素都有上乘的运用手法，给节目平添许多色彩，也给受众留下深刻的印象和美的感受。

一、播音员、主持人的体态语

主要是指播音员、主持人的肢体动作、面部表情、眼神等。许多知名主持人，比如李咏、刘仪伟、崔永元等，都有着具有鲜明个人特色体态语。这些体态语与播音员、主持人息息相关，成为他们具有标志性的因素，也是受众认可和留下深刻印象的要素。

二、播音主持作品中的视觉性非语言符号

主要是指节目的稿件文字、解说词、电视画面（镜头）等。

1. 稿件文字和解说词

播音员、主持人在播音主持作品中进行创作的最重要的依据就是稿件的文字。播音员、主持人在具体创作中不论是情感基调的确定还是各种播音技巧的运用都是以文字稿件为依托的。尽管一般情况下，受众是不会和播音主持的文稿"见面"，但是作为对播音主持作品进行科学细致的赏析，对于稿件文字的阅读、分析和理解品评却是不可缺少的。通过对稿件文字的观察，可以更加清晰地把握播音员、主持人创作的艺术轨迹，更深刻准确地揭示其艺术特点所在。

播音主持作品中稿件文字，是创作者表达内心情感、体现作品主题的重要手段和媒介。通过文字可以将内心所想、所感清晰地表达出来，渗透着创作者浓浓韵味的文字，由于有了播音员、主持人的有声创作和电视画面的配合，更加增添了生机。比如这样一段文字：周庄、同里或者乌镇，水乡的古镇在江南生长。

在古镇上走一走，以这样的方式体会江南，我们细致而明确地感受到了江南的精神和风采。

水流在水里，风淡淡地吹着风。

在这里，流水和流水，不就是江南翻飞的水袖吗？不就是把江南舞动得风姿绰绰、灵秀飘逸的水袖吗？

在朴实无华中超凡脱俗，在超凡脱俗中返璞归真，这水做的江南，这江南的流水啊。

"小桥、流水、人家"，这是江南最灿烂的风花雪月，这是江南最根本的从前以来。

图 2-6

（资料来源：电视片《江南》第一集"在水一方"解说词）

这样的语言风格非常时尚，在富有传统文化气息的文章里，巧妙地嵌入这样充满现代社会情趣的语言，给人一种朦胧的浪漫情怀。作者巧妙地把江南的以往和现在溶进简短的文字里。

电视作品中的画面（镜头），有着极为丰富的创造力。创作者在节目中充分发挥其各种不同的特性，可以达到多种创作构想，丰富的画面语言，可以给节目增添一种视觉上的感性体验空间，为受众提供更为广阔的思考理解空间。

许多成功的电视播音主持作品在画面的处理上都有着独特的手法，创造出了独特的艺术韵味。

2. 关于画面的综合美感原则

这里主要是指在电视节目中充分利用电视摄像和编辑手段，对节目所表现的主题予以烘托。用画面说话，同时还包括相关的声音与其配合，创造富有多维空间的画面效果的艺术表现手法。

电视媒体对于画面的创作是丰富的，其中对于场景的选择、各种拍摄手法的组合运用以及对于每个画面构图的设计，都可以准确体现创作者的创作思想和意图，而这样的艺术手段也同时为节目的播音和解说营造了一个更为理想的生发空间。

从画面的景别来讲，大体可以分为特写、近景、中景、全景、大全景等。它们都有着自己特定的表意功能，比如特写更适合于表现人的情绪和细节；全景色则可以交代环境，给人总体印象。创作者可以根据自己的创作意图进行有机的组合运用，体现作品的艺术风格。

活动的画面还会被分成推、拉、摇、移和跟等，也都具有各自不同的作用。比如推镜头可以引领观众注意主体，而摇镜头则可以给受众带来一定的心理期待等。

从画面的主体颜色的角度来看，主要又可以分为红色、黄色、绿色、蓝色、黑色和白色。由于自身的特征，这几种颜色又都具有某种特殊的感情特征。比如：红色给人的感觉是活跃，充满生机与活力；黄色，可以让人产生欢乐、明快、轻松的情绪；绿色则可以产生宁静和稳重的感觉；蓝色往往给人以寒冷的感觉等。

在纪实类的电视节目中，声音、画面以及二者的配合都是极为重要的表现手法。比如电视纪录片《最后的山神》就是一个很好的例证。尽管是纪录片，讲求真实客观地反映，但是创作者还是在努力地追求画面的美感和其充分的表意功能。在这个节目里，有一个片段描述了北方夏季来临的情景。画面十分考究精致，清晨薄雾笼罩的山林青翠安宁，大全景的景别，由于薄雾的作用，远近层次分明。远处传来几声鸟儿的鸣叫，愈加增添了几分宁静。此

图2-7

时渐渐响起双簧管舒缓的富有抒情气质的音乐，给人们以清新舒适的感觉。整个画面如同一幅简练的水墨画，恬淡而幽雅，耐人回味（图2-7）。

另一处富有美感的段落是主人公孟金福乘坐鄂伦春人特有的桦皮船外出打猎的场景。他双手握桨的中部，左右依次滑动，清脆的击水声，增加了周围的幽静。一会儿，摄像机拍摄的角度变为逆光拍摄，孟金福坐在船上的身影以及不停摆动的船桨呈现出剪影的效果，他头部左右摆动在寻觅猎物，阳光在他耳旁不停地闪动。（图2-8）

整个片段成为美妙的活动的剪纸画。这里体现出创作者对于镜头中构图、光线的高超的把握技巧。在剥桦树皮的段落中，真切的树皮剥落的声音，起到了烘托主题的作用，这样的音响具有更加深刻的寓意，技术高超，令人称绝。

图2-8

电视片《苏园六纪》中的对于画面的色彩、构图等元素的使用也是值得称道的，创作者充分利用苏州园林精美的建筑，将亭台楼榭的美妙造型和园林中湖水、花草植物收入镜头之中，常常创造出雅致而清秀的江南韵味。（图2－9）

电视片《江南》中有这样的解说词：

老人下着店铺的门板。当地人把店铺的门板叫做塞板。这样的塞板在苏州已经不多见了，只有一些古镇还保留着。在今天看来，下一扇塞板，日子就翻过去一天。下完塞板的老人，独自在一边坐着。这一坐，就像是已经坐了百年。

此处用了慢放镜头展示老人下店铺门板的过程，同时伴以箫的声音，有一种岁月沧桑感和时空感。（图2－10）

以上内容尽管表面看似乎和播音主持艺术没有什么关系，但是如果我们以宏观的角度来观察播音主持作品，这些因素如同一件珍贵艺术品上富有个性特征的细节，能够生动地体现出整个作品特殊气质，因此它们是必不可少的创作要素，它们的存在使欣赏者有了更为广阔的观察空间，能够感受到更加神奇的艺术新境界。

图2－9

图2－10

三、播音主持作品中的听觉性非语言符号

主要是指广播电视播音主持节目中的音响、音乐等。

广播电视播音主持作品中声音的美感原则。这里的声音除了播音员、主持人的声音以外，还包括其他可以被听众感知到的声音，比如音乐、同期声、自然声等，这些元素是人们接触社会和自然最直观和感性的方式，也都是节目的组成部分，它们在表现节目主题的过程中都在发挥着自身的优势，为整个作品的成功造势。

在广播节目中，鉴于它是依靠声音这一单介质进行传播的。因此对于声音的研究，广播媒体显得更加富有针对性和丰富性。借助某种类型声音的鲜明内在表意潜能，创作者便可以创造出一个个崭新的听觉空间，给听众带来美好的感觉。先来看音乐、音响作用和功能。

"第一，具有描绘性。描绘、点染作品所表现的特定情绪、特定意境和人物特定的内在心理。第二，具有情感、气氛的渲染性。他们能推动作品的发展、转折，使情感抒发更为鲜明强烈。第三，具有一定的思想表现性。音乐音响都有一定的基调，如悲凉的基调、昂扬的基调和抒情的基调，这些都可以成为作品思想主题的辅助手段。"[1]

20 世纪 80 年代，在广播媒体中有一种节目样式被广泛地被采用，这就是广播音乐专题节目，此类节目题材比较广泛，内容涉及音乐文化、音乐作品、音乐人物、音乐故事等。从中央台到地方台，各级电台组织自己个方面的精兵强将，积极投入音乐专题节目的创作中，推出了一大批富有经典意义的作品。

上面提到的广播音乐专题，在其创作方面中央人民广播电台呈现了许多优秀的作品，每个作品都凝聚了创作者的心血。而这样的付出也得到了多方面的认可，中央台创作的多部广播音乐专题节目曾经多次在亚广联节目评比中荣获大奖。

其中的《古诗新韵——介绍民乐室内乐〈春夜洛城闻笛〉》和《古钟新声》以及《刘健和他的瑶歌》在声音的运用方面十分出色。节目中对于各种声音元素的巧妙选择和组合，充分发挥了广播的传播优势，为听众提供了悦耳的声音境界。

中央人民广播电台的广播音乐专题节目《古诗新韵——介绍民乐室内乐〈春夜洛城闻笛〉》在音乐的运用方面可谓是独具匠心。节目编辑周游在最初进行该节目构思时是受到了诗人李白的一首古诗的启发。努力探询诗中的丰富内涵，并借助自身的音乐感悟力，找到作曲家依照诗歌的意境用音乐的方式表现出来。采用众多吹奏乐器进行演绎，充分体现了作品的描绘性、感染性和思想表现性。较好地达到了预期的艺术效果。还有该节目中对音响的有机利用，都很好地体现了上述谈及的音乐的表意功能。

这个节目中间，在作曲家创作的乐曲总谱中，使用了六只埙和种类繁多的打击乐器。用丰富的音乐语言达到作品所要表达的情感意境。"这是根据李白在公元 735 年客居中原都市洛阳时所写的那首著名的七言绝句《春夜洛城闻笛》所作的一首以埙为主奏乐器，结合了笛、筝、编磬和一组种类繁多的打击乐器的作品，这种少见的独特乐器编配方式本

---

① 张凤铸主编：《中国广播文艺学》，北京广播学院出版社 2000 年 8 月版，第 186 页。

身就极具有新意，而曲中又将六只埙的组合作为突出的特征，旋律写法和声音运用等方面都使用了许多大胆新奇的手法，既富有中国古典音乐的传统，又具有崭新的艺术效果，感染力很强。"①

可以看出，创作者在选定了自己想要表现的主题后，对于乐器的音质特色进行了深入细致的思考，并且把重点放在对于可以创作特殊艺术氛围的我国古代乐器——埙的使用上。而在整个作品完成后，埙的特殊造境功能得到了充分发挥。细腻地表达出李白身处异乡，深深的思乡之情。其他乐器比如笛和鼓，在描绘少妇回忆出嫁时的热闹场面时，欢快的节奏，悠扬的曲调，真实地描绘出当时红火热闹的场面，现场感十分强烈。

再比如在作品开头时，创作者运用对笛声进行强弱不同的处理方法，从而产生了声音在风中的远近变化，最终实现了自然音响中不太容易被察觉的微风的效果。

在广播音乐专题《刘健和他的瑶歌》中，有一个十分富有新意的引子，深深吸引着每个听众，节目主创者之一编辑刘子惠在创作体会文章中这样写道："为了让整个节目也像一首完整的瑶歌，前面精心制作了一个引子，意在先声夺人……它给人造成的是行云流水、初无定质的印象。它由四个音乐片段和三个音响连接而成。'亚广联'评委对我们的大胆使用音响连接音乐给予了很高的评价。他们所赞赏的不单单是音响巧妙连接了音乐，而且通过使用这些音响可以扩充单纯音乐节目的内涵。"②

在电视播音主持作品作品中，音乐、音响等的运用可以起到烘托气氛、营造情调和突出主题的作用。

思考题 ● ● ● ● ● ● ●

1. 广播电视播音主持作品中语言因素包括哪些？它们都是如何发挥作用的？

2. 广播电视播音主持作品中非语言因素包括哪些？它们都是如何发挥作用的？

3. 请结合赏析作品的实例分析其语言和非语言因素的运用。

---

① 杨波主编：《倾听中国》，北京广播学院出版社 2003 年 2 月版，第 70 页。
② 杨波主编：《倾听中国》，北京广播学院出版社 2003 年 2 月版，第 92 页。

欣赏一样事物，就要有相关的标准，以显示欣赏活动的规范性和准确性。对于播音主持作品，同样也是如此。这些标准主要包括思想标准、艺术标准和业务标准。它们是我们的社会对播音主持作品要求的集中反映，它们还从不同的侧面规定了广播电视播音主持作品的特点，同时也给赏析者提供了观察作品的不同角度。

第三章

播音主持作品赏析的标准

第 一 节

思 想 标 准

一、思想标准的概念

广播电视播音主持作品的思想标准，是指一部播音主持作品从节目的创作构思到最后的成品，应该始终坚持正确的政治方向，而主持人更是应该严格遵守和履行自己的岗位职责和政治职责。在我国播音主持界最高水平的奖项——"金话筒奖"的评选标准中有这样的条款："牢记社会责任，坚持正确导向，自觉遵纪守法，遵守《中国广播电视播音员、主持人自律公约》，信守职业道德，具有良好的社会形象。"如果我们对这个标准进行细致解读，可以得出这样的结论，播音主持工作是一项具有政治性、新闻性的职业，具有十分重要的社会责任，从事这项工作的人员要始终把握自己的政治方向，不能有丝毫的动摇，同时播音员、主持人的形象不仅仅是个人范畴的概念，更是一个具有重要意义的公众形象，因此，对于每一个播音员、主持人来说，不论是在节目中还是在日常的生活中都要积极维护好自己的形象，为广大受众树立榜样，引导大家认识和追求真善美的事物。在《中国广播电视播音员、主持人自律公约》中，针对播音员、主持人的政治素养提出了具体的要求："第二条，加强政治理论学习，不断提高政治素养和政策水平，认真落实'以科学的理论武装人，以正确的舆论引导人，以高尚的精神塑造人，以优秀的作品鼓舞人'的要求。第四条，认真贯彻执行党的路线、方针、政策。自觉遵守宪法和法律、法规，严守国家机密。"

播音主持作品是集体创作的成果，编辑、播音员、主持人、技术制作人员通力合作，从不同的角度发挥自身的优势，最后制作出一个个精美的艺术作品，给广大受众带来知识、信息，提升他们的审美品位，达到教育和艺术的双重效果。

二、思想标准的把握

思想标准看似有些抽象，但是在实际的广播电视播音主持作品的创作中，这个标准又是一种十分明显的标志。因为它是作品的基础。众多优秀广播电视播音主持作品的成功都表明，只有严格遵守思想标准，才能保证创作的正确方向，使整个作品呈现出良好的思想性。

要使作品符合思想标准，十分重要的一点就是要吃透作品创作的社会背景；任何播音主持作品的创作都是要以当时的社会大环境为基础和依托的。具体讲就是在作品主题的选择上要符合历史的潮流，和当时受众的需求。这样才会赢得社会的广泛认可，作品也就会具有更深刻的社会意义。比如电视纪录片《话说长江》和《再说长江》的创作就是一个鲜明的例子。

图 3-1

两部纪录片通过对我们的母亲河——长江的时代变迁的真实记录，充分体现了我国改革开放带来的巨大变化。由于它们的创作和播出紧紧把握住了时代的特点，反映了一个时代党、政府和人民的所思所想和期盼，因此具备了很强的思想性，这样的思想性通过真实生动感人的细节表达出来，使人们在一种和媒体创作者达到高度默契的状态下接受并且融入了节目的情境中，受到了良好的收视效果，起到了传递信息和鼓舞人心的双重目的。

《话说长江》创作于20世纪80年代初，正是我国处于百废待兴之时期，社会事业正如雨后春笋，充满了蓬勃的生机。它的问世，给正充满信心为祖国建设事业拼搏的人们带来了莫大的激励，为他们增添了民族自豪感和自信心，爱国之情和效国之心一起如潮水般喷涌，中国这艘巨轮得以乘风破浪驶向成功的彼岸。

思想的展现需要以具体的形象为依托，通过对于具体形象的描述和感悟，揭示其内在的深刻寓意，借此生发出具有更为广泛的意义，用以感染更多的人。长江以其悠久的历史、丰富多彩的文化，十分适合成为这样的情感寄托物。它已经不仅仅是一条大河，而是一种民族精神的象征，博大的胸怀给我们以母亲般的抚爱。它的历史变迁是中国社会变化的一个缩影，透过对长江沿岸社会人文变化的记录和感受，极大地激发了人们热爱祖国、建设祖国的信心。

节目中有着很多符合时代特色的语言表述，直抒胸臆是该节目的鲜明特点，比如：

图 3-2

男： 长江已经奔腾呼啸了几千万年，几千万年是何等漫长而悠久的历史啊，正是这有着悠久而漫长历史的长江，与古老的黄河一起，共同孕育了我们文明的古国。

女： 长江，从青藏高原的涓涓细流，出千峡，纳万川，汇集成波涛滚滚的大江，横贯中华大地，万千姿态，雄伟壮观。

男： 您滔滔东去的江水，浇灌着神州华夏。甘甜纯美的乳汁，养育着炎黄子孙，赫赫功绩，无比辉煌。

女： 在您的两岸，有着数不尽的绮丽风光。江山如画。（图3-3）（图3-4）

图 3-3

图 3-4

男： 在您的两岸，有着讲不完的历史陈迹、传说、神话。

女： 古往今来，有多少著名的诗人为您的魅力寻幽觅胜，昂首歌唱啊。

男： 数千年间，有多少杰出的文豪为您的风姿写出了优美的篇章。

女： 长江，您硕大无比，即使是在遥远的太空，也能清晰地见到您雄伟矫健、跳跃奔腾、勇往直前的身影。

男：啊，长江，您是东方的巨龙，您是中华民族的骄傲；您是中华民族的自豪；您是中华民族的象征。

对于新闻节目来说，其本质就是迅速及时地反映某个时代社会发展变化的晴雨表。因此，思想性对于此类节目显得尤为重要。

新闻性较强的消息、评论等更是鲜明地表现出其与社会紧密的结合度。常常针对社会的某种重大问题和人们普遍关心的话题进行报道和评述。

从中央台到地方台，新闻节目都是各台的立台之本，它们迅速及时地传递着党和政府的方针政策，成为党和政府联系人民群众的桥梁和纽带。节目具有鲜明的政治性和传播的时效性。而其中政治性十分突出的表现就是思想性。

如何使作品具有思想性，需要节目的所有创作环节中的工作人员都具有高度的思想觉悟和意识。尤其是节目的编辑和播音员、主持人。播音员、主持人是媒体的形象和代表，同时也是党和政府以及人民的喉舌。因此，他们应该具备高度的政治思想意识和社会责任感，并将其化作自己工作中的动力和标准。

如何磨炼自己具备高度的政治敏感，需要平时多积累，认真研究党和政府的大政方针，对其进行深入解读，注重将其与自己的本职工作联系起来，在工作中体现出自身的思想意识和觉悟。在播音主持作品的创造过程中，以高度的政治敏感审视和理解所面对的主题，并且及时修正创作中出现的偏差，以使自己的创作道路更加正确和顺利地进行。

在实际的播音主持作品创作中，思想性的体现有其艺术性的一面，这就是我们常常提及的讲究宣传的艺术。这也是基于对受众地位重视的理念采用的创作手法。比较常见的方法有把宏观的话题具体化，比如国家新近发布的政策或是政令，将其与具体的部门或者人群联系起来，使话题具有可解读性；还有把主题故事化，选择和主题有关系的人，从其经历中揭示主题的内在含义。比如，经济类的话题很多时候容易流于一般性的介绍，因而节目往往缺乏吸引力。但是如果巧妙地选择报道的角度和方式，就会收到良好的效果。由山东人民广播电台创作的生活服务类节目《明白贷款　开心购房》就是一个鲜明的例子。对于利用公积金贷款买房的话题，节目创作者富有创造性地设计了一对需要买房的夫妻和一位理财博士的角色，使所谈论的话题形象化和生活化。从而具有很强的可听性，达到了理想的传播效果。该节目的创作很好地体现了国家在住房方面的大政方针，也体现出播音主持作品创作的艺术性。

总之，对于作品思想性的把握在宏观抓牢的基础上，还要注意微观的细致切入。

第二节

艺 术 标 准

一、艺术标准的内容

艺术标准主要是指播音主持作品的表现形式。一件艺术作品的形式是指作品内容的存在方式。其中包括两个方面：一是作品内容的内部结构，也就是题材的各种因素的内部联系和组织；二是形象的外观，即形象呈现于感官的样式。

播音主持作品的表现形式丰富多彩。形式尽管是外在的一种表现方式，但是因为它们是最富于感性色彩也是受众接触播音主持作品的最直接的因素。因此在赏析过程中作品的形式仍然占据了十分重要的位置。形式是内容的直接体现，它和内容之间有着密切的联系，有着相互促进的作用。

恰当的表现形式常常可以对受众有强大的吸引力，比如在 20 世纪 80 年代初，一部电视纪录片《话说长江》吸引了不计其数的观众，有报道说当时的收视率达到了 40%。除去节目的内容以外，还有一方面就是因为在节目中出现了固定的节目主持人，这样的形式迅速拉近了节目和观众的距离，从节目第一回开始，每个周末节目和人们都有了一个约定，就是在固定的时间相互交流，看节目也成了人们的期待。至今人们在谈到《话说长江》的时候还是经常把节目和陈铎、虹云两位主持人结合在一起，可见一个节目形式的重要性。这也从另一个角度表明形式对于节目的重要程度。(图 3 - 5)

从新闻节目的发展中也可以观察到形式的变化对于受众的影响。

在新闻节目中各种体裁即稿件的

图 3 - 5

表达方式中，为了更好地表达内容，对于表达形式的要求有了明确的规定。播音员、主持人进行创作都是以这样的规定为基础而进行阐释的。新闻主要的体裁包括：消息、评论、通讯等。

其中，消息播报的基本要求是：字音准确，音色纯正；声音明快，语言干净；语义连贯，语句流畅。

评论播音的基本要求是：逻辑严谨，态度鲜明，分寸得当，质朴庄重，重音坚实，语气肯定，节奏稳健，张弛有致。

通讯播音的基本要求：它要求具体、生动、形象，要求播音员要展开丰富的联想和想象，注意形象思维的运用，要全神贯注，深入感受，言之有景，言之有情，言之有物，言之得法。

二、艺术标准的具体把握

对于广播电视播音主持作品来说，想要达到理想的传播效果，选择一种恰当的表现形式十分重要。因为受众感受作品的唯一方式就是通过某种特定的形式。在播音主持作品的创作中，创作者根据所要表现的内容和主题思想，采取不同的表现形式，播音主持作品主要的表现形式有新闻类的消息、评论、通讯等；专题类的专题片、纪录片、广播专题等。

专题类的广播电视播音主持作品，在表现形式上占有十分明显的优势。容量大、表现手法丰富、创作元素多样。广播专题，围绕一个主题，可以充分利用声音的"构图"能力，在听众的脑海里塑造丰富的富有更深美感韵味的人物和形象。

而电视专题类的节目在表现手法上则更是富于变化。由于内容丰富厚重、富于变化，同时常常含有人物，其语言和心理描写等十分细致，因此对于解说者的语言样式提出更多要求。比如有议论、有叙述还有夹叙夹议等；在人称的使用方面更加灵活多变，一二三人称均可使用，有时还会在同一个作品中交替使用；创作过程中使用的元素更为丰富多样，比如画面、音乐、音响、同期声、字幕等，这些因素和播音员解说相互配合，可以产生蕴含诸多艺术色彩的效果，使整个作品更为生动感人。

电视专题节目以事实为基础，精工细作，同时有着很强的艺术表现力。在解说上也要求与该类节目相配合，既有叙述样式，也有议论样式，还有抒情样式，从而体现语言的艺术性。

播音员、主持人的形式方面包括了他们的外表形式，比如自身总体形象方面的设计。

形式是变化着的，目的是为了更好地传递信息，给受众以更为深刻的印象，使他们更容易感受和理解作品的内容。广播电视媒体一直在努力探讨形式的创新，这些形式来源于对受众需求的认识和关照，从受众的角度反观自己的创作，最终在反复的试验中使一种节目的样式固定下来，在一定的时期内成为受众品味的"美食"。主持人的出现就很有说服力。广播电视节目中主持人角色的出现，就是广播电视媒体传播信息方式的一种进步。

广播电视节目主持人的出现，应和了受众对于媒体的心理期待。由于广播电视家庭收听收看的接受习惯，使受众对于广播电视节目主持人的感受增添了许多近乎家庭成员般的亲近感，在长期固定的接收过程中，逐渐和主持人形成了一种内心的默契，这种默契使信息的发送者和接收者之间形成了一种交流的纽带，由此广播电视的传播效果得到了加强和深化。

播音员、主持人具有可感性的形象因素，涉及广播和电视两种媒体。对于广播媒体来讲，尽管所使用的仅仅是声音一种传播手段，但是同样有一个可感形象的问题。从本质上讲，声音同样具有形象塑造能力，主要依靠一个人的音质、音色的特质进行。比如听众收听广播节目的时候，常常会在接受节目内容的同时，通过播音员、主持人的声音来判断他们的性格以及外貌等个性特征，这是很典型的通过声音判断形象的例证。

在广播节目的传播中，创作者经常利用声音的特质来进行人物形象的塑造。

在中国节目主持人发展史上具有重要意义的中央人民广播电台《空中之友》节目主持人徐曼，以其"甜、软、轻、美"的声音塑造了一个可亲可信的主持人形象，在当时吸引了大批台湾的听众，从而为海峡两岸的同胞架起了一座空中桥梁。（图 3 - 6）

图 3 - 6①

---

① 图片来源：中国广播电视学会主持人节目研究委员会编，白谦诚主编：《主持人 20 年》，兵器工业出版社 2000 年 12 月版。

　　在电视媒体中，由于电视的声画同步传播的特点，因此在电视播音主持作品的表现形式中可以直接感觉到因素更为丰富，创作者可以运用的塑造形象的手法也更多样。这些因素主要包括：播音员、主持人的化妆、服饰、仪表；这些是和播音员、主持人整体形象气质紧密相连的因素，其依据既有节目和栏目自身定位的规定，同时也有播音员、主持人自身性格方面的考虑。是栏目、节目个性和播音员、主持人个人特点的有机融合。

　　不同受众定位的节目和栏目，对播音员、主持人的外表形象都有较为明确的限定。为了达到理想的传播效果，节目创作人员对于节目自身和播音员、主持人的个人特点进行细致分析，设计出他们的总体形象，放置节目中，在与受众不断的交流和修正中，完善他们的形象，创造出为受众接纳的节目代言人。形象一旦固定，就会在受众的心目中形成一种强大的吸引力。它是播音员、主持人和受众交流的最直接的信息符号。很多播音员、主持人为了自己的受众，保持着较为固定的形象。比如：凤凰卫视主持人鲁豫的学生式样的发型，自从确定后没有改变，成为她个人的标志。这样的发型，既可以充分体现出她知性的一面，同时也可以使她的形象更加完美，修正了脸型的不足。她的形象在其主持的著名节目《鲁豫有约》中得到了广泛的认可，成为标志性的符号。为她主持事业的成功提供了有力的支撑。（图3－7）

图3－7

　　中央电视台主持人敬一丹的形象，也很具代表性和典型意义。综合观察敬一丹的形象，她的发型和服饰也是相对固定的，发型为充满东方女性知性韵味的短发，而服装多是线条简洁明快，色彩淡雅，充分体现了她个人稳重大方、富有智慧的特点，也十分符合新闻节目的要求，在观众中树立了良好的公众形象。

　　播音员、主持人的外表可感形象中，还包括某些肢体语言的运用。肢体语言属于副语言的一种，尽管表面上看此种因素很细微，但是其内在的传递信息的能量却不可小视。很多播音员、主持人尤其是主持人都有显示自己独特个性的肢体语言，在节目中成为活跃气氛、显示个性的重要手段。比如中央电视台主持人李咏的手势，在节目中李咏那个打电话的手势，形象生动，和他热情洋溢的情绪相互配合十分得体，有力地烘托出现场的热闹气氛。还有抛扔答题卡的手势，大方、潇洒，充满了昂扬的活力。李咏在节目中的肢体语言十分得体、自然，没有雕琢的痕迹，这是他十分令人赞赏的一点。

第三节

业　务　标　准

一、业务标准的内容

业务标准是指播音主持作品的内容。具体包括作品或节目的内容以及播音员、主持人对于作品的表达能力和技巧。内容要和时代社会、人们的活动相关联和贴近，反映社会的变化以及人们在某个社会阶段中的生活和思想。

同时创作者也借助自己创作的作品传递着自己对于社会和认识以及对大千世界千变万化的感受和思考，形成一种与受众心灵沟通的渠道，和受众达成某种内在的默契。

每部播音主持作品都有自己特定的内容，这是作品的基础，也是播音员、主持人借以发挥自身艺术水平的基础。对于作品内容的选择是一个十分复杂的艺术构思过程。需要综合多种因素，加上一定的艺术灵感，经过一段时间的揣摩才会有结果。优秀作品的内容往往需要创作者有大量的素材的积累，同时受到某种现实因素的刺激和触发，最终逐渐由模糊的影像而成为清晰可触的艺术形象。

二、业务标准的具体把握

内容的把握主要是看其所表现的主题是否符合社会发展的需要，是否给人们以某种精神的感悟和艺术的享受。

广播电视播音主持作品的创造目的就是为了反映时代的发展变化，表达人们对于时代的感悟，同时以艺术的表现手法为受众带来审美愉悦。凡是在人们心目中留下深刻印象的作品，都是包含有符合时代要求、充实的内容。

业务标准包括作品的内容方面和播音员、主持人的表现风格两个方面。播音主持作品的内容具有特殊性和具体性。"艺术反映的对象，是作为人的社会本质与其丰富多彩的表现相统一的生动、完整的现实生活，所以，人——赋有时代、民族、阶级、个性特征的活生生的人，总是艺术反映的中心对象。这种对象的特殊性根本上决定了艺术作品内容的特殊性。"① "艺术作品内容的具体性是指本质与现象的统一，这本质，实质上是指人的社会本质，亦即社会生活的本质；这现象，就是社会生活的丰富多彩的表现。"②

艺术虽然反映现实，但是它并不等于现实本身，而是高于现实。因此艺术家在反映生活时是发挥主观能动性的，体现出人类所独有的艺术创造性。

作品的内容和社会中的方方面面都有着密切的联系，包括政治、经济、教育、法律、体育等，可以说播音主持作品渗透到了社会的各个方面和人们生活的各个角落。从宏观到微观，可以说事无巨细。

对于内容的选择是创作者对于社会和生活的理解、思考、升华的结果。

播音员、主持人在理解作品的基础上，对作品进行有声或者有声和形象结合的表达，其表达的方法构成其播音主持的风格，这样的风格就是播音主持作品内容的另外一个重要的方面。播音主持的技巧和方法丰富多彩，构成了播音主持作品绚丽多姿的内容。

作为播音主持作品的重要组成部分，播音员、主持人对于作品内容表达的生动、准确和深刻方面都有着巨大的发挥空间。在遵循一定播音主持艺术创作基本规律的同时，每位播音员、主持人又都会在长期的业务实践中，逐步提升自己的职业素养，其中部分优秀的会结合自身的优势，逐步使自己在某种或几种播音主持作品类型中形成自己独特的表达方式，即风格。

优秀的广播电视节目播音员、主持人都因为自身所具有的鲜明独特的风格而为受众所认可和喜爱。如李咏的豪放、热情；何炅的机智、灵活等（图3-8）。

图3-8

---

① 王朝闻主编：《美学概论》，人民出版社1981年6月第1版，第208页。
② 王朝闻主编：《美学概论》，人民出版社1981年6月第1版，第209页。

对于广播电视播音主持作品来讲，由于传播介质的差异，为了更好地利用该介质的特质，扬长避短，就需要创作者努力在如何更加深刻和准确地表达作品内容上下功夫。对于创作群体中的不同环节，都有着特定的要求，多个工种努力发挥自己的优势，形成一种合力，才可以为整部作品的最终成功尽力。

由中央人民广播电台创作的广播音乐专题节目在作品主题的选择上很值得研究。曾经荣获亚广联节目大奖的几部作品在主题的选择和确定上都独具匠心。作品《古诗新韵——介绍民乐室内乐〈春夜洛城闻笛〉》，节目编辑周游在选择主题时是颇费一番工夫。在相当长的时间里，只有一个大概的主题：展示我国古代乐器的神韵。这是一个十分宽泛和笼统的题目。需要进行深入地思考才可以达到艺术效果。编辑周游有着较为深厚的音乐素养，借助这一优势，他展开了积极的艺术思考。最终他确定了自己的艺术构想，以一个古代事件或者一首诗、或者一幅画等为背景专门创作一首乐曲，借以体现埙等古代乐器的魅力，这样的思考便使主题内容鲜明化。最终作曲家以这个构思为依托，选择了唐代大诗人李白的著名诗作《春夜洛城闻笛》，借助其诗意创作了"民乐室内乐——《春夜洛城闻笛》"。结果表明，这一做法十分符合创作规律，获得了巨大成功。

播音主持作品是某个时代的产物，因此它们的内容和时代的脉搏一起跳动，每部优秀的作品都从不同的角度反映出社会和时代的特征和社会中人们的所思所想，体现出社会和人的密切联系。

电视纪录片《血脉》就是一个突出的例证，它选取了一个希望祖国早日统一，骨肉同胞早日团圆，共享天伦的重大话题。（图3－9）

在总体内容确定后，对于支撑作品结构的内容的选择上也显示出创作者高度的思想性和深厚的创作功力。为了更加

图3－9

生动、准确、细腻地表达"祖国统一"的主题，创作者在构思时选取了生动的两岸同胞亲历的感人故事，用这些可以从内心打动观众心的故事，连缀成每一集电视片，使节目呈现出以情感人的特点，事实证明节目播出后达到了预期的效果。

片子完全用事实本身来说话，在故事的记录上采用大陆和台湾的对应，勾连42个故事。21个对应，如：台湾有一个"陕西村"，对应大陆河南有一个"台湾村"；大陆拍摄电视剧《郑成功》，台湾就有《唐山过台湾》；解放军叶飞将军与台湾社民党主席团主席谢汉儒是表兄弟，他们之间隔海有故事；我空军司令员刘玉堤与台湾飞行员余建华，当年在台海空战中交手，现在有相逢一笑泯恩仇、亲戚越走越亲的故事；大陆前线广播员陈菲菲与台湾金门前线广播员汤丽珠在空中"相识"也有故事；以及南京中山陵与台北的孙中山纪念馆，四川的白血病患者与台湾的骨髓捐献者，南京栖霞寺与台湾玄奘大学，等等，相互关联，一一对应，就有了血脉相通的两岸心灵感应，有了浓浓的骨肉深情浸染，有了祖国博大胸怀的感召，有了渴望和平统一的人心表达，有了震撼心灵的巨大力量。①

《血脉》第一集在南京台刚播出，第二天一早，抗战时中国战区参谋长史迪威的联络参谋兼警卫队长、原南京市政协委员，现已八十多岁的王楚英老先生就打来电话，对总编导吴建宁说："看了这个片子，我整个儿被震撼了，你全部是在用事实说话，不是空洞的高八度的宣传说教，而是告诉观众事实真相。我看了片子，就知道你们付出的劳动是多么艰辛。"②（图3-10）

播音员、主持人在整个播音主持作品中具有举足轻重的作用，他们是节目整体意识和创作意图的体现者，是受众对播音主持作品进行感受的最直观的因素之一。他们的播音主持风格既是作品内容的表达同时也是个人个性特征的突出体现，二者的有机融合，构成了广播电视播音主持作品的整体特点。播音员、主持人的播音主持风格是其在播音主持创作中所体现出来的创作个性和艺术特色。它以运动的状态贯穿于播音主持创作的全过程，又以相对稳定的状态凝结在播音主持作品上。

台湾的祖宗传下来的一件遗物

图3-10

由于播音主持作品内容的具体性和特殊性，约定了播音员、主持人对于稿件和节目的处理也要具有针对性，努力探究某部具体的作品主题所在，并且发挥自己的主观能动性配

---

① 消息来源：http://www.qxzh.zj.cn/version/shownews.asp? newsid=2920

② 消息来源：http://www.qxzh.zj.cn/version/shownews.asp? newsid=2920

之以恰当的表达方式。

凡是优秀的播音主持作品，其成功之处就是在于作品独特的内容加之播音员、主持人富有个人风格的阐释。

曾经获得过"亚广联"娱乐节目奖的《钟与钟乐》，是一部优秀的广播音乐专题节目，由中央人民广播电台创作。这部作品从内容上讲，具有得天独厚的优势，在大约30分钟的节目中，给听众安排了一道种类繁多的钟的音响的盛宴，让听众大饱耳福。在充分体验和感受珍贵钟声音响的同时，节目中更加出彩的是播音员虹云的解说。充满着对中华民族灿烂传统文化的满腔热情，她以自己特有的豪放，表达出自己对于祖国深深的崇敬和内心的骄傲。尽管这部播音作品中的解说词并不长，但是表达的难度却很大，基于钟这个富含中华民族传统文化信息的古代乐器，对于这部音乐专题的解说工作也提出了很高的要求。同时，由于这篇文字涉及不少音乐方面的知识，所以主持人也需要具备一定的音乐知识修养。它需要播音员既有深厚的文化功底，同时又必须对有声语言的表达有着娴熟的技巧，还有播音名家虹云用出色的解说，充分地证明了自己的实力。她的声音音域宽广，底气扎实，气息控制收放自如，为在表达中充分传递我国传统民族文化的精髓奠定坚实基础。整篇解说中，以说明性质的文字为主，而抒情性的片段，有机地分布在它们其中，形成了错落有致的格局，使整个节目呈现出历史的厚重感和文化感相互交融的生动态势。

图 3-11

① 图片来源：中国广播电视学会主持人节目研究委员会编，自谦诚主编：《主持人20年》，兵器工业出版社，2000年12月版。

在具体的解说中，开头的两个段落更是独具风采：

有人说你古老，也有人说你年轻；有人说你神秘莫测，也有人说你并不陌生。中国的古钟啊，你给人们留下那么多的联想，牵动着那么多的思绪……

余韵袅袅、情思悠悠的钟声，是我们中华民族灿烂文化的象征，而那古拙浑圆的钟体又蕴含了多少转瞬即逝的人生浮华！早在远古洪荒的年代，中国人聪明的祖先就用陶土制成了世界上最早的"陶钟"，后来又创造了各种青铜编钟、朝钟、佛钟、道钟和更钟……有趣儿的是，欧洲人发明的钟，先是用来报时，而后才用来奏乐；中国人发明的钟，从一开始就是用来奏乐的。

这两段文字不但给全篇做了很到位的铺陈，而且在解说的要求上也颇具难度。首先是情感基调的把握。都是赞美的情绪，但是前一段和后一段的处理有所不同。前者是话题的开端，有启示告知的意味，这部分的情感如同刚刚揭开古钟的面纱，显示出它们的神秘面孔。这里虹云发挥了自己声音富于热情的特质，充分运用声音的弹性特点，营造出起伏有致的声线。把人们带入一种神秘而又激越的历史氛围中。而后者则是在前面成功的铺垫后，对于古钟略微拉开一些距离，从稍远处观察和品评值得我们骄傲的文化载体。因此，解说的语调略微降低，高昂的情绪稍做收敛，用语气的变化引领听众进入节目的主体部分。这两个部分的解说需要解说者在气息的控制上具备更为稳劲、持久，呼吸自如。值得称道的是，在极为敏感的话筒前，在节目解说呈现大幅度情感变化的过程中，我们几乎听不到解说者的呼吸声。

虹云的解说风格是一个时代的代表，对于祖国灿烂文化的深深的爱，倾注于作品的文字中，借助扎实的吐字发声基本功把这种内心的情感表现得清晰、感人。她的播音风格也给整个作品的艺术品位增添了浓重的一笔。

在电视片《血脉》中担任解说工作的是中央电视台资深播音员王建川，在解说中也体现出在对作品充分感受的基础上，在有声语言方面进行抒发的创作特点。这部多集的纪录片，尽管是政论性质的，但是节目解说词的语言大多都是平实和叙述性质的，如何体现出节目内容的态度，如何把编导所要表达的主题恰如其分地表现出来，是对解说者的考验，也是其追求的目标。首先是理解，要自己先受感动。"他对主创人员说，本来洗了澡就准备睡觉了，随手拿过稿本翻翻，一看就丢不开了，结果一直读到天亮，一口气把八集片子的解说词全读完且琢磨了一遍，十分感动。"①

———————————

① 资料来源 http://www.qxzh.zj.cn/version/shownews.asp？newsid＝2920

在理解感动的基础上，王建川在沉稳的语调中，用内心的一种对于离散同胞的怜惜之情和对于造成此种悲欢离合的原因的一种疑问，表达出自己内心希望两岸早日统一的美好愿望。用事实说话，片中的例证已经为解说者提供了良好的创作基础，在解说中王建川语调较为低沉，语速以舒缓为主，议论的味道和平实风格的有机结合尤为关键，可以体现解说者感悟能力层面的东西，这就需要解说者在具体的有声语言表达中充分调动自己的积累和储备，才能够较为准确地表达出节目编导蕴涵在文字解说稿中的深刻寓意。这一点，王建川在解说中表现得十分到位，在第四集"咫尺天涯"中有个十分精彩的引子，完整的构思和意韵，镜头语言的充分调动，主题音乐的烘托，还有于右任先生的诗《望大陆》，所有这些创作元素的有机结合，为解说者提供了一个绝佳的解说情景，而解说员王建川出色地承担起了这一重任。这首诗是这样写的："葬我于高山之上兮，望我大陆。大陆不可见兮，只有痛哭。葬我于高山之上兮，望我故乡，故乡不可见兮，永不能忘……"伴随着主题音乐那清婉的旋律，一个沉稳、略显伤感的男中音回响在人们的耳畔，把人们很快带入一个久远的年代氛围中，人们的思绪被引领着，心灵被震撼着。观众的心始终被他富有感染力的声音所牵引，是发自内心的一种感悟，一种感动，一种共鸣。整个电视片的宏大主题，就是在这样如潺潺的清泉流水般的诉说中恰切地表达出来。（图3-12）

图3-12

播音主持作品的内容是节目的根本，只有找到了具有表现潜力的内容，才可以由此生发出其他相应的创作环节。正如一棵大树，只有具备了强劲有力的树干，才有可能枝繁叶茂。

对于内容的选择和确定是一个复杂而又艰辛的过程，需要厚实的积淀和艺术的感悟，两者的有机融合才会催生出令人过耳、过目不忘的优秀作品。

思考题 ●●●●●●●●

1. 如何选择具有符合时代特色吸引受众的播音主持作品的主题？

2. 播音主持作品内容和形式之间关系是什么？

3. 如何使播音主持作品的形式更加新颖别致？

针对具体的广播电视播音主持作品，如何能够真正走进它们，选用适合的方法是十分关键的一步。由于播音主持作品是由多种因素构成并相互作用，最终成型，主要的有节目中的内容、语言以及节目的表现形式等因素，从这些因素入手可以由表及里，清晰地观察节目的结构和艺术魅力，从而揭示作品的艺术本质。

第四章

播音主持作品赏析的方法

第一节
从语言艺术角度进行分析

播音主持工作是新闻工作，同时也是语言艺术工作。因此在对播音主持作品进行赏析时，从语言的艺术性入手是一个必要的方法。播音主持语言的艺术性主要体现在针对不同的文体采用相应的语体进行表达的方式上。在主持节目中主要体现在主持人即兴口语表达的能力和色彩上。

一、播音主持语言的艺术性的表现方式

播音主持工作首先是要传递党和政府的方针政策和人民的心声，因此迅速清晰地传递信息是基本的也是首要的任务，在进行此项工作的过程中，如何更有效地传递信息一直是播音主持工作者探索和追求的目标。这里就需要从宣传艺术的角度来观察播音员、主持人在工作中的语言。

广播电视播音员、主持人所使用的是有声语言，播音员侧重于语言的规范性，而主持更注重口语化和即兴性。

对于有声语言的规范性，本身就表现出一定的美感。播音员播音语言的规范性，主要包括语音的准确性、词汇选择使用和语法的规范性。这主要是受众在接收的这种信号的时候所产生的愉悦感。

消息：一般情况下篇幅简短，具有概述性，时效性很强。"广播电台、电视台发布的新闻通过播音员的有声语言传送出来的播音创作就称为新闻播音，这里特指消息的播音。"① 针对消息类的新闻本身多具有的真、快、新的特点，其播音的语言要求主要有：字音准确，音色纯正；声音明快，语言干净；语义连贯，语句流畅。

评论：是指"运用说理手段，通过对事件问题的政治思想的分析，旗帜鲜明地阐述对该事件或问题的见解和主张②"。"广播电台或电视台播发自己撰写的评论或其他来源的评

---

① 赵玉明、王福顺主编：《中外广播电视百科全书》，中国广播电视出版社1995年1月版，第139页。
② 《广播电视简明词典》，中国广播电视出版社，第80页。

论是，通过播音员的有声语言表达出来，称之为评论播音。"①

评论播音的语言基本要求是："直抒胸臆，态度鲜明；语气肯定，重音鲜明；停连精恰，节奏稳健；多用实声，气息饱满。"②

通讯："通讯播音，是播音员以真实的情感体验，具体、形象、生动地报道新闻事实的一种播音文体。"③ 由于通讯本身具有较为复杂的结构，内容一般具有很强的描绘性和抒情性，包括事件的情节、人物的语言以及心理活动等，因此通讯的播音在语言方面有着更为严格和复杂的要求。

通讯稿件的文字本身具有很强的抒情性，这就要求播音员在播音中对于气息、吐字发声、播音内外部技巧等运用更为多样和灵活。

专题播音。专题节目包括广播专题和电视的专题片或者纪录片。无论是广播还是电视中的专题，都是媒体中的重量级作品。在播音中对于播音员的有声语言的表达能力提出最高的要求。播音解说过程中既要注意保持一贯性，也要注意节目中对于情感、人物心理、评论文字的有特点的处理，做到起伏错落有致，抒情、叙事、说理相互结合，可以说有时热情似火、有时如涓涓细流、有时又像平静海面下的富有动力的洋流。专题播音中，可以说是各种播音文体交替出现，播音语体综合使用。比如在电视纪录片《苏园六记》中，就可以很清晰地体现这样的特点。(图 4 - 1)

图 4 - 1

雕几块中国的花窗　框起这天人合一的融洽

构一道东方的长廊　连接那历史文化的深邃

是一曲绵延的姑苏咏唱　吟唱得这样风风雅雅

是几幅简练的山林写意　却不乏那般细细微微

采千块多姿的湖畔奇山　分一片迷濛的吴门烟水

取数帧流动的花光水影　记几个淡远的岁月章

---

① 赵玉明、王福顺主编：《中外广播电视百科全书》，中国广播电视出版社 1995 年 1 月版，第 140 页。

② 姚喜双著：《播音导论教程》，中国广播电视出版社 2001 年 1 月版，第 116 页。

③ 姚喜双著：《播音导论教程》，中国广播电视出版社 2001 年 1 月版，第 112 页。

女：1997 年 12 月 4 日，苏州的四座古典园林，被联合国教科文组织列入了世界文化遗产名录，成为著名的世界文化遗产的一部分。

女：在封建社会当中，考中状元，又称蟾宫折桂。取得了一定的功名，也就获取了一定的官职与权力，同时也就有了获取钱财的机会，或可称为仕途经济。廉洁的，俸禄不薄；贪婪地，敛财有方。对前者，人们常常以两袖清风来赞美；对后者，又往往形容为三年清知府，十万雪花银。

男：历尽了仕途风雨，经过了宦海沉浮，那些已感到身心疲惫的状元们、进士们，这才想到了要顺着回家的道路，去做泽畔渔翁，去领受清风明月了。人生道长，路途漫漫，却往往走不出简单的轮回。

女：不过这种轮回却往往不是一般的重复。去时，是满船诗书；归来，是一车银两。清风明月不用一钱买，那只是饮馔精良的园林主人在雅集酬唱之时所发的诗兴而已，只是左右不说一个"钱"字。对于这些，历史老人似乎对其并不苛刻，因为这些人物，毕竟给后代留下了众多的苏州古典园林这一批精美绝伦的财富。

这几段解说词中，蕴含了抒情、陈述、议论等色彩的文字。开篇词的豪放，对于声音的弹性、音色、语气、节奏都有较高要求；对于解说词正式开头的苏州园林被联合国教科文组织确定为世界文化遗产的消息，就属于消息类播音的风格要求，客观、真实，语言利落、坚实。而在谈到做官之人，解甲归田的感悟时，文字的风格是议论性的，此时需要运用评论播音的技巧，努力展示文章的内在逻辑性，挖掘人们心灵深处对于人生道路的反思。

在主持人节目中，由于节目本质的特点，主持人需要借助节目现场的各种因素进行即兴的生发，有声语言表现出强烈的随机性。也正是因为这样的不可预知性，主持人的语言呈现出独特的魅力。

二、播音主持语言艺术性的创造

播音语言的艺术性的创造，主要是基于播音员对于文字稿件的准确理解，再利用相关的有声语言表达技巧进行艺术性的创造。即"二度创作"，这个创作是一个播音员能动反应稿件内容的过程。这个过程中，播音员对稿件文字进行再次编码，理清文字的层次、确定好感情基调，通过运用播音中的内外部技巧，把平面的文字转变为有声语言，同时也展示出其艺术性的美感。

播音工作中的语言艺术性主要是由内部和外部技巧结合而产生的。内部技巧包括：对象感、内在语和情景再现；外部技巧包括：语气、节奏、停连和重音。

比如，在广播音乐专题《钟与钟乐》中，播音员虹云在节目中对稿件文字进行了艺术性的表达。既体现了规范性的美，同时也由此升华，显示出语言艺术的美。各种表现手法节目解说中得到恰当的运用。在充分发挥自身吐字发声准确到位的基础上，很好地运用播音中内外部技巧，把对中华民族灿烂音乐文化的热爱之情，表达得十分到位。

余韵袅袅、情思悠悠的钟声，是中华民族五千年灿烂文化的象征，而那古拙浑圆的钟体又蕴含了多少转瞬即逝的人生浮华！早在远古洪荒的年代，中国人聪明的祖先就用陶土制成了世界上最早的"陶钟"，后来又创造了各种青铜编钟、朝钟、佛钟、道钟和更钟……有趣儿的是，欧洲人发明的钟，先是用来报时，后才用来奏乐；而中国人发明的钟，从一开始就是用来奏乐的。

短短的几个句子，对于播音员有声语言表达却是有着很高的要求。内部技巧的情景再现十分关键，回溯中华历史五千年，横贯亚欧大陆，需要充分调动播音员的背景知识，感受其中的时空变换。而外部技巧的语气、重音、节奏更是表现得淋漓尽致，前半部分自豪昂扬的语气和后面声调放低，充满情趣的表达，形成鲜明的对比，体现出语言的起伏感和美感。

在电视片的解说中，体现出播音员更为综合性的有声语言表达能力。由于电视片自身具有的篇幅长、文字风格多样等特点，要求播音员在解说工作中细致把握稿件特点，有的放矢地根据其文字内容所提供的语境进行相应的解说语言样式的设计，或者抒情、或者陈述、或者议论等，尽管是电视节目的解说，还是需要解说者在文字里能够感受作品的内在含义并生发出相应的一种情景，这种情景是解说者借以抒发自己对片中所谈事物的理解和感悟的一种催化剂。比如在电视纪录片《哺乳动物的奥秘——食草动物》中赵忠祥的介绍富有情趣，他的解说常常可以在观众看到的画面之外营造出另一种韵味独特的意境：

我们要记住，现在是在漆黑的夜晚，林羚好像在找什么，它在找吃的东西，我能看到它的喉头在吞咽。在漆黑的夜晚吃东西时比较紧张是可以理解的，它在舔盐分。南非林羚好像听到了什么声音，声音好像是远处的雷声，这是一头大象，每一步都走得十分小心，它撞到头了。

此处的解说需要播音员具有对声音极好的控制力，"它撞到头了"这几个字需要讲出情趣，这短短的文字不仅仅是对于一个状态的简单描述，更主要的是要表达出其中的情趣，结合片中的影像，大象撞到头在人们看来表现出了这个庞然大物十分憨厚可爱的一面，因此解说的情感表达就要有这样的基调。从发声角度分析，它需要一种声带轻微震动发出的嘘声。

主持人的语言艺术除去和播音有相同之处外，还存在着自身独特的个性特征。主要体现在主持人语言生成的特点上。一般意义上讲，主持人在主持节目过程中多是使用口语化的方式表达观点，与受众交流，具有很强的即兴特点。主持人在节目中由于和受众的交流所形成的一种观点或者意念需要表达，"这些信息点是压缩的、微小的，主持人此时要在短暂的时间里进行分析、归纳、综合以及生发想象。"[1] 主持人的个性也就是通过这些富有生发潜力的点表现出来的。主持人语言的艺术性在这样多次延展生发的过程中不断地得到巩固和加强，最终成为主持人的语言风格。

伴随着主持人节目的发展逐步进步成熟阶段，更多的主持人逐步成为节目或者栏目的真正掌控者，他们不仅出现在台前，也在节目的编创期参与节目的前期策划。因此在节目中表现出更多的主动性，节目中他们对于现场的进程和节奏时时进行着有机地掌控，现场的即兴因素被机智地发现和生发，节目自身的活力也被有机展示，随之而来的主持人语言的特点愈加突出地表现出来。

受众欣赏口味的多样化和品味的提高使主持人在主持节目过程中所遇到的情境更为复杂多变。在语言的表达技巧上需要增加更多的能力。因此，主持人需要不断地增加自身的知识积累，增强口语的生发、组织和表达能力。

第二节
从节目整体效果进行分析

尽管受众更多的是从有声音语言和声画结合的角度来感受播音主持作品，但是作品真正魅力却是通过一种整体美体也就是完整性体现出来。

---

[1] 张颂主编：《中国播音学》，北京广播学院出版社 2000 年 7 月版，第 475 页。

一、完整性的概念

这里完整性的提出，主要是考虑，一般来讲对于播音主持作品的赏析，人们会很容易想到的便是播音员、主持人的某种特点和风格。但这只是其中的一部分，还要考虑节目的整体立意和结构，在一种宏观意识的统领下进行赏析活动。因为这些因素是播音员、主持人得以发挥自身优势的基础。

二、完整性对播音主持工作的约定性

广播电视播音主持工作，尤其是播音创作，有其自身创作的明显特点，即二度创作。主要是指："播音员进行创作时所用的素材，包括文字稿件、资料、画面、音响等，已经是编辑、记者、原作者观念形态化以后的东西了，已经不完全是原始的生活素材了。"① 由此也就对播音员的创作有了一定的规范和约束。比如像中央人民广播电台的《新闻和报纸摘要》节目，中央电视台的《新闻联播》节目等，由于以消息类的动态新闻为主要形式，这类新闻一般篇幅比较短小，文字风格简洁明了，语法规范，主要功能就是迅速告知新闻事件发生的时间、地点、原因等要素，一般不做深入探究。与之相符合的播音特点就是明快、简洁、庄重、严谨，较少情感的直接表露。在电视媒体的此类节目中，还要求播音员具有大方庄重的气质。这样的新闻样式对于播音员有声语言的要求是纯正、规范，语气较为平稳，语速相对专题等节目更快。如中央电视台《新闻联播》播音员播音速度较快的每分钟可以超过 300 字。诸多可感元素应和了此类新闻的特点，形成了节目鲜明的特点。

观察一条中央电视台《新闻联播》消息的稿件，即可体现这样的风格。

国务院总理温家宝今天在中南海紫光阁会见出席中国环境与国际合作委员会年会外方代表。

温家宝说，中国政府高度重视保护生态环境，在发展理念，法制建设，科学规划以及监测修复治理等各个环节，不断加大工作力度，取得积极成效。但是我们仍面临巨大挑战，我们正视存在的问题，将在"十二五"期间加快经济结构调整和发展方式转变，以

---

① 张颂主编：《中国播音学》，北京广播学院出版社 2001 年 7 月版，第 26 页。

更大的决心，更有力的举措，推进建设经济集约型，环境友好型社会。提高人民生活的环境质量，努力实现绿色发展、平衡发展、协调发展和可持续发展。

外方代表高度赞扬中国在实现联合国千年发展目标，促进低碳经济，实现包容性增长方面作出的巨大努力。并就中国环境与发展问题，特别是加强海洋生态系统和土壤生态系统管理发表了建设性意见。

温家宝感谢他们对中国环境保护事业的支持和帮助。同他们进行了深入的讨论。

（中央电视台《新闻联播》2010 年 11 月 11 日播出）

这条新闻的播音语速每分钟超过 280 字。

再来观察新闻播音中的通讯和评论的样式和结构对播音特点的约定性。

通讯是新闻报道的基本题材、重要题材之一。与消息相比，通讯以详细具体、形象生动报道新闻事实见长。通讯时常是消息报道的补充和深化。……通讯播音，便是广播宣传报道中将通讯稿件转化为感情真挚、形象生动的有声语言传播活动的工作。[①]

从上面的陈述中可以得知通讯对于播音员提出了更为严格的要求，由于通讯的结构复杂，篇幅一般较长，其中还会包含人物对话、心理活动等需要细致处理的因素，因此在通讯的播音中，十分考验一个播音员的综合能力。充沛的感情、富于变化的声音以及清晰的播音目的性显得尤为重要。

评论具有逻辑严密、富有思辨性、观点集中、旗帜鲜明的特点。依据这样的文字风格，播音员在有声语言的表达过程中，需要在依事说理方面下功夫，并且体现出严密的逻辑性；同时，为了充分体现评论观点鲜明的提点，播音中的语气需要更富有一种气势；这样就要求播音员保持中等语速，以充分表达以上最能代表评论特点的要素。

评论：世博精神永不落幕

上海世博会昨晚落下帷幕。从 8 年前在国际展览局第 132 次大会上成功申办，到黄浦江畔世博场馆如火如荼地建设，再到 184 天世博园内的惊喜和热情，中国最终举办了一届"成功、精彩、难忘"的世博会，实现了"世界给中国一次机会，中国将还世界一片异彩"的庄严承诺。

上海世博会是在国际金融危机的背景下，首次来到发展中国家，首次在一个特大城市的中心城区举办。举全国之力，集世界智慧，一个更加开放的中国和蓬勃发展的上海经受

---

①　张颂主编：《中国播音学》，北京广播学院出版社 2001 年 7 月版，第 362 页。

住了严峻考验，世界通过世博这个五彩斑斓、充满创意的舞台，又一次感受到东方古国的崭新风貌和开放决心。

盛开在中国的世博会之花，是世博会的组织者、建设者、工作者、参观者、志愿者用热情、汗水和智慧浇灌而成。那位每天都出现在世博园里的日本老人，那位免费为参观者提供住宿的浙江农村老人，那些被亲切地称为"小白菜"的园区志愿者，他们，点燃了世博会的梦想，铸就了精彩盛会，留下了宝贵的精神财富。

平等、和谐、人文、开放，绿色、环保、低碳、民生，传统思想和新型理念在世博会上交织、激荡，启发心智，达成共识，开辟未来。上海世博会落下了帷幕，但我们相信，上海世博会的影响，将因世博精神，超越近6平方公里的世博园，超越时空、地域的隔阂而不朽。世博精神，永不落幕。

（中央人民广播电台《新闻和报纸摘要》2010年11月1日播出）

这篇评论的播音语速达到每分钟240字左右。

上面谈到了广播电视节目的播音文稿的样式对于播音员播音特点的影响，而对于不同类型的广播电视节目来说，其丰富多样的表现形式也同样给主持人作出了一种框定。主持人只有将自身有机地融合到节目中，才能充分地展示自己的优势，在这里节目的样式结构起到的是具有决定性的作用。在这样的节目中，主持人可以拥有更加广阔的发展空间，同时也是对他们的一种严峻考验。节目的直播状态给他们很大的心理和专业能力的考验。

伴随受众收听需求的不断增长和广播传播技术的不断提高和完善，热线谈心节目在广播媒体中呈现出蓬勃发展的势头。这类节目的优势就在于它的接近性和交流性。这种节目的样式使主持人和受众处于更为真实的交流语境中，听众的反馈已经成为节目的组成部分，体现出节目的形式带来的良好信息共享的优势。由于听众的构成较为复杂，他们的年龄、职业、性格以及遇到的问题和所要谈论的话题都有很大的不同，主持这样的节目，就要求主持人及时调整谈话的语言状态包括语气节奏、个人情绪等，以体现出对于谈话对象的尊重和对听众的关照。从年龄来看，比如山东人民广播电台的《田园晚风》节目，拥有多个年龄段的听众。从中学生到退休的老人，都是节目的热心听众。节目涉及的话题主要侧重于社会新闻、大众生活、情感世界等。节目的立意和结构为主持人的主持方式或者风格都提出的鲜明的要求。在节目中，主持人田园所表现出的就是一种亲切热情但又不失理性，善良但又爱憎分明的风格。

山东人民广播电台热线谈心节目《田园晚风》，已经经历了16年的发展历程，历经风雨和磨炼，已经拥有了大批的听众。而作为节目创始人之一的主持人田园，也伴随节目一起成熟和成长，成为听众的良师益友。

人们在电波中不断地感受着一位既充满热情同时又富于理性的主持人，在寒来暑往的日子里，田园的形象已经深入人心。

在节目中田园首先是听众的知心朋友，用真情和听众交流。

对于需要帮助的弱者，她表现出极大的同情心，声音中有一种温柔的关爱，就像一位慈祥的长者。曾经有一次，田园以极富感染力的声音饱含深情地为听众讲述了一个凄婉、动人的爱情故事：一位名叫鄂惠英的女同志，不远千里从四川来到济南照顾比自己小十几岁、身患重病的男朋友张默，并与他结合、患难与共。在讲述的过程中，曾几次因过于激动而哽咽地停住讲述，由此我们看到一位多么善解人意的主持人啊！但面对社会的丑陋，田园同样没有忘记自己的责任。有一次，一位年轻的女孩子向她倾诉不断受到继父的骚扰而痛苦万分时，田园表现出对这种恶行的怒不可遏的痛恨，不禁骂了一声："这个老王八蛋！"尽管这句话有些不文明，但听众都表示理解。在这里我们看到了一个嫉恶如仇的田园。①

以上的文字中，可以充分体现出田园作为主持人对于听众那种真情的关爱。这样发自内心的真情流露，不仅使事件的当事人感受到了鼓励和温暖，也使更为普遍的听众认识到了一个有血有肉的主持人的真实形象。

仅仅和听众一起感动对于主持人来说是远远不够的。职业性质的规定使得主持人要比热情和感性走得更深更高一步。这方面田园的主持中也是较为突出的。

田园是一位人生阅历丰富的主持人，因此在节目中对于听众提出的一些问题，她能够给予更为理性的关注和评说。

比如，曾经有一位下岗职工给田园打电话，诉说她下岗得病急需单位帮助，但单位领导却不给予解决。在回答这个问题时，田园首先对这位听众表示同情，同时她又分析了作为一个单位领导的难处，说明领导不是不关心职工而是目前没有更好的办法来帮助职工。这样就比一味地替听众发泄心中的不平更能让人接受。时下有不少年轻的主持人为了突出个性，在解答听众问题时只图一时的痛快，往往走极端，缺乏理性分析，以至造成不良影响。②

广播热线谈心节目，直播加上听众群体所提问题的极大不确定性，给主持工作带来很

---

① 载于《声屏世界》2003 年第 10 期，作者：王强。
② 载于《声屏世界》2003 年第 10 期，作者：王强。

大挑战，同时也要求主持人能准确把握听众心理，针对不同类型的听众及时调整主持策略，以打进直播间的热线电话为基础，努力寻找可以给更多听众以启发意义的共性特征，以此达到由小及大的富有衍生意义的节目效果。

为了更好地发挥话题的总体效应，主持人在每次节目的开始都有几分钟的开篇话题。用意在于预示将要讨论的话题范围，引导更多听众参与讨论，发表自己的意见，使话题更加富有普遍意义，体现节目的宗旨。

娱乐节目尤其是电视娱乐节目由于其结构的特点，给主持人带来更多的发挥点。电视娱乐节目尤其是真人秀一类的节目，其框架要求主持人需要更准确及时地把握现场的变化，对其中出现的即兴性的娱乐点进行延伸，使之成为节目的出彩部分。主持这样的节目更需要主持人眼观六路、耳听八方，始终处于一种警觉状态。而且基于电视媒体的特点，在节目中主持人不但要有出色的语言驾驭能力，同时还要有过硬的肢体语言表现能力，从而保证对于现场气氛的有利把握。

比如中央电视台的《咏乐汇》《星光大道》等。

在广播电视节目中，为了更好地和受众形成信息的传递和共享的氛围，节目的创作者在不断地探索新的节目样式，而新的节目样式也就意味着播音员、主持人需要认真揣摩和研究，总结出应对这些变化对他们的新方法，由此就会显示出新颖的有特点的播音主持风格。

第三节
从广播电视媒体创作元素的特点入手

在广播电视播音主持作品的创作过程中，为了达到最终的传播效果，除去播音员、主持人的声音因素以外，还有其他值得关注的因素，主要是指播音主持作品创作的手段是多样化的，因此在关注作品时应该从多样化的手段入手，进行多元的观察，这样才能对一个播音主持作品作出比较客观的评价。比如广播播音主持作品中的技术因素，电视主持作品中的画面和声音元素的配合都是综合性中不可缺少的关注点。

一、广播中的声音元素的意义

广播媒体是借助声音进行创作，表达作品主题的。

我们生活的世界是一个充满丰富多彩声音的活力空间。每时每刻都会有各种声音向人们发出不同的信息信号。而人们则是通过这些鲜活的声音元素来感知、了解周围环境的。同时有了声音的伴随，人们的生活显得更加充满活力，试想一个人如果他的生活都是一片寂静，会是什么样的境况。而广播媒体正是从自身的传播特点出发，充分利用相关技术，对现实生活中的种类繁多的声音元素进行有机的、创造性的加工，以实现创作者赋予作品的深刻内涵。

在广播节目的创作中，环境音响更加受到重视。"环境音响是人、物、事表现或者记录过程中客观存在的声音现象，包括自身活动发出的和其他人或物体发出的。我们总认为语言才有明确的语义性和逻辑性，其实任何一种声音都有信息性。"[①] 音响具有表情、表意等多种功能。在很多广播播音主持作品中，充分使用各种富有特殊含义的音响，可以为整个作品主题的表现起到良好的助推作用。

另外，科技的不断发展，给广播媒体的制作人员带来了可以更多发挥主观能动作用的创作空间。有的是可以对已经采制的音响进行艺术加工，使其特点更加突出；还有的是凭借高超的制作技术，以富有创意的艺术构想为蓝本，进行创造性的制作，呈现出完全没有过的崭新声音元素，给整个作品增添了色彩，创造出独特的意境。

二、电视节目中声画配合对于突出整体效果所起的作用

电视媒体因其自身所具有的声画同时传递的特点，可以更为充分地对包含在其中的声音和画面进行更加细致有机的融合，使二者成为有机的组合体，共同营造特殊情境，烘托作品主题。

从这点观察，声画结合的运用更多体现在电视主持节目以及电视专题片、纪录片的创作中，对其富有创造性的处理，使节目呈现出更为引人入胜的意境。

这里所指的"声"包括除去解说以外的所有可以用来创作的声音元素。包括音乐、自然界中物体发出的声音等。它们被创作者巧妙地和电视画面融合在一起，营造出一种超乎象外的意境，给观众带来富有艺术魅力的不寻常感受。比如在电视纪录片中常常被使用的来自自然界的生动声音元素，动物的叫声、流水声、风声等。

音乐尽管是主观人为的声音，但是由于是人类最为感性的内心表露方式，在和电视画

---

① 中国应用电视学编辑委员会、北京广播学院电视系学术委员会编著：《中国应用电视学》，北京师范大学出版社1993年版，第776页。

面的配合中同样可以起到很好的造境作用。

在电视纪录片《最后的山神》的结尾，创作者就充分发挥了音乐和画面的配合功能，镜头景别为大全景，占据画面大部分的是皑皑白雪，主人公孟金福身背猎枪，骑马在雪地上缓缓行进，在画面中所占比例极小。拍摄角度为俯角，此时配合画面的音乐为埙演奏的充满伤感情绪的曲子。似乎有风来来去去，曲调随风呈现出忽远忽近的扑朔迷离感。此片段采用了长镜头拍摄方法。这样的声画配合，营造出浓浓的、深远的忧伤。恰当地表达出创作者对于即将消失的鄂伦春族文化的一种担忧和思考。（图4-2）

图4-2

第四节

从受众感受角度进行分析

一、受众的概念

对于广播电视媒体，受众是指广播电视节目的听众或者观众。按照不同的标准可以划分为不同的类型，其标准包括政治、经济、职业、文化、年龄、地域等。由此受众便具有各自不同的需求，这些都是广播电视播音主持作品的创作者和观众的重点。从受众的角度去思考设计节目的主题、表现形式、播音主持风格等，都可以给创作者以更为清晰的创作指导性。

二、受众的心理期待对于作品创作的作用

受众对于作品的心理期待对作品的创作有着明显的能动作用。这样的期待对于节目的

创作者具有很大的导向作用。创作者在节目的编创过程中也正是循着这样一条线索，实施自己的艺术理念，为广大受众服务，提供适销对路的"艺术产品"。

广播电视节目受众收听和观看节目时，有着以下的心理期待。

1. 追求新鲜的内容

节目的选材是成功的基础，基于时代性、思想性和艺术性有机结合的主题和内容，可以对受众有着强大的吸引力，它不但可以陶冶人们的情操，还可以让人们的思想净化。广播电视播音主持作品内容的新鲜又有着多个侧重点，有的是选择刚刚发生的事情，在时间上占优；有的则是在人们习以为常的事物中选择富有深刻寓意的点，揭示出让人为之心动的意念。

2. 追求新颖的形式

对于广播电视播音主持作品来讲，内容的表现形式十分重要，有时甚至比内容更具有吸引力。作为时代和科技进步的产物，广播电视的出现给人们带来了感受世界的新途径，它们拓展了人们的视觉和听觉领域，而它们所特有的传播方式不断地进步和更新，不断地吸引人们的感官注意力。

在充分认识到广播电视媒体自身特点的基础上，努力探索表现形式上的新颖度。对于各种创作元素的创造性运用是达到作品形式新颖的有效途径。

比如由山东人民广播电台制作的广播节目《明白贷款　开心购房》在节目的形式上独具一格。节目的主题是介绍住房公积金的概念、用途、利用公积金购买住房的条件等。这原本是一个专业性强而且较为枯燥的话题，很容易流于一般的介绍，是听众失去兴趣。而该节目的编导为了提高传播效果，别出心裁地采用了情景剧角色扮演的形式。设计了一对夫妻计划购房住房的背景，同时根据话题专业性较强的特点，还设置了钱博士的角色，形成了角色的均衡性，同时也增强了节目的权威性。因此节目在十足的趣味中给听众介绍了公积金买房的相关知识。

在节目的结构形式上，编导依照利用公积金申请买房的线性思维流程，进行谋篇布局。

可以说恰当的形式给节目以巨大的活力，深深吸引了听众。

3. 期待亲切的交流

从受众的角度出发看待广播电视播音主持作品，他们心里的期待之一是希望能有一种亲切交流的感觉。尤其是广播电视中的主持人节目，其富有个性特色的节目主持人，在和受众进行交流方面有着得天独厚的优势。不论哪种类型节目的主持人，其本质都是要通过这个富有人性化的角色来提高信息传递的时间和深度，也就是应和受众对于节目亲切感的需求。

三、从受众感受的角度分析作品

对于一部播音主持作品的观察和分析，可以有多个角度，而从受众的角度入手则是一种进行反观的方式。它可以以一个全新的视角来审视作品的创作和成品的特点，这个角度跳出了创作者的群体，似乎是以一个"局外人"的眼光进行的观察。因此，可以得到更为清晰的观点和印象。

这里就涉及接受美学理论的部分内容。接受美学认为，在接受理论中，存在着文学文本和文学作品的概念，前者是指创作者创造的同接受者发生关系之前的自在状态；后者是指已经和接受者形成对象性关系的东西，它不是孤立存在的，已经融合进了审美主体的经验、情感和艺术趣味。

文本是以文字符号的形式包含了多种审美信息的硬载体；作品则是在具有鉴赏力的接受者的品评中，由接受者和创作者共同创造的审美信息的软载体。

文本是一种永久性的存在，它独立于接受主体的感知之外；而作品依赖接受主体的积极介入，只存在于接受者的审美观照和感受中，是一种相对的具体的存在。即作品是被审美对象感知、规定和创造的文本。

从接受理论的阐述中，可以清晰地感觉到它对于受众的重视，强调了接受者在艺术创作过程中的重要作用。是欣赏品评者的介入才使得文学文本成了文学作品。

这样的传受双方之间的信息交流和共享同样适用于播音主持作品的创作和赏析活动。只不过在广播电视媒体的创作中，又有着其具体的富有自身特点的创作。

信息的传播需要相应的介质，对于广播电视媒体来说，声音以及声画配合成为它们传播信息的鲜明方式。而这样的特点又对整个作品创作过程中的各个因素的运用起到了关键的引导和制约作用。

其实在现代社会中，伴随着传播理念的不断深化和提高，传播者对于受众作用的认识逐渐提高，在创作阶段越来越重视如何从受众的角度入手，运用各种手段有效地吸引受众的注意力；同时很多创作者在节目中还给予受众更多的话语空间，给他们更多展示自我个性的机会。以前被动接受广播电视信息的受众，如今已经部分地参与到节目当中或者成为节目中的"主角"，显示出广播电视节目创作中受众的重要作用。因此从这个角度分析播音主持作品是一个十分有益的方法。

受众对于作品的品评可以从以下几个方面进行：

1. 受众的话语空间：话题的广度和深度

广播电视节目的受众在节目中话语空间的大小，是对作品进行赏析的重要一环。伴随社会的进步和发展，广播电视节目中受众的话语空间逐步地扩大。尤其是广播电视的谈话节目，受众可以有十分充足的时间发表自己的观点和看法。

真正意义上的谈话节目，不论是广播节目还是电视节目，都可以较好地贯彻给予受众一定话语权的传播宗旨。这个问题包括两个方面：一个是话题的广度，另一个是话题的深度。

广度是指话题的多样化，而深度是指在进行话题讨论中挖掘其内在本质的深刻程度。

在广播类型的节目中，热线谈心节目以及某些播音室内外协同进行的嘉宾访谈类的节目在这方面体现得尤为突出。比如山东人民广播电台晚间谈话节目《田园晚风》，节目内容涉及面十分广泛。该节目创办于 1994 年 2 月，话题涉及了社会新闻、大众生活以及情感等，话题的广泛程度，吸引了众多的参与者，包括多个行业和多个年龄段。同时为了加强同一类话题的讨论深度和集中，节目独出心裁地在每次节目开始时，设置了开篇话题环节。

在中央电视台谈话节目《实话实说》中，关注了国家大事，比如《谁来保护消费者》《历史与教科书》《村里的故事》等；人生故事，如《我能离开你几天吗?》《感受坚强》《噩梦醒来时清晨》《从零开始》等；该节目不仅话题有较大广泛度，而且在谈到某一个话题时都能进行深入地挖掘，这其中受众的参与起到了非常关键的作用，节目中的嘉宾构成一般都十分多样，有大学教授，也有普通市民；有政府官员，也有打工者，他们从各自不同的身份和角度谈出对于话题的感受，而节目主持人崔永元的富有个性风格的主持，更是为受众的参与提供了很大空间。观察节目的文字稿件，就会发现主持人的发言往往都是简短的话语，尽管是三言两语，却是起到了关键的起承转合的作用，使话题在幽默轻松的气氛中逐步达到深入透彻的状态，由此受众的话语空间得到了很大的拓展。

2. 受众的参与程度：自我价值的实现

受众参与程度的深浅体现了一种审美过程的完整程度，也是播音主持作品完整性的体现。伴随传播理念、传播技术的进步和拓展，受众在节目中的参与程度越来越深入。参与程度的加深一方面对于节目的编导提出了新的要求，另一方面对于节目主持人也提出了如何定位的课题。

在编导的角度上，主要考虑如何设计巧妙的环节给受众更多的参与机会，使受众充分地展示自己才艺、才能，真切体味一种自己作为舞台主角的成就感和愉悦感。这是每个人存在价值的充分肯定，这是人们心理需要中最高级别的一种——自我实现的需要。

在主持人的角度上，就是如何提高自身对于节目总体的驾驭和掌控能力。主持人在节目中就担任了帮助普通人实现自身价值的"圆梦人"。

3. 真实感和客观性：对受众的尊重

从传播信息的角度来观察广播电视播音主持作品，每件作品都是把受众作为最后的落脚点。这是传播的目标，也是其最终的目的。尤其是广播电视媒体，其信息传播的指向性很明确，对于传播对象的细致研究，是其确定节目定位和传播方式的最重要的方向标。

因此对于广播电视节目来讲，受众就是某种意义上的"知音"或者说"衣食父母"。

也可以说受众是一面镜子，通过他们可以清晰地折射出自身的形象，尤其是那些需要改进和完善的地方，为以后的创作提供真实、可靠、有力的数据和建议，促进节目逐步进入创作的佳境。

因此从受众的角度来反观作品，可以以一个"旁观者"的角度，得到更清晰的一种感受。

从传播学的角度观察，在信息传播的整个过程中具有举足轻重的作用，在长期的传播实践活动中，信息的传播者对于受众重要性的认识在逐步地加强，从最初的完全被动，到部分的成为具有能动性的接受者，到后来的成为信息传递的重要组成部分。

这样的变化，涉及了接受美学的内容。

接受美学在谈及艺术作品完整性时指出，艺术家创作完成的作品，在真正由作品的赏析者即受众品评前，还不能称之为完整的艺术品，而只是半成品，只有经过受众的观察和品评，进行解读才算是一部完整的艺术品。

对于播音主持作品的赏析，是一种信息接收者对作品的一种审美活动。从接受美学的角度来讲，一部艺术品在由艺术家创作完成后，它的艺术创作过程并没有完成，而是要经过欣赏者的观察品评并有了一定的思考和反馈之后，才具有了真正的审美价值。

接受美学认为，在接受理论中，存在着文学文本和文学作品的概念，前者是指创作者创造的同接受者发生关系之前的自在状态；后者是指已经和接受者形成对象性关系的东西，它不是孤立存在的，已经融合进了审美主体的经验、情感和艺术趣味。

文本是以文字符号的形式包含了多种审美信息的硬载体；作品则是在具有鉴赏力的接受者的品评中，由接受者和创作者共同创造的审美信息的软载体。

文本是一种永久性的存在，它独立于接受主体的感知之外；而作品依赖接受主体的积极介入，只存在于接受者的审美观照和感受中，是一种相对的具体的存在。即作品是被审美对象感知、规定和创造的文本。

从接受理论的阐述中，可以清晰地感觉到它对于受众的重视，强调了接受者在艺术创作过程中的重要作用。是欣赏品评者的介入才使得文学文本成了文学作品。

这样的传受双方之间的信息交流和共享同样适用于播音主持作品的创作和赏析活动。只不过在广播电视媒体的创作中，又有着其具体的富有自身特点的创作。

信息的传播需要相应的介质，对于广播电视媒体来说，声音以及声画配合成为它们传播信息的鲜明方式。而这样的特点又对整个作品创作过程中的各个因素的运用起到了关键的引导和制约作用。

从接受美学的角度观察广播电视播音主持作品的创作。

广播电视的传播方式、节目的样式以及播音员、主持人的传播状态都是影响信息接收者接受程度的因素。即从受众的角度来说，他们是通过这些因素来完成对于广播电视节目的审视和评价的，最终这样的评介活动也使广播电视节目的创作活动形成了一个完整的环圈，从而这样的广播电视节目也成为真正意义上的作品。这其中播音员、主持人的播音主持风格是人们关注的重点，因为他们的风格也是节目创作集体意识和风格的体现。

在接受信息的过程中，受众可以采取各种不同的评价方式。

在广播电视节目信息的传播中，它们所拥有的接受者更加的直接和广泛，比如在中央电视台的《新闻联播》节目就很有可能同时被几亿观众收看和品评。这样的传播速度和广度是那些以文字符号为传播手段的文学创作者所无法想象的。广播节目也有类似的接受程度。这就需要我们对于广播电视媒体自身的传播特点予以关注，这样才能更好、更深入地观察广播电视播音主持作品和受众之间的传和受，创作者和审美主体之间的密切关系。这样的传受双方之间的信息交流和共享同样适用于播音主持作品的赏析活动。

同时还存在另外一种情况。伴随社会的发展、技术的进步和广播电视传播理念的改变，很多主持人节目都会把听众或者观众请到演播室，参与节目的创作，共同完成节目的制作和传播。这样的情况下，广播电视节目的信息传播和接受的过程大大缩短，传播的效果增强，而得到反馈的速度也更为迅速。

因此从接受美学的角度来审视广播电视播音主持作品，就是强调受众对于作品创作的重要性。受众在很多场合下已经是节目很重要的组成部分。比如电视真人秀节目、广播热线谈心节目等。

这里可以从电视娱乐节目中对于观众重视程度的提高，说明受众的作用。节目形式的变化，给了受众更多的参与空间，而他们也在更为广泛的角度和程度上完成了对于节目的审视和品评，当然专业的品评也就有了更为广阔的空间。

比如，《非常6+1》《星光大道》等节目中，受众已经成为节目的主要部分。《非常6+1》的节目标志语就可以鲜明地表示出对于受众的重视程度："我的梦想，我的舞台。

《非常6+1》关注普通老百姓，一个'新'字点亮电视荧屏。"

从节目的标志语里可以得出这样的结论：节目编创者首先站在受众的角度，大声疾呼，这个舞台是展示他们才华的合适空间。围绕这个构想，节目的各个环节的设置都努力展示对于受众的重视和关爱。

在这样的节目中，舞台上下可以说都是受众的天地，他们的个性才华的展示令人刮目，而台上与台下互动和共鸣更是给人畅快淋漓的感觉。此时，受众不但是节目的重要组成部分，同时也是节目的创造者之一，他们从两个不同的角度展示自身存在所起到的作用。在中央电视台另一个有着广泛影响的综艺娱乐节目《星光大道》中，受众除了依然在台上台下形成默契配合外，他们还被邀请作为评审团的成员，直接参与对于选手表现的评判和打分工作，这又是受众对节目的创作发挥能动作用的一个侧面。

在时下十分兴盛的广播热线谈话节目中，听众成为节目必不可少的成分。而此类节目的设置本身就充分体现出媒体对于受众特质的关注和研究。

接受美学的研究十分强调受众的参与对于体现作品艺术价值的作用。广播电视媒体，有着明确的受众指向性，从中国的国情来分析，广播电视媒体最初的主要任务就是宣传国家的大政方针，当时的社会现状也要求媒体进行这样的工作。而受众更多的是了解国家的政策和形势。指导自己的工作和生活。可以说当时呈现出的是信息的告知功能。

一般情况下，创作完成的广播电视播音主持作品通过广播电视媒介传送到受众那里，形成了其创作过程的完整性。在这样周而复始的信息传递和反馈环圈中，受众的地位逐步提高，对于节目的创作所产生的影响愈加深入。而广播电视播音主持作品也就是在这样的过程中不断地提高自己的品质，优秀者便会应运而生。

思考题 ● ● ● ● ● ● ● ●

1. 如何理解对播音主持作品赏析时将其作为一个整体进行观察的方法。

2. 广播电视播音主持作品创作中如何体现对于受众的重视？

赏析理论只有运用到实际例证的分析中，才能体现其真正价值。

本章中所提供的广播电视播音主持作品，既有高度的思想性，同时又具有独特的艺术表现手法。运用前文所提到的理论原则和方法指导，对作品进行全面、深刻的分析和评价。

实际上，播音主持作品的赏析活动，是没有止境的，意思有两层：一是每部作品都有其深刻的内涵，可以常挖常新；二是不同的赏析者由于个人生活阅历、教育背景、审美情趣等的不同，会对于作品有不同的解读。

本书主要目的是为读者提供具有普遍意义的赏析方法，而对于赏析的结论并不期待雷同。这其中也清晰体现出艺术欣赏结论多样性的特点。

本章所选篇目按照广播电视新闻、社教、综艺娱乐等类型进行划分，并进行了相关的赏析。

第五章

播音主持作品赏析实例

第一节

新 闻 类

广播

消息

1.《美英军队开始对伊拉克实施军事打击》中央人民广播电台　播音：陆洋

（节目来源：《中国广播电视新闻奖——2003 年最新广播新闻奖、广播社教节目奖获奖作品》，中国传媒大学电子音像出版社 2004 年出版。）

中央人民广播电台，中央人民广播电台，现在播送刚刚收到的海湾局势的最新消息。据报道，北京时间今天上午 10 点 40 分，美英驻海湾军队，开始对伊拉克实施军事打击。中央人民广播电台，中央人民广播电台，现在播送刚刚收到的海湾局势的最新消息。据报道，北京时间今天上午 10 点 40 分，美英驻海湾军队，开始对伊拉克实施军事打击。

此前已有报道说，大批美军战机已经开始从科威特飞向伊拉克边境，目前战斗仍在进行，我们将在稍后的报道中详细介绍情况。同时我们将滚动报道最新动态，请您锁定中央人民广播电台第一套节目。

作品赏析
ZUOPINSHANGXI

消息素以自身短小精悍的特点，在传递信息方面体现出迅捷及时的优势。该节目是典型的广播消息文体。战争的消息在当今世界较为引人注目。节目的文稿结构简练，把事件的主题、发生的时间、地点、人物、进展状况都描述地清清楚楚。消息的要素就是新近、客观。节目中的导语十分清晰地表达了这样的因素。为了突出一个新字，在结构的安排上，采用了重复的方式，将新闻中最吸引听众的因素，进行强化。这是最抓人的。第二段，为今后的详细报道做好准备，也满足了人们对事实真相更为细致了解的心理需求。

该条新闻的播音由陆洋担任，很好地契合了新闻事件的语境，新闻主体在重复一遍的播音中，有了递进的处理。而且在语气的处理上体现出一种深刻的关切，配合以紧张型的节奏，使听众真切地感受到战争来临时的紧张感，理解和表达十分到位。

陆洋是中央人民广播电台新闻播音员，播音以刚劲、利落著称。他曾经担任中央人民广播电台《新闻和报纸摘要》节目主播。

2.《劳模楼里无劳模》辽宁人民广播电台

（节目来源：《中国广播电视新闻奖——2003 年最新广播新闻奖、广播社教节目奖获奖作品》，中国传媒大学电子音像出版社 2004 年出版。）

请听本台记者采制的录音报道：劳模楼里无劳模。鞍钢集团矿业公司为劳动模范建造的劳模楼终于竣工。可是令人不解的是，在张榜公布的分房名单上竟然没有一位劳动模范的名字。昨天记者来到劳模楼时，看到新住户们正在装修。

"我这个是 152 平吧。这属于三室一厅两卫。对，都是正处级。楼上是技校的教育副校长。我楼下姓赵，叫赵鑫（音）……"说话的是矿业公司清欠办主任张贾林（音）。他说，劳模楼共有 34 套住房，面积都在 140 到 150 平方米。这些住房全都分给了公司的处级干部。劳模楼已经变成处长楼，那为什么还叫劳模楼呢？

在矿业公司，记者看到了一份该公司建劳模楼的申请报告。报告上写道："鞍山市计委，我公司现有五十多位省级劳动模范，他们大部分还居住在原来老结构的房子里，为改善他们的住房条件，拟建一栋住宅楼。"对于这份报告，矿业公司副总经理石伟（音）解释说："我给上面打报告，目的是我要建成楼，建劳模楼，才能批得顺利点。"石经理说，市中心区域建楼审批越来越严格，用劳模楼的名义向市里申请立项，会容易得多。果然，这个立项得到了批准。眼看着劳模楼变成了处长楼，鞍山矿业公司的职工们十分气愤。

职工：既然盖了劳模楼，为什么名不副实呢？你挂羊头卖狗肉干什么？

职工：劳模作了那么大贡献，这房子本来就应该分给劳模。现在处长住又是怎么回事？

就在昨天，公司的全国"五一劳动奖章"获得者、省特等劳动模范韩玉玺（音）由于家中住房实在紧张、搬进了儿女为他租的一套 35 平方米的单间。"就是科级干部，他不能像咱们住房这么紧张、生活条件这么差啊！他利用劳模这个光环和这个荣誉，他们盖好了，完了他们自己享受。咱们还得在外面……"

作品赏析 ZUOPINSHANGXI

该作品最为引人注意的是标新立异的题目，通过这样一个简练而富有哲理意味的主题，极大地调动起听众的收听兴趣。有悖于常理的"名不符实"，给节目的延伸起到了很大的铺垫作用。围绕劳模楼里为什么没有劳模这个令人奇怪的现象，节目充分利用事实来进行铺陈。其中对于采访对象的选择十分到位。这些人物包括了本不该住进住进劳模楼的领导、本该住进劳模楼却只能望楼兴叹的劳模，还有此种现象的始作俑者。仅仅看几个人物的出现，就会给人们带来一种莫名的遗憾。而节目中两个利益的窃取者的厚颜无耻也通过他们的语言表现得一览无余。

该作品的播音紧紧依托节目的主旨，确定了平实的感情基调。如此便和节目中所采用的录音有了较好的协调性。语气里有着明显的质疑成分。紧紧围绕为什么劳模楼里没有劳模这个疑问，层层剥竹笋，使问题的真正原因显出庐山真面目。这里对于评论的逻辑关系的理解十分关键，有了这样的理解，才可以有的放矢地展示作品的主题思想。

评论是一个对于是非对错的判断过程，首先是对所要评论的现象进行透彻地剖析，在节目的播音中，播音员较好地把握了这一点，因此使整个节目的逻辑性和理论性大大增强。

评论

1. 《海城豆奶事件叩问公众知情权》辽宁人民广播电台

（节目来源：《中国广播电视新闻奖——2003 年最新广播新闻奖、广播社教节目奖获奖作品》，中国传媒大学电子音像出版社 2004 年出版。）

各位听众，如果没有事发两周后近百名学生到北京集体医治，人们无法预知，海城豆奶事件还会被隐瞒多久。昨天随着卫生部专家对学生中毒原因的公布，中毒学生家长心中画了许久的问号终于有了一个解答。然而这些天来还有一个更大的问号萦绕在他们心头，"为什么处理这个事连点透明度都没有呢，你告诉咱。""得给老百姓一个权力，最起码得给一个准确的答复。"请听录音述评，海城豆奶事件叩问公众知情权。

卫生部的专家在公布了海城豆奶事件中毒原因后，曾说了一句耐人寻味的话：如果有关方面本着对学生的健康和生命高度负责的精神，不隐瞒病情，严格依法处理，这起事件恐怕不会造成如此强烈的社会影响。一向关注病理的专家们为什么会得出这样的结论呢？在对事件的回顾中，我们不难发现问题的症结所在。（学生呕吐录音）3 月 19 号下午，海城市八所小学的学生在饮用"宝润"牌豆奶后发生集体食物中毒，中毒学生达 2000 多人。事件发生后，没有人正式出面告诉学生家长发生了什么和政府正在做什么。在家长的反复追问下，海城市政府才在 4 月 4 号下午以信访办的名义第一次与上千名家长对话。而这时距离事发已经整整 17 天。一位叫张海的家长给记者讲了当天的经历："我是代表，我也去了。轮到我提的是'得有个说法'。然后告诉我，散会，转身就走。有话还没有说完呢。"

众多学生家长们对海城市政府的种种做法相当不满。

家长："发病的时候，校长和这些老师们都在门口堵着，说孩子没有问题。你不用着急。我的孩子一直在那里待着。我心里老是解不开这个疙瘩。""所有的病例已经改完事了，入院通知单就是说食物中毒，但是都是头晕待查，腹痛待查，当时都是待查。我当时就去医院找院长问去了，说这都是人家上面让改的。"

二十多天来，海城市政府投入相当大的精力，用在封锁消息上，一些学生由于救治不及时而造成病情加重。而随着各种小道消息的散播，人们的心理经历了由担心，到猜疑再到惊恐的全过程。百姓的不满主要来自政府透明度差，总是捂着瞒着，让人心里犯合计。事实上，意外事件是很难完全避免的。但对意外事件的处理，却可以完全显现政府对公众权力的尊重程度，在这起事件中，百姓的知情权被反复叩问，知情权是公民对国家重要决策、政府重要事务以及社会上当前发生的与普通公民利益密切相关的重大事件具有了解和知悉的权利。中国政法大学焦洪昌（音）教授认为，对知情权的关注与社会的发展密切关联，"在现代社会里面，透明的政府、阳光下的政府，政府的决策应该在人民的监督之下，那么人民要监督政府，就要知道政府决策的过程，政策的内容。如果是人民不能够了解事实的真相，人民自己的生活实际上就没有办法安排。实际上也谈不上对政府的监督，现在对知情权的关注呢，恐怕跟社会的发展对政府的要求是相关联的。"

温家宝总理在谈到知情权时，曾意味深长地说，"保障人民的知情权非常重要，增加政府行为的透明度，向人民及时准确地报告是对人民负责的重大问题，是一个政府应有的负责态度。"然而对于知情权的现状，人民大学一位教授曾做了这样的评价，就现状而言，公民的知情权还仅停留在理论层面，令人遗憾的是，这种论断在海城豆奶中毒事件中得到了应验。省社科院武斌（音）研究员分析认为："公开是政府运行的基本原则，是建立诚信政府最基本的要义，我们可以把有关部门做的工作包括今天我们做了哪些事情，我们准备做哪些事情，我们现状调查进行到哪一步，直接都和家长见面，这样更有利于事情的处理，政府应该知道，现在这个社会信息渠道是多元的，信息是瞒不住的，也不能瞒。"

在采访中，海城市一些政府官员也提出了这样的看法，政府这样做也是出于稳当的考虑，由于事件处理比较复杂，可以晚发布甚至不发布，最后宣布一个结果就可以了。对于这种看法，省社科院武斌研究员表示反对："其实这种说法恰恰相反，往往有这种情况，由于大道不通畅，信息的主流渠道不通畅，容易传播一些小道消息，或者是通过非主流渠道传播的一些信息作为当事人比方说学生家长或者是学生本人，往往是由于信息掌握得不完整、不完全，有一些偏激或者是激烈的行为，这样一来更不利于社会的稳定。"

事件之间通过比较，不难得出正确的结论，与海城豆奶事件事件相近，今年3月31号，杭州市大学路小学发生爆炸，造成12名学生受伤，就在爆炸发生后不到4小时，杭州市政府就召开新闻通报会，第一时间把爆炸事件的前因后果，通报给社会各界，这一做法受到社会的广泛好评，杭州市领导的看法是，政府越透明，表态越及时，谣言就越无法藏身。否则群众就会对政府部门失去信心，政府部门就会失去群众的监督。几天前省政府就海城豆奶事件处理过程中出现的一系列问题召开会议，反复强调政府部门要增强责任心，增加透明度。

作品赏析 ZUOPINSHANGXI

首先看该评论作品的立意。针对学生因豆奶中毒事件引发的反应，节目创作者并没有把注意力放到为什么学生会中毒的探究上，而是更高一筹将着眼点放在了公民的知情权上，这一点上体现出对于问题实质的透彻分析和理解。

在作品的结构方面，先铺陈事实，然后逐步引申和上升，由此是听众对于公民知情权的理解，由最初的感性认识上升到理性的概念，揭示出问题的本质。节目充分发挥广播媒体的优势，巧妙运用来自家长、学生、领导等受访者的声音进行有机架构，使节目呈现出错落有致、疏密相同的格局，对受众的耳朵形成了强大吸引力。同时，在论述事件关键点时，以中国政法大学教授、省社科院研究员等的采访录音强化节目的深度和权威性。上述的方法，恰如其分地发挥了广播媒体长于用声音塑型、说理的优势。

围绕"保障人民的知情权"这一中心论题，节目编辑进行了 立体多角度剖析：从学生家长、卫生部、高校学者到国家领导人；对事件发生后出现的两种现状："海城市政府二十多天用在封锁消息上""有政府官员说，出于稳妥，可以晚发布甚至是不发布事件的消息"，均进行了入理分析，体现评论的高度严谨。值得一提的是，在节目最后作者进行了一个富有鲜明性的对比，使节目主题更加凸显，同时也对主题的升华起到了强大的促进作用。

在节目的播音方面，该节目播音员十分到位地把握了节目的本质，有声语言表达上体现出鲜明的态度。其中语气的确定和重音的突出为节目增添了鲜明的议论色彩。尤其是在节目的第一段中体现得特别明显。"昨天随着卫生部专家对学生中毒原因的公布，中毒学生家长心中画了许久的问号终于有了一个解答。然而这些天来还有一个更大的问号萦绕在他们心头。"这句话中"然而"的处理，其内在语表达得十分真切，也恰当地揭示出本节目的中心话题，醒目而深刻。

2. 《警惕"项目之痛"》吉林人民广播电台

（节目来源：《中国广播电视新闻奖——2003年最新广播新闻奖、广播社教节目奖获奖作品》，中国传媒大学电子音像出版社2004年出版。）

请听本台记者鲍莹采写的录音述评：《警惕"项目之痛"》。

11 月 1 号，停产一年多的吉粮赛利事达经过资产重组再次开工生产。至此，这个历经磨难、其投资之大和工期之长都在省内挂号的项目终于有了下文。而就在这样一个喜庆时刻，负责这个项目四年之久的吉粮集团副总经理的宗国富（音）却另有一番慨叹：再搞项目不要头脑过热，一定要把前期论证工作做充分；要科学，市场的一些东西要分析透。带有很大的盲目性。这是出现的项目之痛。

这项目之痛确实点到了赛利事达的要害。赛利事达玉米工业有限公司是有法国赛利事达公司与我省吉发集团 1996 年合资兴建的 30 万吨玉米深加工项目。总投资为 19 亿元人民币。外方的先进技术和管理经验，加上中方企业的资源优势，政府背景，人们当初对这一项目寄予厚望。但后来由于吉发集团对规定投资 49% 这部分没能及时跟进，项目在 6 年后实现试生产时，其主要产品玉米淀粉的市场价格早已一落千丈，生产即亏损。企业没出仨月就告停产。这一期间中外双方的股东几次变更。外方股东法国赛利事达公司，被美国佳吉集团收购，吉发集团也把这个烫手的山芋转给了吉粮集团。如今又被华润集团接手，说起这些，宗国富更是一肚子的苦水："我们在这个项目上就是投入，整个 4 年的投入是 8 亿多一点。一年光贷款的利息就一个多亿。一天就亏一百万。"

不管怎么说，几经波折的赛利事达项目，如今终于又起死回生，但是和赛利事达类似的种种项目之痛却不能不引起省内越来越多的专家和决策者的反思。

"项目搞好了，对全省的经济实力肯定起相当好的作用。带来的后患无穷，劳民伤财。"这是省发展计划委员会副主任曹家兴（音）多年从事项目运作，所得出的结论。作为我省"九五"计划的头号重点工程，投入近 30 亿元的液晶项目是政府出面运作的一号工程，结果项目建成后才发现，产品市场空间并不大，无奈这一天字号项目也搁浅陷入迷局。许多人对此讳莫如深。仔细想想，姑且不算人力资源上的浪费，单是没能发挥效益的几十亿数额庞大的建设资金对于地处中部、急需资金的省份来讲该是何等的珍贵。我省的项目之痛已经到了痛入骨髓的地步，令人警醒。省社科院研究员杜少先（音）：我们吉林省这些年教训也就够深的了，七五、八五、九五，上的大项目成功率最高的 30% 不错了，我们的损失最大的是我们项目的失败。

省发展计划委员会副主任曹家兴：确实有项目之痛，应该对项目引起重视，由于项目前期工作做得不深，项目质量差，所以现在有些项目建成以后，没有发挥作用。

通过分析解剖，我们不难发现，无论是依托深加工资源优势的赛利事达玉米深加工项目，还是想在市场上先声夺人的液晶项目，项目前期论证不充分，产品市场定位不准，还只是表面原因，深层原因还在于体制，以政府的强势推动为动力，只能为市场经济环境中的企业经营埋下隐患，政、企不分的机制，为企业带来巨大的灾难。

深层次就是体制的问题，吉粮集团的出资人是政府，都是按照政府批次进行安排的。省政府决定吉粮集团来接任原来的吉发集团建设赛利事达，事成之后呢又按照省政府的部署来退出，最后呢再由政府给我们协调，我们的付出比较大，压力比较大。

省社科院研究员杜少先：我们过去一个项目层层报批准了，政府操作，然后贷款，最明显的液晶项目上去之日就是失败之时。

应该说，作为经济发展的重要支撑和载体，项目无论对拉动经济、升级产业、增加总量乃至实现跨越式发展，都至关重要，但上项目是经济行为，主体是企业，要遵循的是市场规律，而不应该是政府指令。在振兴东北老工业基地的今天，在新一轮上项目热潮中，我们又该如何避免新的项目之痛呢？

省发展计划委员会主任焦海坤（音）：关键在项目的谋划，首先要抓体制创新，塑造投资项目的合格主体，才能够加快进度建设，能够尽快见效。

省发展计划委员会副主任曹家兴：应该从实际出发，在充分进行市场调研基础上来谋划项目，按照经济上要可为、市场上可容、技术上可行上来研究。

省政府经济顾问、博士生导师孙立成（音）：政府就是减少目前这种管理，而且必须大大地减少，政府必须按照市场经济的规律转变自己的职能。

痛定思痛，避免项目之痛的根本是再也不能用政府包办代替跑贷款等输血办法简单上项目，要让企业在市场经济环境中主动探索一条自我积累，自我融资，自我改造上项目的新体制。这首先就需要政府调整思路，培育起良好的政治环境，真正实现靠市场力量来配置经济资源。令人欣喜的是，我省对此已不是停留在思考和认识上，对事关全局的大项目我省已经出台了作为长效保证机制的切实可行的办法。

省发展计划委员会副主任曹家兴：在项目运作上，建立三审一总的制度，在充分调查研究基础上确定项目能否下一步推进，根据项目运转滚动开发机制，不断进行总结，深化项目的质量。这样的项目可靠性要好一些。

省社科院研究员杜少先：坚持依靠市场经济，正确发挥政府的作用，就是今后不是政府我要上多少个大项目，要投多少资就行了，项目能不能上，行不行，是市场来决定的，靠市场来解决项目问题。

各位听众，我省靠计划经济时期的大项目成就了老工业基地的辉煌，今天我们要振兴老工业基地，当然离不开上新项目，绝不能再走过去上项目的老路。经验和教训一再告诉我们，项目是把双刃剑，项目上得好，企业活，产业兴，企业国家都受益；反之一旦造成项目之痛，浪费财力，贻误机遇，则后患无穷。由此说来，当前不论是我们已经列入国家计划的项目，还是正在上报的项目，都不要忘记，明确投资主体，通过市场运作这一金规戒律，也只有这样我们不再重蹈那种一拍脑袋上项目，一拍大腿就后悔的覆辙。

作品赏析
ZUOPINSHANGXI

该节目的选题大胆，具有高瞻性，体现出作者所具有的高度社会责任感。

篇章的结构具有严密的逻辑性。从因为没有周密规划而导致企业投资失败的具体例证为出发点，如题自然，然后由点到面，从具体的问题提升到具有一定普遍性的大问题，问题症结在哪里，如何解决这些问题以及今后如何杜绝此类事情发生的措施。流畅的逻辑思路，符合了人们观察和思考问题的习惯。为了增强节目对于问题剖析的权威性，作者精心选择了多名在本身各相关领域中有分量的人物，有针对性地揭示问题的实质。为听众打开了一扇明亮的窗，使人们心灵明镜般亮堂。

节目中对于专家的采访起到了很好的说服作用。节目对于专家谈话的剪辑精炼而富权威性。

本篇评论的播音，十分符合评论播音的要求，语气带有一种强劲的气势，对于头脑发热、盲目蛮干而导致严重经济损失的现象，给予了强烈的抨击。播音紧紧追寻作者严密的逻辑思路，从细微处着手，然后逐一为听众揭开为什么会出现"项目之痛"的原因，体制中存在的以行政手段代替市场行为从而出现了因为不符合市场经济规律导致上了项目就亏损的尴尬和令人气愤的结果。播音员内在语的表达十分准确，所产生的态度给听众以痛快淋漓之感。

通讯

《悠然说南山》广东人民广播电台

（节目来源：《中国广播电视新闻奖——2003 年最新广播新闻奖、广播社教节目奖获奖作品》，中国传媒大学电子音像出版社 2004 年出版。）

回首 2003 年广东"抗非"这段感天动地的历史，人们将永远不会忘记一个人。他的名字，他所代表的精神，已经成为广东"抗非"的一面旗帜。

他就是中国工程院院士著名呼吸疾病专家钟南山。请听新闻专题《悠然说南山》。

杰出

这是一份了不起的赫赫战报，自 5 月 8 号以来，广东省已经有 32 天没有新发病例报告。到 6 月 17 号，广东全省累计报告"非典型性肺炎"1511 例，治愈率高达 96%，病死率仅仅只是 3.84% 。这是迄今为止全球治疗"非典"取得的最高的治愈率和最低的病死率。这份了不起的战报后面站着一个功勋卓著的人，他是中国工程院的院士，在这场人类罕见的天灾面前，他又分明是一个坚持真理、勇往直前的战士，是人民的英雄。5 月 29 号，中共中央政治局委员、广东省省委书记张德江在中山纪念堂举行的一次会议上满怀感情地高度评价了他。如果这次抗击"非典"没有钟南山院士，结果可能就不会是这样。"钟南山是抗击'非典'的先锋。"

受命

2002 年年底，广东省的河源、中山等地，先后出现了不明原因的肺炎病例。67 岁的钟南山就开始马不停蹄地奔走在全省各大医院，调查病源，指导救治。2 月广州"非典"疫情告急，日均发病 15 例，大年初三，钟南山临危受命，出任全省医疗专家指导救治小组组长，作为中国著名的呼吸病权威，最早接诊"非典"患者的专家之一，钟南山不可能不知道他和他的同行们正面临着一场前所未有的恶战。因为此时已有一批前线医务人员倒在了"非典"的魔爪之下。然而也就是在这个时候，钟南山作出了一个令举世皆惊同时也是一个令举世皆服的决定，把最危重的病人都送到他任职的广州医学院第一附属医院呼吸病研究所来。"SARS 病呢主要是呼吸衰竭。发挥我们特长，我们是义不容辞的。"言简意赅，却是掷地有声。

勇敢

作出这个决定，是需要很大的勇气的，第一，当时病因不明，谁都没有把握治好病人。治不好就等于砸了自己的牌子。第二，当时已经明确，该病具有极强的传染性，病情越重传染性越强。事实上，救治的过程堪称惨烈悲壮。为了救治重症患者，光医院先后有 26 位被感染，在发病高峰期，救治一个重症患者就有一个医务人员被感染而倒下。其中有一位病得很重的姓郑的医生，他是从门诊紧急抽调到 ICU 支援而感染上"非典"的医生，有一天他已经病得说不出话，他想到自己年轻的生命和年幼的孩子，不禁潜然泪下，并用眼神向钟南山求助。面对下属这双流泪的眼睛，钟南山心中承受着一般人难以想象的压力。但是正是这双眼睛让他战胜"非典"的决心更加坚定，他知道，勇往直前是他唯一的选择。"就像一个战士刚在打仗的时候跑了是不可想象的。我想没有一个逃兵是对医务人员的一个基本要求，而不是过高的要求。"

直言

2 月上旬，广州全城恐慌，谣言满天，街上突然刮起抢购潮。2 月 11 号，省政府召开新闻发布会，对外公布了"非典"疫情。中国科学院院士钟南山以专家身份在这一次发布会上宣称了"非典"并非不治之症。而是可防、可控、可治的。"现在应该说初步掌握了它的治疗规律，绝大多数病人是能够恢复的，其中有几例病情非常重，现在肺部完全清晰了。""非典"肆虐，人心惶惶，德高望重的呼吸病专家钟南山院士字字千钧，一言九鼎。成了市民的定心丸，政府的镇山宝。这次新闻发布会后，社会恐慌情绪迅速平复下来。4月10号，钟南山出席国务院新闻发布会，当时社会上有些人盲目估计形势，宣称"非典"已得到有效控制。钟南山当场予以反驳，再一次语惊四座："你不知道它是什么病源，又不知道它是怎么传播的，又没有有效的药物治疗，又没有针对性的预防，你怎么能说它是被控制呢，我们只能说是对它遏制。"

事实证明，钟南山的遏制论对当时社会上存在的防止"非典"的松懈情绪是一次及时的警钟。

诚实

2月18号，北京国家疾病防治控制中心传来消息，引起广东非典型肺炎的元凶是衣原体，并建议使用抗生素进行治疗。新华社和中央电视台向社会发布了这一消息。当天下午，广东省卫生厅召开紧急会议，对这一结论进行讨论，轮到钟南山发言了，他本来可以选择沉默，因为发布衣原体消息的权威人士，其实也是他的好朋友，但这不是一般的科学研究领域的争论，而是事关无数人生命安全的大事，钟南山沉默良久，摇了摇头："对这个，对衣原体我们是抱否定态度的。一个呢事实告诉我们，这个病的临床表现不像，第二个采用抗衣原体感染的药物是不解决问题的。我想最重要的是相信事实，而不是相信什么条条和框框。"这一诚实之举，带给钟南山始料不及的压力和麻烦。在一次有关"非典"防治会议上，作为专家组组长的钟南山竟然不被获准发言，只能一直干坐到会议结束。但是真理面前人人平等，事实也证明，钟南山是对的。广东省决策层采纳了他的意见。以钟南山为首的广东专家，继续在实践中摸索。逐步总结出来"三早"和"三合理"的治疗意见。广东省非典型肺炎3.8%的低死亡率，就来源于这一宝贵经验。但时任广东省卫生厅厅长的黄庆道（音）一语道破天机："如果我们当时不是坚持实事求是、依靠科学、尊重科学的态度，按照衣原体去治的话，我们现在死的可不是57个人，可能是157个人。钟南山以非凡的勇气，捍卫了科学与真理的尊严。"

仁厚

平时钟南山的病人们总是争相诉说着这样一些细节，譬如在天冷的时候，钟南山总是很细心地把听诊器在自己身上焐热了才给病人听诊，如此点点滴滴，让病人们感动不已。而"非典"时期，病人们所体会的就绝不只是感动。钟南山所领导的广医医院呼研所成为全省"非典"危重病人的庇护所。其中需要插管的危重病人就超过50位。为了救治这些生命，他坚持到ICU重症监护室查房，而且一查就是两个小时。每个病人都看得很仔细。一位病人这样回忆说："他当时给我做检查，看片子，每个病人他都看过。很难得。"几个月下来，钟南山呕心沥血，不休不眠，他曾经连续工作超过 38 个小时。他经常一天只睡两个小时。他也曾经两次因疲劳过度而病倒。同事们发现，平时喜好吹拉弹唱、坚持打篮球且身形俊朗的钟院士，明显地苍老了许多。唐代名医孙思邈在《大医精诚》中这样阐释了大医的含义：凡大医治病，务当无欲无求，誓愿普救寒林之苦，不得瞻前顾后，自虑凶吉，生命，昼夜，寒暑，饥渴疲劳，一心赴救。

我们眼前的钟南山，就是这样一名大医。

悠然

处事低调，为人平和的钟南山，从来不讲空话套话。央视《面对面》记者曾问他，你关心政治吗？钟南山这样回答："我想，我们搞好我们的业务工作，做好防治疾病，这个本身就是最大的政治。""非典"大敌当前，钟南山却说，他很从容，这是为什么，因为他有一支能打硬仗的团队，这帮队伍挺能干的，从我开始时经过了三十年，最少经过十几年的锻炼。他们遇到病人都是很从容地对待，这个队伍在这里，我觉得也很有信心。

钟南山以他的仁心仁术，潜移默化地影响和带动着他身边乃至全省的医务人员。呼研所的专家和医生们，比如肖正伦（音）、李益民（音）等医生因为一场"非典"成了老百姓心目中的英雄。荣誉面前，钟南山一样处之泰然。当全国"五一劳动奖章"和"抗非特等功臣"的桂冠以及无数的掌声、鲜花像潮水一样涌来的时候，钟南山淡然地说："我觉得很平常，你给我是这样做，不给我也是这样做。"

诚实、勇敢、仁厚、杰出，本篇报道的关键字都是一些让我们感觉到有些疏远了字眼，这就是钟南山。

作品赏析
ZUOPINSHANGXI

作品的题目新颖别致，在意念上借用了古代名诗的结构和韵味，使这篇通讯带给人们一种独特的情调。

作品选择了具有社会意义的"非典"事件作为自己的创作目标。具有鲜明的时代性，而且体现出其对于社会的极大关注，同时也体现出其一定的胆识。因为对于如此重大的话题，敢于迎难而上，体现出作者的魄力。

而在节目的结构方面，作者更是运用了十分精彩的方式，通过类似于文章关键词的做法，提纲挈领，给人开门见山的迅捷感觉。而这几个关键词起到了内容提要的作用，把通讯中主人公的人格魅力勾勒得清晰流畅。

该节目属于人物通讯。在播音方面有着更为严格的要求。其中最为突出的要求就是播音员在语势的把握上要仔细雕琢。人物通讯主要是要抓住人物的精神实质，态度鲜明、感情饱满。这里主要是要努力刻画人与人的关系以及人物的心理状态。节目中通过对于几个关键词的准确把握，以此为确定感情基调的依据，表现钟南山的高尚品质。在节目中，人物语言分量比重不大，更多的是通过第三者的描述展示。这就需要播音员仔细揣摩文字间所蕴含的人物个性，根据每个部分所提供的背景故事，有针对性地揭示人物的某个侧面的个性特征。比如"诚实"，通过一种对于有可能引发矛盾的潜在因素的勇敢面对，揭示出钟南山性格中正直而刚毅的一面，此处的播音充满了对钟南山的关心和敬佩之情。而由于讲出真话导致在专家会上被晾在一边的尴尬，播音员更是准确地表达出对于这个事情的遗憾之情和对钟南山的一种同情，同时语气中还准确地表达出对于制造这种结果的某些人的愤懑感。

整篇作品的播音对钟南山的人格魅力进行了集中的展示，将其与特殊的"非典"时期紧密结合起来，在人们的心灵深处留下了深深的印记。

电视

消息

1. 《自主创新提升"江苏制造"含金量》

中央电视台《新闻联播》2011 年 2 月 20 日播出

江苏台记者　陈雪阳、俞海、张旭亮报道

播音　康辉

素以制造业闻名的江苏，以创新驱动传统优势产业，加快转型升级，拥有自主知识产权的核心技术，大大提升了"江苏制造"的含金量。

记者：您现在看到的这些五颜六色的燃料，都是从植物中提炼而成的。我随手打开一瓶，闻起来有一股淡淡的草香。用这些燃料染色的服装，目前平均价格在市场上是普通服装的一点五倍。在国际上这种服装非常受欢迎。

瞄准健康环保的消费新需求，把可以吃的东西穿在身上，成为江苏东渡纺织这些年来的研发重点。这是从牛奶蛋白中提取的纤维制成的面料，非常适合做女士内衣。而这种从贝壳中提炼的甲壳素制成的面料具有天然的抗菌抑菌功能。靠着层出不穷的新材料技术，东渡纺织销售收入增幅连续 4 年保持在 40% 以上，经济危机肆虐的 2008 年更是超过了 50%。

江苏东渡纺织集团有限公司董事长徐为民：过去我们重点抓的是销售，现在基本上我们没有销售人员。

依托自主创新，东渡纺织实现了争上游，同样是依托核心技术，春兰集团则打赢了翻身仗。由于产品升级不快，春兰一度失去过空调行业霸主地位。面对前有强手，后有追兵的竞争形势，春兰四年卧薪尝胆，与江苏软件园共同开发了具有自主知识产权的直流变频空调控制软件，一举打破了国外对这项技术的垄断，提升了国内变频空调技术的总体水平。春兰的新产品，也由过去的三级能效提高到一级标准，市场占有率迅速回升。

江苏春兰制冷设备股份有限公司总经理沈华平：过去我们的产品要升级，首先想到的是要花大价钱，到国外去买新技术，现在在家门口就可以找到合作伙伴。而且开发出来的东西一点都不比国外的尖端产品差。

在江苏，像东渡、春兰这样的传统企业，占比高达70%，"十一五"期间针对资源环境和劳动力成本提高的严峻形势，江苏仅省级财政就拿出150亿元，用于引导企业自主创新，推动传统产业向高端升级，五年来，江苏建立省级以上的企业技术中心596家，每年开发新产品2万个左右。未来五年，江苏全社会研发投入占地区生产总值比重由"十一五"的2.1%提高到2.5%。未来五年，江苏新能源、新材料等六大战略性新兴产业主营业务收入将超过5万亿元，比"十一五"末增长2.5倍。

作品赏析 ZUOPINSHANGXI

"拥有自主知识产权"是该作品的主旨。以江苏为典型进行阐述，具有以点带面的功效。节目的结构入口小，以一个企业的一个新产品为例子，由具体到特殊，阐述一种抽象的理念。符合人们对于新事物的认知规律。

利用典型的公信力和权威性来说明主题，是该作品显著的特点，既做到了点面结合，同时在具体的创作过程中也更为节省精力，达到对于创作因素的有机利用的效果。

节目中注重了数据的有机运用。在节目最后一段，数字起到了高屋建瓴的作用。使整个节目的立意凸显出来，也显示出作者自身从宏观角度观察思考问题的能力。

自主知识产权小到代表一个企业的水平和实力，大到标志着一个国家和民族的实力，因此对于该主题的选择应和了我国在集中精力努力进行科技创新的总体思路。因此节目给人以清新和振奋之感。

该节目播音员康辉1993年毕业于北京广播学院播音系，有着较为丰富的播音主持经验。先后担任多个新闻节目以及新闻事件的主持报道工作，其中包括《晚间新闻报道》、《现在播报》《东方时空》《午夜国际观察》等节目，现在担任《新闻联播》节目播音员；他还多次参与重大新闻事件直播报道工作。"其新闻节目主持经历可从 1997 年 3 月担任 CCTV 第一次多点大型直播《天象奇观——日全食与彗星同现》主持人算起，当年那次成功的直播活动为之后 CCTV 的所有大型新闻直播奠定了基础，也成为康辉个人的一个转折点。从此，其工作逐渐摆脱了单纯的、'照本宣科'式的新闻播报，开始积累经验、形成个人特色。"①

在播音方面，播音员康辉设定了振奋自豪的情感基调。给人以兴奋和明朗的感觉。康辉音质纯正、音色明亮，语言规范，体现出新闻播音的鲜明特点。在这篇篇幅较短的新闻播音中，对于主题展示的过程中，充分发挥了创作主体的积极性和引导性。康辉的播音素以干净利落、规范为人们所喜爱，本篇作品的播音充分体现了这一特点。

2. 《重庆两江新区：让利于民换来和谐拆迁》

中央电视台《新闻联播》2011 年 2 月 20 日播出

本台记者 毛亚飞、王宏超、张波俊

播音 郭志坚

补偿标准偏低、安置房位置偏远、品质不高一直是拆迁群众最担心的问题。重庆市两江新区在拆迁安置过程中真正让利于民，做到和谐拆迁。

重庆市两江新区拆迁涉及群众 20 多万人，安置房总面积达到 600 万平方米，为了让拆迁群众满意，两江新区把以往每平米 1800 元的补偿标准提高了 1000 元，同时按照成本价出售安置房。

拆迁群众刘茂全：赔我们农民的安置房 2800 元/平米。我们来买这个房子只要 1900 元/平米。

不仅如此，两江新区还要求所有安置房都要按照地段好、户型好、质量好、配套好、环境好、物业好的六好标准进行打造。由于真正让利于民，拆迁方案一出台便得到了群众的理解。

拆迁群众刘燕：党的政策好，拆迁付的钱和修的这个房子，我觉得都不担心了。

两江新区工业开发区管委会常务副主任陈建伟：没有一个农转非人员向我们当地的党委政府进行信访。说明我们以民生为导向的开发理念，是深得民心的。

---

① 资料来源：http://bugu.cntv.cn/zhuchiren/kanghui/index.shtml

![作品赏析 ZUOPINSHANGXI]

近年来拆迁问题成为人们关注的热点。许多地方因为拆迁出现了令人遗憾的事情，因此如何探索出一个拆迁的和谐环境，十分重要，它不但关系到政府在群众中的形象，同时也关系到百姓的生活状态，因此本篇作品的内容显示出很强的指导性和代表性。也表现出节目记者所具备的良好的新闻敏感。

该节目新闻稿，入题迅速，开门见山。揭示出拆迁中问题的症结所在。

这篇作品在播音上重点是要把握好对于"和谐拆迁"实质和意义的理解和表达。拆迁中的和谐，实质上是社会和谐的重要组成部分，我们建设和谐社会一定关注基层百姓的安居问题。因此这里的和谐便具有更为深远的意义。播音中的情感基调也应该是重点关注这些因素。节目中播音员郭志坚很好地把握了这些点。

该节目播音员郭志坚1996年毕业于北京广播学院播音系。曾担任北京电视台《北京新闻》节目播音员。1998年进入中央电视台播音组，先后主持《晚间新闻报道》《现在播报》《新闻30分》等栏目。目前担任《新闻联播》节目播音员。

评论

1. 主播点评：《拿走"苹果"留下毒　形象成讽刺》

中央电视台《新闻30分》2011年2月19日播出

播音　郎永淳

一直以来，苹果公司都以科技先行者、另类企业的形象示人。又有谁可以想象得到现在时尚的IPHONE和IPOD牺牲的竟是工人的健康。据苹果公司《最新财报》，去年最后三个月公司实现净利润60亿美元，同比增长78%，有分析认为，正是因为订单的暴增才使得供应商使用了比酒精挥发快几倍的正己烷擦拭屏幕以提高生产效率。中国本土的供应商缺乏企业道德，而苹果公司也难辞监管责任。

![作品赏析 ZUOPINSHANGXI]

这是一篇主播点评，特点是短小精悍，一事一议。针对知名的某公司进行有的放矢的批评。该评论富有客观性，从事实出发，摆事实讲道理，以理服人。摆出现象，同时分析其做法的原因所在。最后简短的一句话鲜明地亮出自己的观点，有淋漓痛快之感。

主持人郎永淳阐述观点旗帜鲜明，以事实为依据，不夸大，让人信服。

该节目主持人郎永淳播音沉稳，富有逻辑性。整体形象清新稳重、知性，符合新闻节目主持人的职业特点。原本学习中医专业的他，由于酷爱播音主持，在大学毕业之际经过努力又进入当时的北京广播学院播音系播音双学位班深造。经过刻苦努力地学习和磨炼，毕业后进入中央电视台成为新闻节目主持人。

2.《"铿锵玫瑰"十年之变》

中国教育电视台一台《体育评书》2009 年 12 月 2 日播出

主持人　梁宏达

主持人老梁：咱们这期《体育评书》给大家说说最近中国女足的一些事儿。

这些事儿特别奇怪，为什么呢？咱们说的女足的事，你能想象得到，女足正式比赛赛场上，居然出现了一个男性守门员。有人说，这事儿不就像前一阵南非闹的那个事儿似的，什么那塞维亚得了冠军，其实一查是两性人呐，还是什么男的冒充女的上来了。不是，人家这位上场的男性守门员是纯爷们儿，还是个名人。谁呢？丫蛋她姥爷。说怎么他能到女足赛场上当守门员呢？（赏析：到此处，主持人把悬念已经设足，充分吊起了观众的胃口，引领他们继续探究其中的缘由。充分印证了节目名字中"评书"二字的内涵。）

不是娱乐赛，不是那种大家玩闹，是正式比赛。什么比赛呢，11 月 28 号，在江苏常州进行的一年一度的中国女足联赛，南北明星对抗赛。其实就跟咱们每年这个男足也搞过的类似的明星赛，像 NBA 全明星赛那样。虽然它是个明星赛，可它也是正规比赛，怎么允许他上场当守门员了呢？因为这个比赛设在江苏常州，而且我们大家也知道，女足比赛这些年，姥姥不疼，舅舅不爱。水平也低，球员也不敬业。这女足比赛水平是一滑再滑。票房和影响一塌糊涂。除了极少数几个球员像韩端、毕妍、马晓旭有点腕儿以外，剩下那些球员，什么明星不明星，你搁大街上，你在那儿站一天没一个人认识她。

所以这个比赛，为了提高比赛的票房影响力，主办方就挖空心思琢磨了。有一招，请名人，比方说丫蛋她姥爷。为什么要请他来呢？因为在这个平时的活动当中，他有一样，愿意踢足球，而且特别愿意当守门员。据说小时候在大连体校那时候，还练过两手，就说在业余里不白给。可是跟专业一比那就差太多了。请来这位名人呢，给现场造造势。这个还不够，光这个没人买票。怎么办呢？主办方想了个点子，中国足协女子部的人想了个点子，想了个什么点子呢？今年这不是 2009 年吗，十年前，1999 年，"铿锵玫瑰"那一拨，什么孙雯、刘爱玲、金嫣、浦伟这些人，在美国女足"世界杯"当中，最后点球惜败给美国，得了"世界杯"亚军；十年之后，他们说这次南北明星赛就搞一个为那拨女足——"铿锵玫瑰"获得世界杯亚军十周年搞一个庆典。然后把"铿锵玫瑰"这拨球员，就我刚才说的孙雯、刘爱玲她们都请回来，在南北明星赛之前搞一个垫场赛，跟常州的青年队踢一场。然后才是南方明星队、北方明星队正式比赛。

那么说到这里可能大家就明白了，就这个比赛最大的卖点，不是现在这些女足，现在这水平太次了，根本卖不出票，得靠老女足"铿锵玫瑰"的这个威名，再加上丫蛋她姥爷，这小眼睛聚光，在这方面的照应，才能把这人气给暖和起来。所以说到这里，咱们可能就想起来，好多比赛你想请个角儿来捧捧，结果他呢反客为主了。你比方说有一年在上海搞的男篮全明星赛，请张靓颖来助兴，结果张靓颖一唱歌，海豚音，体育馆里一回绕，好多这个，说是球迷其实都是歌迷来捧她。等到这张靓颖唱完了，下面正式进入全明星赛，什么南方龙队、北方虎队，看台上没了一半人。那哪是来看球的，都是来看张靓颖的。大海报上张靓颖在中间，周围都是男篮那些队员，众星捧月，你说这还叫男篮的全明星赛吗？这次女足南北明星对抗赛也是如此。那么更滑稽的，就是我前面说到的，丫蛋她姥爷竟然上场比赛了，怎么比呢，他上下半场各替南方明星队、北明星队守15分钟大门。他出场了30分钟，90分钟比赛其中有30分钟是他把大门，而且先守南方明星队，后守北方明星队。

咱们琢磨琢磨，南北明星赛，再是什么商业比赛，它也是正规比赛啊，尤其女足比赛，怎么让老爷们儿上去把门呢？开始他提出来这个，其实也是半开玩笑，没想到中国足协女子部主任张建强同意了。行，你来吧。连他自己都没有想到，这是为什么呢？这就说明现在中国女足已经贬值到这种程度，有这么个比赛，能拉点赞助不错了，多点娱乐元素，大伙玩玩闹闹吧，所以中国女足这种南北明星对抗赛，已经演化成一场闹剧了。成了票友在这儿票一场的聚会。我说这个倒没有贬低他的意思……这个比赛中间看出来了，咱们女足队员现在太次了，除了韩端、毕妍几个腕儿在那认真踢以外，剩下一个个在场上吊儿郎当，输几个球根本嘻嘻哈哈，不以为耻，反以为荣。就说现在中国女足已经堕落到一定程度，男足那些臭毛病女足一点没差，都继承过去了。这比赛最大的亮点成了什么呢？老一代"铿锵玫瑰"在江苏常州这个地方，时隔十年又一次聚会……

作品赏析 ZUOPINSHANGXI

在以上的节目中可以总结出以下几个鲜明的特点：

首先，风格清新，一气呵成，把体育新闻的评论以人们喜闻乐见的评书方式表现出来，具有吸引观众的一个重要因素；其次，其实也是更为重要的是主持人的语言表达能力，语言流畅，通俗，幽默，口语化处理得当；并且较好地把握了评书对于悬念设置的技巧，对受众的引领作用明显；再次，也是最重要的一点就是，主持人对于新闻事件敏锐的观察和感悟能力，节目中主持人通过一个具有令人莫名其妙的现象：女子足球比赛竟然有男性守门员上场的怪事，引发了对女足现状的思考，背景资料充分，表达思路清晰，态度鲜明，将新闻评论应具有的特征酣畅淋漓地表达出来。观看这样的节目，人们第一个直觉就是很痛快，因为主持人对于女足现状的分析合理到位，为了说明问题，所举例证生动有力；尤其是他思想的辛锐更是给人留下深刻的印象。有感而发，有理有据，达到了节目凭事说理的效果。

从主持人整体形象分析，首先是主持人的名字。采用"老梁"的称谓，使名字这个传播信息的符号，既简洁又富有一种接近性，从而使受众更易于接受，传播符号的简易性在这里发挥了巧妙的作用。这个称谓还把主持人的角色较好地还原成具有人情味的日常生活中的人物，也从一个侧面加强了信息传递的流畅性。同时应和"评书"这一中国传统的曲艺形式，主持人的服装很有中国味道，对襟宽松的上衣，传统的手结纽扣，都透露出主持人具有的中国气质。

值得一提的是，主持人老梁的语言驾驭能力十分出色。绘声绘色，对象感强，语气节奏很能感染和调动观众的情绪。他在节目中表现出令人叹服的有声语言表达能力，显示出他扎实的基本功。曾经在一期节目中他展示了自己的绕口令功夫，令人称道。没有长期艰苦细致的磨炼是难以达到的。

同时更重要的一点是，主持人老梁的内在积淀。大学时学习新闻专业，曾经担任中央人民广播电台《直播中国》《体育沙龙》《新闻观察》的主持人。还曾经就职于杂志社，担任编辑、策划等工作。可以清楚地看出，他有着深厚的专业知识和主持经验的积累。为2005 年开始创办和主持《体育评书》节目打下坚实基础。

当然，在这个节目中，主持人在有声语言方面还存在着一些小的问题，语音语调有些地方不够准确。但是总体观察，这个节目的主持人已经具有自己鲜明的风格，人们更喜欢他睿智的思想和逻辑严密的分析能力。应该说，这样的素养会越来越被受众所关注和看中，以此为基础，信息的传递和共享会更加的顺利和畅达。

通讯

《胡锦涛总书记在河北保定同基层干部群众共迎新春》
中央电视台《新闻30 分》2011 年 2 月 3 日播出
播音　王宁
新春佳节到来之际，冀中大地一片喜庆气氛。二月一号和二号，是农历腊月二十九和腊月三十，中共中央总书记、国家主席、中央军委主席胡锦涛，来到河北省保定市，看望慰问基层干部群众，同大家一起喜迎新春。

胡锦涛代表党中央、国务院和中央军委向全党全军全国各族人民，致以节日的亲切问候和新春的美好祝福。腊月二十九下午，胡锦涛一到保定就直接前往长途汽车客运中心站，实地查看春节期间群众出行和客运服务情况。这个客运站是一个重要交通枢纽，站内人来人往，十分繁忙。在安检口、售票口、服务台，胡锦涛向正在忙碌的车站工作人员表示慰问，详细了解春运期间服务旅客的新措施。客运站内有一个郭娜陆地航空班，按航空标准开展长途客运服务。总书记对他们一心为旅客着想的做法表示赞赏。看见几名来自河北大学的青年志愿者，胡锦涛走过去同他们握手，勉励他们积极奉献爱心，为旅客提供更多帮助。一名旅客在青年志愿者帮助下，推着行李车走过来，胡锦涛对她说："祝愿你平平安安回家，高高兴兴过年。给你一家人拜年。"

旅客：谢谢总书记。

候车厅里一些正在等车的旅客，见到总书记走来，大家惊喜万分，纷纷向总书记问好，胡锦涛同旅客们攀谈起来，询问他们要去哪里，好不好买票，得知多数旅客都是坐车回家过年，总书记体贴地说，临近春节，大家都想快点回家，但路上一定要注意安全。

停车场上，车站一些工作人员围拢过来，胡锦涛对她们说，多年来你们一直把旅客放在心上，不断创新服务方式，提高服务质量，受到广大旅客的称赞，现在正是春运高峰，希望同志们不怕疲劳，连续作战，热情服务，确保安全，出色完成春运任务。胡锦涛牵挂着基层部队官兵，在保定期间特地来到武警某部四连驻地，看望慰问部队官兵。同他们一道过年。这是一个组建于1937年的英雄连队，曾多次立功受奖。涌现出一大批英雄模范。胡锦涛参观了连队荣誉室，还来到网络学习室同正在上网的战士交谈，了解他们的学习情况。胡锦涛勉励战士们珍惜大好时光，立足本职岗位，学政治、学军事，学文化，学科技，学管理，努力把自己锻炼成为国家和军队需要的有用人才。连队俱乐部里官兵新春联欢正在进行，胡锦涛饶有兴趣地观看演出。官兵们自编自演的文艺节目，带着浓郁的军营气息，不时引来阵阵掌声和笑声。联欢过程中，胡锦涛和官兵们共同高唱《歌唱祖国》，激昂的歌声，在营区里久久回荡。

胡锦涛对官兵们说，武警部队在维护国家安全和社会稳定，保障人民群众安居乐业中，责任重大，使命光荣。在新的一年里，希望武警部队官兵牢记肩负的责任使命，自觉践行当代革命军人价值观，积极投身现代化武警部队建设实践，努力做思想政治过硬，军事技术精湛、过硬，作风纪律严明，完成任务出色的党和人民卫士。随后胡锦涛来到部队食堂，查看年夜饭准备情况，并同大家一道包起饺子。胡锦涛一边包饺子，一边同身边的战士拉家常。老家过年有什么风俗，在家里包过饺子吗？连队春节伙食是怎样安排的？胡锦涛问得亲切，战士们答得朴实。胡锦涛动情地对战士们说，春节是家人团圆的日子，你们要坚守岗位，不能回家和亲人团聚，尤其是刚到部队的新战士难免会想家，你们用自己的奉献换来了万家团圆，全国人民感谢你们。他还特别叮嘱部队干部一定要把战士们节日期间的生活安排好，让大家过一个欢乐祥和的春节。这时热腾腾的饺子出锅了，胡锦涛高兴地同官兵们一道品尝起来，胡主席与基层官兵的心紧紧贴在一起。

保定市易县西山北乡曾经是晋察冀边区所属的狼牙山根据地一部分。闻名遐迩的"狼牙山五壮士"英雄壮举就发生在这里。牵挂着老区人民的胡锦涛驱车来到西山北乡。近一个时期发生的严重旱情，给一些地方农业生产造成了不利影响。胡锦涛对此十分关注，行车途中经过一片麦田，总书记让停下车来，走进麦田查看旱情，当地一名农业技术人员告诉总书记，这里已经一百多天没有降水了。胡锦涛嘱咐当地负责同志一定要调动各方面力量，采取综合措施全面做好资金、技术设施、物资等方面的保障工作，确保冬小麦安全越冬、顺利返青，力争今年再夺夏粮好收成。

在西山北乡，胡锦涛参观了反映当年"狼牙山五壮士"和根据地人民浴血奋战事迹的陈列馆。对"狼牙山五壮士"大无畏的英雄气概表示敬意。狼牙山脚下有一个石家统村，大红的灯笼、吉祥的春联，把节日的村庄装点一新。胡锦涛十分关心老区发展和老区群众生活，专门走访了石家统村。在村党员活动室，村党支部书记自豪地告诉总书记，过去这个村群众生产生活比较困难，近年来，村里通过大力发展林果业，家家种植磨盘柿，乡亲们走上了致富之路。去年，柿子获得大丰收，全村人均纯收入超过万元。胡锦涛听了十分欣慰。村里年届八旬有着64年党龄的阎德书一家，正在为过年张罗，没想到总书记会到她家来。

总书记：老人家，今天是大年三十，我特地来看望你，给你拜年了。

老人：谢谢！

在阎德书家，胡锦涛走进储藏室看年货都准备好了没有。胡锦涛还走进厨房看年夜饭做得怎么样。

"好福气啊！"总书记又坐到炕上和老人家亲切交谈。胡锦涛对老人说："您老人家是建国以前入党的老党员，为建立新中国、建设新中国作出了贡献。"

老人：也就是在党的领导下作一点贡献，小小的贡献。

总书记：我们各级党组织对老党员要给以关心照顾，您老人家也多保重。

老人：总书记你也得多保重，你对全国人民多操心费心。怎么感谢你呢！哈哈。

蒸好的兔形、圆形大馒头和黏米黄年糕端上来，胡锦涛按照当地习俗给馒头点上红。

胡锦涛还亲手切下几块年糕和大家一起品尝。

老人：行吗？

总书记：好吃。就像你说的，象征着年年好，节节高。

离开时，胡锦涛在阎德书的院门上贴福字。两个醒目的大福字为这个农家小院又增添了一份喜庆。

村口空地上热闹非凡，一些村民正兴高采烈地敲响大鼓，舞动金狮，踩着高跷，扭起秧歌。胡锦涛兴致勃勃来到村民们中间，同大家共迎新春。在村民邀请下，胡锦涛拿起鼓槌，擂响大鼓。

胡锦涛满怀深情地说："乡亲们，今天是大年三十，我们来到这里，向乡亲们拜年，这里是狼牙山，狼牙山是英雄的山，60多年前，在这里发生了气壮山河的英雄事迹，狼牙山的乡亲们，为中国革命的胜利，作出了很大的贡献和牺牲。党和人民永远不会忘记。经过这些年的奋斗，老区的面貌发生了巨大的变化，老区人民的生活有了明显的改善。今后党和政府，会更加关心老区人民，更加支持老区发展。我也希望老区的乡亲们继续弘扬老区的光荣传统，在党和政府的帮助下，依靠自己勤劳的双手，建设老区更加美好的未来。今年是兔年，兔年象征着吉祥如意。我在这里衷心地祝愿乡亲们在新的一年里，日子过得更加红火，更加幸福。"

狼牙山麓的小村庄里，热烈的鞭炮声和尽情的欢呼声，响成一片，表达出老区人民对党中央的深厚感情和对未来美好生活的无限憧憬。（锣鼓声……）

作品赏析
ZUOPINSHANGXI

这是一篇难得的优秀电视通讯作品。尽管是反映中央领导活动的内容，但是处处洋溢出一种平和、温馨和亲切之感。整篇作品充满了温情。不但节目内容丰富，而且点面结合，充分发挥通讯的特点。人物、事件具有典型性，而且通过人物语言和细致入微的点，突显人物的个性特点。这样的方式，使该节目具有极强的典型性，给观众传递出国家领导人的亲民作风，极大地提高了作品的立意。

通过生动的故事来表现胡锦涛总书记关心人民，和他们共度佳节的朴实作风。该节目中的几个细节给节目增添了光彩，比如到部队和战士一起包饺子、和老党员促膝谈心、为农家院过年贴"福"字、亲手敲响大鼓和乡亲们同乐等。充分体现出细节勾勒人物品质和突出主题的巨大作用。

这些细节使整个节目充满了情趣，人们实实在在地、深深地感受到来自党和政府的温暖。

本作品播音由王宁担任。他的播音紧紧依托文字稿件，饱含感情，十分到位地表达出党和政府对群众的关心和爱护。王宁音质清亮、厚实，在节目开头第一句，气息扎实充足，情感热烈，给全篇奠定了一个热情洋溢的基调。他充分调动自己内心的感受，努力挖掘总书记所到之处不同的场景所带来的不同感受。军营的整齐划一、车站的繁忙、农家小院的温馨以及小山村的祥和都被有声语言描述得清晰而富有节奏感。

王宁，中央电视台《新闻联播》播音员。毕业于北京广播学院播音系。1989 年至今担任《新闻联播》播音员。他的播音庄重、稳健，擅长重大新闻事件的阐释。

第二节

专　题　类

广播专题

一、广播音乐专题：《古诗新韵——介绍民乐室内乐〈春夜洛城闻笛〉》[①]

中央人民广播电台播出

主创人员：周游、王继华、雅坤、王敏

播音：雅坤

> 谁家玉笛暗飞声，散入春风满洛城。
>
> 此夜曲中闻折柳，何人不起故园情。

公元 735 年，也就是唐玄宗开元二十三年前后，大诗人李白客居中原都市洛阳，面对着满目繁华，却难以抑制满腹乡愁。这首著名的七言绝句《春夜洛城闻笛》恰恰表现了诗人流落他乡的孤独失落之感和对遥远故乡的思念之情。（赏析：此处的引子散发出浓浓的思乡情绪。开篇的音响为清晰的流水声，为夜色增添了更加宁静的意境。舒缓而飘忽的笛声和苍凉的埙的声音交织在一起，仿佛一种伤感的思绪在空气中流动弥漫；伴着节奏感

---

① 选自杨波主编：《倾听中国》，北京广播学院出版社 2003 年 2 月版。

很强的鼓点，快慢的对比，表达出李白内心的难诉情思。凭借对于一首七言绝句的有声阐释，解说者的播音功力已经将人们带入那遥远的过去，描绘出李白独自一人于寂静的夜色中，倾听远处飘来的阵阵笛声的清凉景象。)

一千两百多年过去了。今天，作曲家高为杰根据李白诗意而作的民乐室内乐《春夜洛城闻笛》又使我们对于这首诗作的理解更深了一层，千年古诗在作曲家笔下的音符中获得了新的生命。(赏析：解说者的功力仅仅在这样短短的几个段落中，就已经充分表现出来。对于此段落的开头极短小的句子，她的处理十分细腻，首先是调整音色，使之较前面更为明亮，体现出一千两百年这一较大的时间跨度的历史感，明亮的音色给人以鲜明的时间概念对比，"过去"和"现在"在这样的对比中呈现出来。人们仿佛被从对遥远思乡之情的朦胧状态中唤醒，进入清晰明亮的现代社会中，为欣赏以此诗为源创作的民乐室内乐进行了情感的铺垫。)

在这里，作曲家首先对于原诗的意境进行了形象化的引申和发展。一位生于江南而远嫁中原的少妇耳听着春夜里传来阵阵笛声，吹奏着她在闺中待嫁时耳熟能详的曲调，这怎不叫她感慨万端！在这微微春风徐徐送来的旋律中，她想起了许多、许多……(赏析：在这个段落的解说中，解说者对于长句的处理颇为得当，停连有度，不但语义清晰，而且感情充沛。)

为了表达思乡这个古老而又新鲜的主题，作曲家在这首民乐室内乐的乐队编配、旋律写法、和声运用等方面都使用了许多大胆新奇的手法，使乐曲既富于中国古典音乐的特征，又具有崭新的艺术效果。新与旧、创造与传统的结合构成了这首作品最显著的特点。

民乐室内乐《春夜洛城闻笛》的乐队编制非常独特，采用了6只埙与笛、筝、编磬和一组种类繁多的打击乐器的组合。这种别具一格的配制方法产生了巨大的艺术感染力。

在中国，埙是一种年代极为久远的陶制吹奏乐器，大约产生于新石器时期，从出土发现的实物来看，距今已有至少六千七百年的历史。埙曾经广泛地运用于古代音乐中，直到近几百年来才趋于衰落。在最近的几十年里，音乐工作者经过长期的探索，为这件年代悠久的古乐器拂去了历史的尘埃。以埙作为主要乐器，不仅突出了这种乐器本身深沉、委婉的色彩，也体现了久远的历史感。特别是作品中对于群埙的使用，形成了现代手法与传统韵味的结合，又由于埙的音高并不完全固定于十二平均律之中，因而所产生的一种特殊色彩在传统音乐中是很少见的。此外，乐曲中采用的编磬和筝也都是具有悠久历史的乐器。(赏析：此段均为介绍性文字，直观感觉略显枯燥，但是解说者却赋予了文字一种活力。主要是解说者寻找到了文字所蕴含的精髓，这就是我国传统民族乐器的独特魅力所引发的民族自豪感，因此这里不仅仅是对乐器的一种介绍，而是以自豪的心态在展示我国灿烂的文化。)

《春夜洛城闻笛》全曲并不太长，一共由五个部分组成，各部分之间的过渡自然流畅。主人公的内在情感与外界的景致交织在一起，连续成一体后恰好构成了音乐中的起、承、转、合，音乐形象和音乐发展非常完整。

下面，我们分段介绍民乐室内乐《春夜洛城闻笛》。

第一段。埙的独奏首先呈示出了乐曲的主要音乐主题，随后，第二只埙进入，在下方四度音上作"回声式"的复调进行。然后是第三和第四只埙依次加入，浑厚的音调质朴自然，体现出寂静的夜色中旷野的感觉。年轻的少妇独坐窗前，凝望着茫茫夜空，陷入了深深的遐思之中。随着音乐的发展，六只埙高度叠置的三和弦将情绪推向了顶点。

第二段。首先出现的筝与排鼓组合的节奏产生了新颖的音响，它完全不同于传统打击乐器的声音效果。这个节奏在第二段音乐中贯穿始终。在这里，作曲家运用了西洋音乐中一种古老的复调形式——帕萨卡里亚，音乐主题由独奏的低音埙吹出，它共有六个小节，一共重复了6次。笛子奏出的旋律模仿着春夜里传来的阵阵笛声，它具有明显的江南民间音乐风格，婉转悠长，与昆曲曲调有同工之妙。

临近结尾时，中音埙吹奏出帕萨卡里亚主题的倒影进行，好像是空旷的田野上隐隐可闻的回声，似梦似真，缥缈虚幻，耐人寻味。（赏析：在以上的三个段落中，文稿中解释性文字和抒情性文字交替出现，要求解说者需要具备良好的播音语体转换能力，这里最鲜明的表现就是情绪的转换和把握。另外，解说者需要具备对于音乐术语的理解。其中的专业术语给解说带来难度，如果不甚理解，会使效果大打折扣。这也从一个侧面说明播音员、主持人要做杂家的道理，尽管只是其中的只言片语，却可以映射出一个播音员、主持人的整体文化修养。）

第三段。这是一个以打击乐为主体的音乐段落，配器手法极其精致。夜晚随风飘落的笛声引起了少妇的思乡之情，夜深人静，灯火阑珊，只有昆虫的低语萦绕在耳际，苍茫之中仿佛是天籁之声。

第四段。欢快热烈的曲调形成了与其他段落迥然有别的感觉。少妇回想起自己出嫁的情景：迎亲的人群敲锣打鼓，一顶花轿抬走了一片梦幻，又带来了一个完全陌生的世界。远嫁他乡，父老乡亲从此天各一方。

第五段。这是全曲的尾声，乐曲又回到开头时空旷的气氛之中。少妇从往事的回忆中回到现实，周围仍然是无尽的夜晚。玉笛之声断断续续，但回忆已经变成了残缺不全的梦幻，它显得那么遥远而又不可企及。雁叫声声，苍茫一片……

介绍民乐室内乐《春夜洛城闻笛》成功地将古诗的意韵融化在音乐的流动之中，具有独特的艺术魅力。作品体现出一种对于音乐本原的追寻，特别是作曲家把对欧洲音乐手法的借鉴与对传统韵味的追求联系在一起，别出心裁又不露痕迹，在平和自然中体现了深邃独到的匠心，显示出高超的艺术趣味和创造才能。

作品赏析
ZUOPINSHANGXI

这篇文字是广播音乐专题《古诗新韵——介绍民乐室内乐〈春夜洛城闻笛〉》的解说文稿。

本作品曾获得亚广联娱乐节目奖。

以广播的方式来阐释音乐，应该是很符合传播规律的，因为音乐和广播有着天然的因缘，人们都是通过听觉接受其信息的；但是，从另外一个角度来观察这部音乐专题作品，就会感觉到其创作难度和精妙之处。

首先，这部广播音乐专题作品在选材上很是经历了一番思考，尽管诗人李白的《春夜洛城闻笛》早已存在，但是从诗人难以胜数的作品中选择合适的篇目，作为展示中国民族音乐文化的依托，编创者的艺术鉴赏力须达到较高水准，其中尤以音乐艺术方面的和文学方面的修养最为关键。

有了深厚的音乐艺术修养，节目编辑周游才可能以音乐的智慧选择传统的中国民族乐器，来恰切地阐释李白诗作的意境，表达出他借这首作品来抒发自己内心独在异乡为异客的孤独寂寞之感。而这些都是想象之中的事物，如何使这些意念中的想法变为现实，周游凭借自己的音乐修养选择了著名作曲家高为杰，通过他的妙笔使音乐理想离现实更近一步。

而接下来的困难又接踵而至，乐曲的演奏和录制摆在创作者面前的又一难关。

由于在作曲家创作的乐曲总谱中，使用了六只埙和种类繁多的打击乐器，采用常规的录音方式很难达到理想的效果，而且乐曲的演奏有很多即兴的成分，难以预料。

经过一番苦思冥想，周游和作曲家、演奏家设计了一个大胆的录制方式，在充分参照同期录音和分期多轨录音优势的基础上，分期录音，但是又给演奏家一定发挥的空间，比如有些散板式的段落，他们完全凭着自己的感觉进行。天道酬勤，结果最后的音乐效果出奇的精妙，这是算一种必然吧。

当然这部作品中解说文稿的写作也颇具功力，显示出创作者的文学修养。

一般情况下，此类节目很容易做成较为枯燥的教育节目，而这部作品的以富有创意的构思为基础，用富有文采的文字表现出久远年代，一种寂寥孤独的情愫。其中，抒情和说明性的文字有机结合，使其和音乐融为一体，构建了一部完整的广播音乐专题作品。

这部作品的问世以至后来的获奖，都不是偶然，因为它的构思周期就达三年之久，大概在节目开始构思之前几年的时间，编辑周游结识了几位埙的演奏家，从而被这见古老的中国乐器所吸引，便生发了创作音乐专题，传播中国古代音乐文化的想法。

在这样漫长的时间里，编辑周游竭尽自己的思维，把目光集中在一个主题上——用广播的手段展示中国古代乐器的神韵，精诚所至，他得到了丰厚的回报。

亚广联给予作品的授奖评语是：作曲家成功地将古诗化作了音乐，以帮助听众去理解古诗的艺术意境。这个节目以流畅的综合编辑方式，将各种不同的音乐片断与解说结合在一起，并且为听众介绍了运用于现代音乐之中的中国传统乐器。节目既具有娱乐性，又具有教育性。

在节目的解说方面，中央人民广播电台著名播音员雅坤表现出对于作品深刻到位的理解力和高超的有声语言的驾驭能力。在这样的音乐专题中，解说词是为作品表达服务的，而解说又是在理解解说词内涵的基础上，播音者进行的创造性的二度创作。在理解作品主题的基础之上，如何创造性地运用播音技巧使内在的思想外化，便是播音员播音个性的集中体现。雅坤充分发挥自身的声音优势，音域宽，音色丰富，对于不同的文体有着较强的适应力。她的声音张弛有度，比如：这个广播音乐作品的开头是唐朝诗人李白的七言绝句，这就对播讲者提出的文学播音的要求，不过这首诗不是独立的存在，而是为整个节目做铺垫，所以在朗读方面，雅坤很有分寸地把握了朗诵的火候，做到既有诗的韵味，又不是过于张扬，犹如把一方碧玉镶嵌在一块美丽的石头中，浑然天成。

这个音乐专题的解说词中，一个重要的特点是说明性的文字和抒情色彩的文字交替出现，而在这两部分文字又不是截然分开的，需要解说者凭借自身的播音技巧进行自如地转换。比如有这样一部分："第四段。欢快热烈的曲调形成了与其他段落迥然有别的感觉：少妇回想起自己出嫁的情景：迎亲的人群敲锣打鼓，一顶花轿抬走了一片梦幻，又带来了一个完全陌生的世界。远嫁他乡，父老乡亲从此天各一方。"前两小句是纯说明性的，而紧接着就是对于一种场景的描述和感受，又需要富有情感的表达，从说明到抒情，从平静到欢喜，再到伤感，这复杂的语气转换，其实是在不知不觉中，没有痕迹的。看似简单却无不渗透着复杂的情感体验，雅坤典雅、大气的声音将这其中的悲欢离合表现得十分贴切。

深刻的理解，扎实的吐字发声基本功，成为雅坤精彩解说的有力支撑。

二、广播音乐专题：《刘健和他的瑶歌》 中央人民广播电台①

主创者： 刘子惠、贾际、王敏

解说： 贾际

这是简朴而美丽的瑶歌，它把我们带回到久远的年代。作曲家刘健带着他的追求，深入到深山密林的瑶家山寨，让渐渐远去的瑶歌重又回到了我们中间。

瑶歌以巨大的漂泊感强烈地震撼着我们，这是一方水土、一方人文、悠久历史酿成的艺术。

作曲家刘健的瑶歌以最原始的演唱为核心，来营造出适合瑶族音乐的"生存氛围"，而这种"生存氛围"又具有了当代的气质。

这曲调是刘健创作的，而陌生的瑶语又是最原始的演唱。作曲家用现代的技术，再现了最古老的民族音乐，让我们仿佛置身于一部史诗中，来感受天、地、人的合鸣。

古朴的瑶歌随着老一代人的离去，渐渐地被湮没在都市时尚文化的大潮中，其实这种殒没，它不仅仅是几首古老的瑶歌，而且也是一种不可能在其他地方、其他时间存在的民族的音乐思维方式，在它里面凝聚的是山水、人文和一种久远的生活。生活在都市社会的人们慢慢地忘却了这些动人的瑶歌，也许是历史的必然，但是作曲家刘健却并不甘心。

上面我们听到的是刘健的瑶歌中第一首歌《盘王之女》。盘王是瑶族的祖先，凡是在瑶族重大祭祀活动的时候，都要有还盘王愿的演唱，一般演唱的都是"仙拜"类的民歌。这类歌曲描写的是瑶族起源，以及他们迁徙的苦难的历史。作曲家刘健在《盘王之女》当中用了"盘祖漂洋又过海"的原始瑶歌。整首歌曲给人空旷空远的时间感，宛如隔世之音，有一股漂泊幽怨的情调。每位作曲家都有自己的艺术个性，那么刘健为什么会对悠缓味淡、随口吟唱的瑶歌情有独钟呢？

今天瑶族同胞主要聚居在湘粤五岭山脉之中，但是他们并不是这里土生土长的居民，而是来自远方。很久很久以前，瑶族的祖先生活在中国的北方，他们的音乐是中原文化不可分割的一部分。为什么瑶族同胞会离开北方，一直往前，甚至漂洋过海，去完成一代一代的民族大迁徙呢？这里面有一种神秘色彩。作曲家刘健的瑶歌中有一首令人耳目一新的杰作叫《过山谣》。

作曲家刘健的瑶歌始终笼罩在伟大传说的氛围之中，那此起彼伏的人声，为我们创造的是虚幻的时空感。凭着对声音的敏感，刘健似乎再也不满足于记录、改编、发展几支很

---

① 选自杨波主编：《倾听中国》，北京广播学院出版社 2003 年 2 月版。

有特色的民间旋律，而且也不想让这些震撼人心的瑶歌，仅仅成为博物馆里的收藏品，刘健的理想是让这些原汁原味的、最古老的瑶歌为今天的年轻人所喜欢。

瑶歌大多是寓意深长的，不过有时也会显露一丝的俏皮。作曲家刘健在他的瑶歌《礼曲》中，流露出他特有的幽默和诙谐。

没有华丽的旋律，只有内心的独白，那平淡忧郁的瑶歌在渐渐地离我们远去，但是作曲家刘健却用他的艺术灵感、艺术才气和娴熟的作曲技法，重又把最原始的瑶歌带回到了我们中间。

作品赏析 ZUOPINSHANGXI

世界上很多深奥的道理往往就存在于简单的事物之中。而能够用看似简单的事物来说明深奥道理之人也当属聪慧之人了。本篇音乐专题的编导刘子惠便是具备了这种智慧的能人。

一盘简单的音乐CD《盘王之女》，常人并没有多少稀奇的地方，而在刘子惠的眼里却是可以进行创作的精妙素材。这超凡的发现能力，来自作者深厚的艺术修养和一种对于我国传统民族音乐文化的珍视和理解。一名广播人，尤其是一名广播音乐人对于有特点的音乐音响作品更是情有独钟。

而在选定这独具特色的创作素材之后，进入创作阶段，更加显示出编创者富有创造性的艺术才能。就像作品中的作曲家刘健一样，刘子惠同样表现出一种独特的编导构思才能。在节目的开头，原生态的民歌手的清唱同由现代乐器伴奏的歌手的演唱有机衔接，不露斧凿之痕。整个开头部分就是一个精妙的艺术品，让听众在不知不觉中，就被带入了一种富有神秘色彩、浪漫而又悠远的民族音乐文化的氛围中。作为音乐广播人，这也就是心中最大的愿望和创作的最高目标了。其实，在开头之后还有更为精彩的铺陈，更加显示出作者的功力。

在整个作品的编辑创意过程中，删繁就简，详略得当是最让人佩服的。整个CD盘上的歌曲总共有9首，而由于客观条件的限制，节目的整体时间不能超过27分钟，因此，怎样用最简短的篇幅来展示内涵丰富的瑶族传统音乐文化，就成为这个节目成功的关键。

和CD盘中的曲目相比，音乐专题中采用的都是剪短后的片段，都不是完整的，但是从听觉上感受却更有了一种凝聚的效果，可以感觉到编创者的良苦用心。

有一种有趣的现象，经常有听到这个音乐专题的人过后会记住《盘王之女》，而误把这个CD的名字当成节目的名字，表面上看令编创者有些失望，但是仔细琢磨，这不正是编导的功劳吗？在潜移默化之中就让节目的主旨为听众所吸收，从另一个侧面显现出编导的创作功力。

节目的成功还有一个重要的因素，这就是富有特色的解说，本节目中的解说是由贾际担任的。早年毕业于北京广播学院（现中国传媒大学）播音系的他，音色纯正，口腔共鸣好，播音中字字如珠玑，颗粒清晰，使他的声音具有一种浑厚和富有力度的感觉，再加上长期严格的播音基本功训练，为他日后成功地进行播音主持创作打下厚实的基础。他的声音十分适合表现节目中含有的那种悠远而富有神秘色彩的瑶族音乐文化。

在这个音乐专题作品中，编创者在解说文字中想要表达出瑶族同胞在发展的历程中历经坎坷，进行民族大迁徙的动荡生活和其中的神秘感。而贾际浑厚富有感染力的声音正契合了这个需要。在解说过程中，他用节奏的变化来体现出一种略带惋惜情绪的思绪。较为充分地体现出节目所要表达的一种情思悠远，回味悠长的情调。

电视专题

一、《再说长江》第一集《大江巨变》

总编导：李近朱、刘文

本集编导：王影

解说：李易

《再说长江》赏析开篇词：爱恋依旧

二十年，弹指一挥间，而对于中国来说却是意义非凡的历史瞬间。

对于这个期间的中国来说，具有十分特殊的意义。从中国打开国门，实行改革开放政策的初期，到如今我国的经济让世人刮目相看，让人们感到欣慰的是这两部大型的电视纪录片真实地反映了20年来我国社会和经济发生的翻天覆地的变化，成为中国改革开放丰硕成果的有力见证。

《再说长江》在诸多方面超越了《话说长江》，这个超越的本身就是我们国家蓬勃发展的真实见证。

人们也许还清楚地记得，在制作《话说长江》的时候，整个片子的摄影是由日本方面承担的，人们不免发出疑问，表现中国风情的节目，为什么自己不能拍？这个困惑许多人的问题，在《再说长江》里有了完美且振奋人心的答案。我们不但谢绝了国外媒体要联合拍摄的请求，而且还采用的高清晰电视的拍摄技术以及其他可以利用的高科技的手段协助拍摄，在历时两年多的时间里，获取的大量生动的关于长江新貌的资料，为最终为广大观众奉献一部精良的电视片打下坚实基础，这一举动令世人感叹。

在该电视片的解说方面，也是值得关注的一大热点，因为有《话说长江》的解说陈铎、虹云做比照，他们近乎完美的演绎已经使他们的名字家喻户晓，而在这部电视片中，观众听到的是一个陌生的但是又富有感染力的声音。这就是李易，中央人民广播电台的一位播音员。论名气他没有《话说长江》中的两位前辈为人所熟知。但是，在看过了《再说长江》后，这个声音使人们感觉到了一种平静中的震撼。应和着时代的变迁和社会的进步，物质生活极大丰富，人们审美水准也有了实质性地提高，对于祖国的民族自豪感已经从慷慨激昂的抒发方式转变到更为泰然的一种深深的爱恋之中了，所以，在这部片子的解说中，李易所采取的解说的情感基调便是娓娓道来的语气了。

《再说长江》第一集　《大江巨变》

这是二十多年前一部史诗般的电视系列节目《话说长江》中的影像，拍摄者将镜头对准中国最长的河流长江，记录下与它有关的神奇自然、厚重人文和长江流域人们的生存状态。20世纪80年代，一个将改变中国人生活的时代正在到来，时代变迁的急促脚步，成为《话说长江》中最具历史张力的影像。

1983年，《话说长江》播出，产生了一个万人空巷的收视奇迹。当年的报道这样描述："每到星期天的晚上，数百万中国人便坐到电视机前，收看由中央电视台播放的电视系列节目《话说长江》。"对于当年的人们来说，这是一次影像的盛宴，更为重要的是，这条巨大的河流带给他们澎湃的激情和民族自豪感，一个个难忘的画面，成为人们心中挥之不去的时代印记。通过电视荧屏，中国人第一次完整地看到了流淌了亿万年、养育了中华民族千百年的母亲河的真实容颜。

这部长达25集的系列节目，来自4000多分钟的电影胶片素材。鲜活画面的背后，是历时整整一年的艰辛拍摄。1981年，一代电视人开始了这次盛况空前的拍摄，他们的足迹，遍及大江两岸。之后，一部在中国电视史上具有里程碑意义的作品脱颖而出。

2004年，距离《话说长江》播出整整20年后，中央电视台《再说长江》摄制组，沿着长江开始了又一次大规模拍摄。这是对20年前脚步的追寻，某种意义上，这是跨越不同时空的同一次记录。

20年，历史中的短暂一瞬，而对于世纪之交的长江，却充满沧海桑田的意味。它的背后，是一个巨变的中国。

20多年前留下的这些画面中，长江上这些险峻的峡谷，令人想到古诗中关于蜀道的描述。峡谷居民博命般的水上生活，带着远古的血性和豪气。而在流域的另一些河段中，富于现代色彩的水利工程已初露端倪。20世纪80年代，长江边的城市中已出现这些规模巨大的楼群，时尚，开始成为大多数人的新鲜话题。

这些情景，仍然深深地印在许多人的脑海中。甚至，每一个细节都会令人感动。这些来自 20 年前的面孔、表情和动态，让我们找到自己生活中的影子，同时，也更加清晰地看到，今天的生活发生了怎样的变化。对于生活在今天的我们，这是属于每一个人的 20 年。

从 2004 年起，《再说长江》摄制组开始多方寻找当年镜头中的人物。他们的人生凝聚着 20 年长江流域，甚至整个中国变迁的历史。

1982 年，在长江上游的重庆，一座横跨长江的大桥竣工了，人们用罕见的隆重方式庆祝桥梁的落成。这一年，重庆孩子李曦 11 岁，居住在新大桥旁边的他，成为大桥上的第一个晨跑者。

23 年后，李曦和家人仍然居住在长江边，在桥上晨跑的习惯也一直保持下来。不同的是，这已是重庆无数新大桥中的一座。今天，重庆的跨江桥梁的数量已超过长江流域几个大城市桥梁数量的总和。它们纵横南北，依山就水，连接出一个巨大的都市。

23 年后，这个长江上游的城市，已是中国最新的直辖市，如同当地传统戏剧中的绝技一样，它在令人不可思议的高速中变脸。

今天的重庆，是中国另三个直辖市总面积的 2.4 倍，重庆版图的翻新，已缩短到每 3 个月一版。（赏析：片中的对比宏观和微观有机交错出现，带来节奏感。这里选择了地图这个普通但又具有很强直观性的事物，阐述变化，细致而巧妙。）

影像，展示出这个城市魔幻般脱胎换骨的历史。这是一个充满想象空间的城市，布满时间创痕，饱含生长能量，20 年间的突变，已超出了重庆人想象力的极限。

20 年，在整个长江流域，对于居住在不同城市和乡村的许多人来说，生活的奇迹，都已超出了他们的想象。

上海，长江入海口的国际大都市，一百多年前留下的西式建筑和欧陆情调背后，城市的脊梁和肢体飞速延伸，血脉贲张。

上海人对时尚的追求，在今天呈现出更丰富的形式。速度，刺激了上海人的灵感，现在，这仍是他们遵从的法则。20 年，速度，带来一座城市沧海桑田的诗意。上溯到六七千年前，今天上海所在的地域还是茫茫大海，数千年间，长江水带来的泥沙不断堆积，形成长江流域这个巨大的冲积平原，这是上海最初的历史。现在，历史仍在长江与大海的交合中衍生。

这个由长江的泥沙堆积孕育的中国第三大岛屿，仍在以每年新增 2 万亩土地的速度增长，这些伸向大海的湿地，仿佛是长江生生不息的象征。

在距离大海 6000 多公里外的地方，长江以另一种形式表达它的个性。仿佛从天而坠，狂野的水流带着初生的血性和莽撞，劈开山脉和峡谷，一路浩荡东去。

今天，以我们短暂的生命，仍可观照这条亿万年的大河，长江流域这些亘古造化的自然奇观，有着长江脱胎临界过程中所有的生命迹象。许多证据表明，两百多万年前，人类的身影开始出现在这里。在孕育万物和人类的过程中，长江仍以各种方式呈现它最新的生命状态，周而复始，昼夜朝夕，如同我们每个个体生命的降临。

20 世纪 80 年代，在长江两岸，许多人正在经历他们不同的人生阶段。而作为新中国历史中的一个特定时代，80 年代却充满最原生的活力和状态，有着和孩子一般的天真和生动。此时，不论对于孩子还是他们的时代，一种富于能量的生活正在来临。

那时在长江两岸的许多地方，人们的身边发生着不同的事，一些重大的事件，成为长江历史中的重要标志。

1983 年，在长江三峡的西陵峡外，一场盛大的庆典活动被记录下来。这一年，人们在长江上建成了第一个巨大的水利工程——葛洲坝。

二十多年后，在距离葛洲坝不远的长江三峡中，人们开始告别即将被淹没的家园。一个世界上最大的水利枢纽工程正在这里进行，人数多达百余万的移民们，将要离开他们世代生活的家园。

今天，世界水利史上又增添了一个新的名词——三峡大坝。这座大坝给长江带来的不仅是山河巨变，更使一个民族的百年梦想变成了现实。

这个长江历史上最为宏大的文明壮举，带来中国人对长江文明源流的进一步探寻。十三年前，随着大坝的动工，世界上最大的考古工地出现在三峡库区 600 多公里长的河段中。

这是中国考古史上规模最大的一次行动，层出不穷的出土文物与长江流域的众多考古发现默默呼应，成为古老长江神秘拼图中的重要环节。

当我们可以像飞鸟一样俯瞰长江和它怀抱中的神奇山川、广袤大地时，脚下的许多时空密码仍是陌生而未知的。我们为何生活在这里？很久以来，即使是这样的问题也充满层层疑惑。

一些来自土地下的偶然发现，使我们对长江的过去满怀好奇和虔诚之心。一个世纪以来，好奇心和敬意带来考古学家对长江流域的一次次考古发掘。依据近二十多年来石破天惊的发现，我们已经可以把大河上的人类生息故事回溯到两千年、三千年，直到遥远的七千年前。相对于黄河而言，长江的先民也创造了令人难以想象的辉煌文明。

在另一些时间里，他们曾这样生活：这些男人和女人曾经种植和收获过中国乃至亚洲最早的稻谷。最简单的原始材料，被用于修造无与伦比的水利工程。

青铜器和彩陶美玉，来自它们的主人对宗教的狂热和对精密工艺技术的掌握。山川日月，鱼蛇走兽，使这些人的疑问充满想象力，信仰变得空灵而富于艺术精神。

在河流的另一些地方，匠师们醉心于一种仪式般的体验，用清水和粮食酿出可以燃烧的液体。

宗教，哲学，艺术，生活，战争，生存。

这一切，链接出长江先民曾被埋在土地下的一个个记忆片断。

不少古老奇迹和生活仍然停留和流动在我们身边，它们同来自黑暗中的祖先秘密，连缀着长江流域惊天动地的文明史。追溯使人相信，这条哺育自然万物的大江，也曾作为古老中国的文明之源而存在。

汹涌狂暴，或静流如歌。

多少年来，长江有着它截然不同的状态和表情，但在它的种种表象背后，却是无限的生机。和世界上的许多文明大河一样，长江在带来洪水和泥沙的同时，也带来肥沃的土地。此后，田野上的牧歌年复一年。

我们追寻长江孕育万物和文明之谜，这来自它那天造地设的生命系统。像人体的经脉与脏器，对于长江，它们是纵横交错的支流和星罗棋布的湖泊。与长江连接的湖泊包括中国最大的淡水湖——洞庭湖、鄱阳湖、巢湖、太湖和洪泽湖。湖泊像肺叶一样，通过经脉般的河流自如吞吐，存储、消涨着长江的水。这是多达700多条的支流，江湖相通和支流汇集的地方，产生出最早的鱼米之乡和人类居所，居所日渐扩大……如同长江繁复的水系，不同的种族开始聚集，形成集镇、城市和国家，戏剧般的历史开始演绎。

在已经过去的漫长时光中，长江两岸平畴绿野，男耕女织，渔歌帆影，北往南来。

1982年，《话说长江》摄制组在长江下游拍摄下这条古老的运河。运河中的繁忙景象，使人依稀看到被长江水浸润的那些古老故事。二十多年后，世界上最大的水利工程"南水北调工程"正在进行，工程的东路干渠将沿用运河故道修建。古运河再获新生。

"南水北调工程"三条线路的水源来自长江的上游、中游和下游。这是人类水利史上的壮举，从此，长江开始浸润着中国南北。

然而，在过去的千百年中，长江从未泄露天机。人们膜拜的这些仿佛来自天外的水，渗透于他们周而复始的生存历史，而它的来源却一直被蒙上浓重的神秘色彩。

为了寻找长江的来龙去脉，中国人在长江沿线默默探索了两千多年。1983年，亿万中国人从《话说长江》的影像中，看到了悬念千古的长江源头。在此之前的1976年，中国科学家首次到达各拉丹冬雪山的巨大冰川中，一条大江的身世方才水落石出。

1976 年的发现，使长江的长度第一次得到确认。数年后，通过《话说长江》，人们第一次感受到这条长达 6380 公里的大河带来的心灵震撼。横贯半个中国的长江，成了世界上第三大河。

二十多年前，曾创造中国电视收视奇迹的系列节目《话说长江》，将拍摄的脚步停留在长江的最后一条支流黄浦江边。

这是《话说长江》中的部分影像，除了真实的感叹，主持人还在 20 年前的时空中想象着长江的将来。

20 年前的那次记录，同时成为长江和中国影像历史上的重要标志。运用当时先进的胶片摄影机，拍摄者第一次为这条大河留下了有史以来最为翔实和完整的珍贵影像。

这是历史中的瞬间，却是唯一的瞬间。

数字成为这个瞬间最有力的表达方式：海拔 5800 米，行程半个中国，历时 730 余天，记录影像 55000 分钟。

2004 年 8 月 1 日，这是最初的数字。这一天，中央电视台开始了历史上规模最大的一次长江探源拍摄活动。这只是为长江举行的最初仪式，此后，万里行程，成为心灵的膜拜。

运用今天世界上最先进的高清影像设备，我们的视线穿越时间和大地，掠过城市和乡村，随浩荡江水，惊涛裂岸，水滴石穿……

这是从一滴水开始的朝圣。

正是这一滴水，开始了一条大江和我们的生命历程。

作品赏析 ZUOPINSHANGXI

与《话说长江》相比，《再说长江》在创作的各个方面都占有绝对的优势。从拍摄的环境、技术、设备，到创作理念、创作人员的创作水平，都有了令人刮目的变化。

该节目主持人的出现是一个亮点，而这个在当时却有点偶然性。因为前期的素材不是很充足，为了将信息补充完整，就利用主持人表述相关信息，而这一举动竟成为我国主持人发展历程中浓重的一笔。

处于现今的社会大环境，电视片的创作处于多元化风格时代，而《再说长江》所采用的是一种很传统的创作模式——画面加解说，可以看出创作者对于画面和解说词两大创作元素的高度重视。通过篇幅较大的解说词，创作者可以充分表达自己的所思所想。对于解说词的风格，通篇都是较为平实的叙述，没有像《话说长江》中富有张力的解说词，对于祖国美好河山的热爱，化作了昂扬的语言。

长江是一个晴雨表，它的变化清晰地折射出中国的进步的身影。而对比的方式往往是最能体现变化程度的，围绕长江二十多年的改变、它两岸的人和事物的变化，都让我们心随之一起激情澎湃。整个片子恰似一幅清晰的统计表格，给我们展示出中国在这个短暂的20年里往昔和现在。

往事和现今互为交融，使人颇感一种比较之中的兴奋和欣喜，从心里由衷地为生活在如此富有魅力的国土而感到自豪。

本集结构赏析。因为是开篇之作，同时顾及到之前的《话说长江》在受众中留下的深刻印象，因此以对比的手法开始新的创作，既可以勾起人们对于《话说长江》的美好回忆，又能较为自然地把人们引领到新的节目情景中来。电视媒体的优势在进行对比中充分地显示出来，影像是最具有说服力的，正所谓百闻不如一见，新旧影像的鲜明对照，吸引着人们的眼球，也在用变化冲击着人们的心灵，令人思绪万端。不停地对比，不断地展示出长江沿岸巨大的变化，如同涓涓细流汇聚成波涛汹涌的大江，人们的情绪也在这波涛中不断地被推向高潮。这样的结构也体现出一种韵律感，人们似乎在欣赏着一首优美的乐曲，在主旋律的带动下，不停地有和声和变奏为其增添新鲜的韵味。犹如绕梁之音。

解说者李易是中央人民广播电台播音员，有着丰富的电视片解说经验。而李易的解说，在看似平淡的表述中依然可以透出内在的一种力量所在。从专业的角度来分析，李易嗓音浑厚，音质纯净，在发声过程中，口腔共鸣通透、畅达，有一种强劲的感染力。蕴涵在其中的一种气势，让受众深切地感受到解说者投入节目中的一种感情。解说中，为了适应现在受众的审美心理需求，他的解说紧紧依托解说词朴实、凝练的特点，采用了较为平和舒缓的语气，没有过于强调情感的起伏对比，而是客观地向观众讲述长江发生的种种变化。

延伸阅读：《笔墨和声音流淌出长江无限神韵》，《再说长江》解说李易和编导张毓雄在线

二、《实话实说》第一期　《谁来保护消费者？》
(1996 年 3 月 16 日　中央电视台播出)

主持人　崔永元

崔永元：我们中国有这样一句老话，叫"听君一席真心话，胜读十年圣贤书"。如果经常收看我们的节目，你就会知道，实话实说是我们这个节目的宗旨，高朋满座是我们这个节目的特色。今天的嘉宾就有北京大学经济管理学院教授肖

灼基先生、中国社会科学院研究员樊刚先生、北京竞天律师事务所律师高明先生、人民日报社记者王利公先生。（对王利公）您是《人民日报》的记者，又是《中国质量万里行》杂志的副主编，这个双重身份是不是可以保证您永远买不到假货？

王利公：那不一定。作为一个消费者也要认真学习，逐步成熟才行。

崔永元：（对高明）您今天坐在这里我稍微替您有担心，因为我知道您在北京大学读书的时候，听过肖灼基先生的课，如果今天我们的话题发生争论的话，您怎么能跟老师争呢？

高　明：有这么一句话：吾爱吾师，吾更爱真理。

崔永元：好！希望您青出于蓝而胜于蓝。大家都是消费者，经常去购物，很好的购物心情因为假冒伪劣商品就变糟了。对假冒伪劣商品，每个消费者都有不同的态度，有的忍气吞声、息事宁人，有的挺身而出。在挺身而出的人里面，有一个名字大家都熟悉，他就是王海。山东青年王海，在北京买假索赔，引起了新闻界的关注。在新闻界沸沸扬扬的炒作下，出现了一个"王海现象"，支持王海的称他为"打假英雄"；反对王海的就说他是"刁民"。

相关链接： 对北京居民就消费者维权问题进行调查显示：7%的人最关心的仍然是质量问题，74%的人对假冒伪劣商品深恶痛绝。消费者最不放心的三大市场是：日用消费品、医疗和房地产。66%的人对维权问题要视损失大小后再做决断，41%的人认为向"消协"投诉最有效。

观众一：武松打虎是英雄，王海打假也是英雄。

观众二：我认为王海不是消费者。

观众三：王海不应该把运用《消费者权利保护法》来进行获利的这种行为职业化。

观众四：他是一个商人。

观众五：经济学上的消费者跟法律上的消费者不应当是一样的。

观众六：你怎么知道他的目的不是为了生活消费？

观众七：我觉得它既然是一种现象，它存在就有一定的合理性。

观众八：从消费者协会的角度来说，应该提出一个口号，这就是希望千百个王海站起来，对经济进行监督，促进我们的社会主义市场经济健康发展。

肖灼基：要王海他们这样的人来保护消费者权益，那你们的责任在哪里呢？出现王海这样的现象，从某种意义上来说，也说明你们的工作做得不够。（掌声）

王利公：关于这一点我想说点意见。我觉得市场经济的完善必须基于消费者的成熟。

王海作为一个二十多岁的年轻人，他能有意识地学习"消法"的有关条款，包括学习有关的商品知识，这一点是难能可贵的。

高　明：王海既不是英雄也不是"刁民"，但他确实是一个聪明人，他从第一次获利后，就发现这个可以作为一项工作，可以尝试着干一干。

崔永元：律师旗帜鲜明，他认为王海不是在打假。樊先生呢？

樊　刚：王海就是在打假。他打假不一定是出于自己买了东西去索赔的目的，但他可以作为一种盈利的目的去打假。面对社会上那么多以盈利为目的甚至坑害别人的假冒伪劣者，出现几个打假者我认为不为过。

崔永元：关于王海的是是非非众说纷纭，我们已经说了这么多，可王海是怎么想的呢？下面有请王海上场。（王海上场，掌声。崔永元对王海）你简直令所有的人都大吃一惊，刚才他们说王海是一个二十岁的小青年，你怎么这么多胡子呢？

王　海：假的。

崔永元：假的？为什么这样呢？

王　海：是出于安全上的考虑。昨天武汉《长江日报》上登了一个消息，说武汉有一个王海从商店里买东西出来以后，在街上遭到一帮人的胖揍，他只买了一两千元的东西……（被打断）

崔永元：你可不可以给我们翻译成更通俗的语言？"胖揍"是什么意思？（笑声）

王　海：狠揍。

崔永元：那么在你打假的过程中遇到过这样的危险吗？

王　海：也有，但是我自我保护的措施比较好。

崔永元：每次都黏着胡子出去？

王　海：也不一定，但要改变一下形象。

崔永元：你一上场，我看这台戏就比较好唱了，各种各样的问题在等着你。因为我是主持人，可以先问几个。有人说你到各处打假，费用很高，到上海，到广州，又到北京。据我了解，你家是在山东的青岛，为什么不从青岛打起呢？

王　海：对青岛我还不是太熟悉，因为我一直在外地工作。

崔永元：哦，你家虽在青岛，但你一直是在四处漂泊，所以就选择了从北京开始打？你能不能给我们讲一讲你第一次打假的经历？

王　海：第一次是在北京的隆福大厦，我买了两副耳机以后，去鉴定发现是假的。当时做完鉴定以后，我感觉我的费用已经超过了这两副耳机的价值了，我马上想到再去买，于是我就又买了十副。后来我就要求索赔，而且是到工商局去投诉的。工商局告诉我，他们作为一个行政部门，管不了这样的事情，索赔的事情属于民事行为。这样，拖了八个月后，隆福大厦才给赔了。

崔永元：你当时应该去找消费者协会。

王　海：当时东城区的"消协"可能搬家了，我找了半天也没有找的，也不知道在什么地方……

崔永元：你要知道会去找吗？

王　海：会的。

崔永元：那么在以后的打假过程中，你是不是找过工商局和消费者协会，依靠过组织？

王　海：不用去找了，我到了商店，人家"消协"或工商局的人就坐在那了。

崔永元：他们会全力支持你。

王　海：这倒不一定。一般的我没有去投诉，但是人家的工作做得超前一些。

崔永元：现在大家有点听不懂了，请你实话实说。

王　海：好的，比如一家商店，我去买了一双假的皮鞋，我去了四趟以后，这家商店就要调查要研究，当我去第五趟时，就有一个有关部门的人站在里边。这时这个商店就提出一个说法，说这些鞋是我让他们进的货，还说他们店是不卖这个货的，是受我的委托给我进的货。

崔永元：那个在场的有关部门的人怎么说的？

王　海：他说那他们就不管了。

崔永元：刚才大家在争论，你是不是也听到了？

王　海：听到一些。

崔永元：其中一个说法是王海是不是消费者，你怎么认为？

王　海："消协"所要保护的消费者不仅是保护最终的消费者。作为购买来说，购买也是一种消费行为。消费分三种方式，也就是购买、使用和接受服务，三种方式都是消费方式，所以购买本身也是消费。如果我为了满足我的购买欲，买了后我再扔掉，或者收藏起来，或者那去送人，这是个人自由。

崔永元：那么本人是不是消费者的问题，实际上是关系到你是不是违法的问题，就这个问题我们请高律师给一个说法。

高　明：正确的消费者他可能算不上，但是要从法律的角度去套他的话，没有办法认定他不是消费者，也就是从法律的意义上说，他是个消费者。

崔永元：你是不是因为他上场才改变了说法吧？

高　明：不会的，我本来是这样看的。

崔永元：肖先生怎么看？

肖灼基：他不违法就是合法。现在看来他没有违反哪一条法律，所以他是合法的。

崔永元：我们刚才听到了商家代表的发言，听到了法律专业人士的发言，现在我们非常想听听最普通的消费者的发言。（对观众甲）您是不是先自报家门，证明您是一个普通消费者？

观众甲：我是一个教师。我到商店去买东西，应该说是消费者吧。我首先发表一个观点，我认为辩论王海是不是消费者的这些人目的不对，他们想把水搅浑。（掌声，笑声）

崔永元：您的意思是说我想把水搅浑吧？（笑声）

观众八：不知假卖假，商家都有责任。你不知假卖了假，那你就没有资格开商店，就该撤销你的资格，你要知假卖假当然就应该按照"消法"第四十九条得到惩罚。（掌声）

崔永元：搅浑的水又被您澄清了，我们非常高兴。据我所知，王海是第一次来到我们中央电视台的演播室，应该说这是个难得的机会，商家还有消费者都有一些问题要问他，我们愿意提供这个机会。

高　明：请问王海，你能不能坦率地说，在你后来去商店买商品的时候，究竟是为了消费还是为了别的目的？（掌声）

王　海：基本上为了索赔。（掌声）

高　明：好了，我的问题暂时问到这里。

崔永元：你应该有个结论呀！

高　明：我想法律上有一个最基本的原则，就是诚实信用、公平交易、等价有偿。在这种原则下，也就是鼓励全体公民的一种善意的、不给他人带来侵害的，或者说在法律秩序之下的一种行为。那么王海纯粹是以索赔为目的去商店买商品，已经偏离了作为一个公民，正常地行使自己消费权利的轨道，只不过目前法律对此是束手无策或无可奈何罢了……（被打断）

崔永元：听上去您是在说王海是在钻法律的空子？

高　明：是这个意思。（掌声）

樊　刚：我觉得高明律师说的要做到大公无私、诚实信用、公正等，是对法庭、法官、执法部门的要求，现在消费者面对的是假冒伪劣商品，你为什么要求消费者都是圣人？（掌声）从打假的角度来讲，现在我们要利用人们的经济动机来打假，像做好事一样地来打假，就很难健全市场经济，所以我们现在利用人们的经济动机，这些经济动机不见得纯粹是很善良的，是维护道德准则的，但至少在我们目前的这个阶段，应该承认它的积极作用大于它的消极作用。（掌声）

崔永元：请问王海，哪种说法更有道理呢？

王　海：各人有各人的道理。

高　明：刚才樊刚先生谈到的王海的打假问题，我们是否可以拿王海打假与政府职能部门的打假作一个比较，究竟是哪一种打假的效果更好。

樊　刚：当然是政府职能部门的打假效果更好，谁也没有否定政府应该起主要的作用，"消协"应该起主要的作用。但现在的情况是，政府职能部门和"消协"打了半天，还有很多假冒伪劣商品，要不要增加一些社会力量和补充力量参与打假……（被打断）

背景资料：国外打假首先依靠政府执法部门。现在全世界假货的贸易量已经占总贸易量的5%，因此打假对于名牌较多的国家是一个很重要的任务。法国在1993年制定了很严格的法律，把假冒伪劣当做走私、贩毒来对待；对个人的罚款由2000法郎增加到50万法郎，并且有判刑一说；对于生产假冒伪劣商品的厂主罚款更多，可以达到250万法郎，情节严重的还要加倍。

王　海：我想做一个补充，这种做法可以作为一种补充，，总而言之它是有积极作用的。

高　明：如果人人都像王海这样去打假，买了东西不是找职能部门去把这种假货一刀切地杜绝掉，而是一对一地单就某个商品去索赔，那么假货的根源也断不了。

樊　刚：这就等于要求王海做更多的事情，他不但要抓住商家还要他跑到厂家去。我觉得消费者揭露出来的问题，恰恰是我们政府职能部门和"消协"应该接着做下去的事情，要去追究厂家。类似王海的这种行为是对我们政府职能部门和"消协"的一个补充。现在出现了一些以盈利为目的，有些人说是打擦边球的做法去打假，这正揭示出了我们的制度还很不完善、不健全。这本身也是利益双方的一种冲突，是卖假的人和反假的人的一种利益冲突，政府恰恰可以利用这个机会，在这种冲突中去做仲裁人，去完善制度。任何一个制度都是在这种冲突当中逐步完善的，并不是说我今天好好执法就可以完善起来了。我们今天在这里讨论，就是因为有了这种冲突，有了这样的事件发生，这对于我们今后的法律制度所产生的推动作用和积极作用是不容忽视的。（掌声）

崔永元：王海，听说你最近又到广州去打假？

王　海：对，去了一趟广州。

崔永元：这也是成本很高的一次打假？

王　海：去广州到现在为止，总共亏损大概不到一万元钱吧。（笑声）

崔永元：到广州打假已经带来了亏损，而且商标鉴定也会遇到很多困难，还有很多很多我们想象不到的困难。你是不是可以跟大家说说，你还有勇气把这个工作做下去吗？

王　海：我先给大家纠正一个误会，大家都以为我是以盈利为目的的，实际上我是为了索赔，想通过索赔这个办法，在不损害自己利益的情况下，为社会做一点点事情，如果是单纯为了盈利的话，我卖假货绝对可以赚很多钱。（掌声）

崔永元：你以前做什么工作的？

王　海：我以前是做销售的。

崔永元：经过你的调查，你觉得销售假货很赚钱？

王　海：就拿我常买的一些计算器来说，在广东批发是每个不到二十元，在北京零售可以卖到一百五十元左右；如果批发给商店可能是一百二或是一百一十元钱，批零价刨去运费，一个赚五十元钱应该是没有问题。这个利润都百分之二百了，好像马克思说过，有百分之百的利润就可以践踏法律了，这个事情应该可以做。（掌声）

崔永元：那么说贩假也应该是一种很危险的事情，因为他直接触犯了法律。

王　海：但从概率上来讲，贩假没有什么危险。比如说现在查获的贩假仅占二十分之一，实际上据我所估计，也就百分之一左右。

肖灼基：我想纠正一下刚才你说的不是马克思说的，而是马克思引用的英国的英灵格的话。（掌声、笑声）

崔永元：肖先生适时开辟了第二课堂。（笑声）　（赏析：尽管是第一次主持节目，崔永元已经显示出潜在的幽默能力。他善于用简短的话语进行幽默的总结，并体现出对于问题的深刻的理解力。这是基于他对于嘉宾谈话内容认真倾听、分析基础上所作出的结论。）

王　海：那也是听说，比如我要去卖假货，正好我有个亲戚在工商局工作，我在一个地方卖假货，如果工商局检查的话，我的亲戚会通知我，那我顶多不卖了。但是碰上像我这样的顾客，我估计他们一年也碰不上几个，赔了也就赔了，无所谓。总的来说，一年三百六十五天，如果工商局查两三天，他们就关门两三天，那不要紧；如果有一两个来索赔，他们就赔了算了。但从总营业额上看，比如说一天赚十块钱，他们这一年都赚钱，基本上有三百天是可以赚钱的。

崔永元：您的这套生意经我们已经听明白了。也就是说，你要贩假的话，并不怕王海这样的"刁民"？

王　海：不怕，我赔了就完事了。（掌声）

崔永元：我刚才注意到这位女士在听到王海发言的时候不停地摇头，是不同意他的哪个观点呢？

观众九：去商店索赔到底是为了他个人的利益，还是为社会做了什么？你刚才说为了推动某些东西的进步，我不知道你推动了社会哪方面的进步？

王　海：最起码大家对"消法"都有了一定的认识。

观众九：但是你为社会做了些什么呢？你只是扰乱了社会秩序。我觉得。

王　海：没有，没有。到底是卖假扰乱社会秩序，还是打假扰乱社会秩序？（掌声）就像做贼扰乱社会秩序，还是打贼扰乱社会秩序。

观众十：我想问一下王海，在很多农贸市场或像白沟那样的地方，假货要多得多，你为什么不去那些地方打假？（掌声）

王　海：打一个国有的大商场，等于打了好几万个个体户，这种效益是比较快，是比较可观的。（掌声）

樊　刚：这里有一个问题应该说一下，同样一个东西，卖二三十元钱，像白沟那些地方，谁也不说它是真货，大家都知道那是劣质品，这些是需要搞清楚的。（掌声）

伍高汉：就刚才这个观点说一下。我觉得"王海现象"发生在北京是北京的荣幸，发生在各大百货商场是各大百货商场的荣幸，或者是光荣。因为这里的法制环境跟民主环境相对的好，这种现象只能在这样的地方发生，它不会发生在白沟，也不会发生在不讲信誉的小商店。

肖灼基："消协"这位同志提出一个非常奇怪的逻辑，说"王海现象"出现在北京是北京的荣幸，出现在各大百货商场是各大百货商场的荣幸，不是抹黑。如果这样的话，那么，第一，这些大商场还可以继续卖假货，继续被人抓，荣幸更好嘛！（笑声）第二，其他商店也要学，因为荣幸大家都要得到，也可以卖假货，被人抓到还可以洋洋得意。第三，其他的城市要学北京，因为北京有一个很大的荣幸，就是卖假货被人抓住了。（掌声、笑声）如果这样的话，会出现什么样的后果呢？

高　明：我还有一点要补充。如果说大家希望像王海这样的人越来越多，会对打假有好处，那我们应该取王海的哪一点长处呢？是学他知假买假还是买假后再去索赔呢？我觉得都不是。如果我们要把问题引到正路上来的话，我们要学习王海的是敢于对假货作斗争的精神，就是知道了假货以后要依靠国家法律的力量，把假货赶尽杀绝。这才是我们要学习的。（掌声）

崔永元：不管怎么样，高明律师在现场发起了一个向王海学习一点精神的运动。

高　明：仅仅是一点。

崔永元：我想作为一个普通的消费者，问问王海今后的打算。

王　海：现在已经面临着很多的困难，比如鉴定、投诉以及其他方面的困难。现在想要解决赔偿问题，唯一的办法是和商店协商，或者通过法院。如果我每一次索赔都要经过法院，短则几个月，长则好几年的时间，那我的索赔工作是没有办法进行下去的。

崔永元：那你会不会知难而退呢？

王　海：很有可能。因为我也是一个普通人，我要生存，我不能不吃饭。

崔永元：那时候你会选择一个什么样的工作？

王　海：如果打假这种工作没有办法进行下去的话，我们很有可能就选择卖假。（掌声）但是假货我就卖假货的钱，不会卖得很高。（掌声）

崔永元：（对音乐伴奏的电子琴演奏员）关于制假、贩假，你有什么高招吗？（电子琴演奏员演奏音乐）鼓手有什么高招吗？（鼓手击鼓）他们的意思是，如果发现有一个商家有贩假的情况，或有生产厂家制假的情况，他们就把乐队搬到他们的门口，敲着锣告诉大家："啊，这里是卖假货的地方！"（笑声）是这个意思吗？

乐手们：有点意思。

崔永元：在今天讨论就要结束的时候，我们请到场嘉宾，每个人用简短的语言，最好是一句话，来阐述一下自己的观点。

高　明：谁来保护消费者？还是法律。（掌声）

肖灼基：谁来保护消费者，首先是体制改革，加上法律的保护和群众的支持。（掌声）

王　　海：靠人不如靠自己。（掌声）

樊　　刚：打假要靠整个制度，同时要靠在这个制度当中活动的每一个人。（掌声）

崔永元：既要靠制度，又要靠每一个人。（掌声）

王利公：消费者尽快成熟起来。（掌声）

崔永元：在我们今天的讨论就要结束的时候，我们先请王海退场。（掌声欢送）王海谈到他是出于安全的考虑，才化装成一个老人的样子，我们也尊重他的这种考虑。我们希望有一天，王海可以像所有的消费者一样，揭掉自己的面具，迈步走在大街上，他可以舒心地选择商品，可以做一个合格的消费者，我想那一天将是所有消费者的节日。（掌声）①

作品赏析 ZUOPINSHANGXI

这是《实话实说》节目播出的第一期，1996年3月16日。应该说具有开拓性的意义，不论是对于我国的电视新闻类的节目还是对于谈话类节目主持人的发展来说都是不同寻常的，人们眼里的电视节目是如此的平和、舒适，观众可以很自然地发言，更为特别的是，出现了一位风格新颖的主持人，如果是在几年前，这样的人是断然当不了主持人的，其貌不扬，声音不漂亮，但是人们很快发现这个人很有幽默感，心里很有点东西，越听越有味道。

如果我们听听这位当时冒着风险走上前台，后来名声大噪的主持人——崔永元谈谈当时的背景，恐怕感觉更有某种味道和启发意义吧。

崔永元能够以主持人的身份出现在中央电视台的荧屏上，首先得益于中国新闻事业的改革，国家的大政方针提供了可靠的根基，电视人创作理念的进步和实践中的努力，同时由于经济的发展，物质生活的丰富给广大电视观众所带来的思想意识的变化也有着极为重要的作用，在他们的头脑中，对于主持人的概念逐渐有了更为真实的印象，他们以更加宽容和理性的态度对待电视中出现的一个个新面孔，并以自己的审美标准不断地进行着评判，应该说，他们对于一个节目或节目主持人的评判越来越起到关键的作用，电视人的创作有越来越大的成分是以观众的接受程度为依据和指南的，这是这会的一种进步吧。

节目的特点：该节目是电视谈话类节目的经典之作。尽管主持人崔永元主持状态略显稚嫩，但却是迈出了可喜的一步。表面上看最后得到的满意结果似乎是歪打正着，实际上

---

① 选自崔永元主编：《精彩实话——实话实说话题精选》，中国摄影出版社2003年1月版。

这是在社会发展进步的大背景下，受众的审美心理发生变化所引起的媒体传播理念的变化的结果。人们希望媒体给普通人更大的话语空间，人们也希望更多听到权威人士对于新闻事件和人物的评价，希望更为平等地参与到信息传递的环圈中。人们总是对于新生事物给予更多关注，对于新的节目样式和新颖的节目主持人，人们自然投以更多目光，有好奇，也有观察，这样的好奇与观察从另一个角度为主持人的成长发展起到了良好的促进作用。崔永元的成功并不仅仅属于他一个人，而是开启了一个崭新的主持人发展模式，之后众多的富有智慧、善于用自己的头脑引领节目进程的主持人逐渐走入人们的视野。

链接阅读
LIANJIEYUEDU

第一次做电视节目主持人

主持人：刚才我都问了前面几位进入咱们这个职业的那种心态，有一件事我知道，其实你在到《实话实说》的时候，已经录了三期节目了。但是人家还在找主持人，还在到处找，说怎么看这个崔永元也不像个主持人，穿衣服也不像样，完了以后说话也不是要求的那种说话的方式，当时在那样一种状态之下，你的心里是一种什么样的状态？

崔永元：我当主持人的时候，没有太大的压力，因为我当主持人的时候，张越、白岩松已经都当主持人了，观众的心理承受能力已经比较强了，所以就说我当时是去替，因为他们要找比他们还优秀的主持人。当时很难找，就说你先替，因为我跟他们水平差不多嘛，（笑声）做几期，来好的主持人你就走，当时说的是三期，是这样。所以当时我们的制片人就没有把我往张越、白岩松那种平民主持人那个方向打扮，就是按照大牌的主持人来塑造的。（很大的笑声、掌声）他们当时都是穿西服什么的吧，我是穿毛衣上去的，（笑声）当时我们也是在……比这个棚还大，那么一个大棚，然后说要，也是有一个乐队，但是没有这么全，只有一个键盘，就是说先音乐响，然后灯再亮，然后它是一个追光灯，追着我进来，这时两边的观众就欢呼，我就跟他们握手，你好，你好（笑声）（崔做招手的动作，观众笑声）然后上来开始主持了，这是大牌吗，是吧，跟他们不一样，结果那天就说，预备、开始，这时候音乐响了，灯也亮了，我穿着毛衣就出来了，跟旁边的人握手，你好，你好，你好，欢迎你，这时候我就听身后有一个人说，这孙子是干什么的？（极大的笑声）哎呀，对我打击特别大，其实当时我背好了好多词，一上场先念一个四句的诗，（笑声）然后再来一个对仗的对联，（笑声）再弄几个排比句，（笑声）再弄几个歇后语，（笑声）这大牌就算亮相了。

但是看着观众脑子一片空白，我都不知道说什么，磕磕巴巴地，我自己想说什么就说什么，就这么录下来了。这期节目我都不知道说了些什么，下来以后呢同事们都说挺好的。你别看打开电视这么多台，还真没有一个你这样的。（观众大笑）希望你能坚持下去，我心说这挺难的，这要坚持下去，每次都得有一个人说："这孙子是干什么的？"（观众乐不可支）

但是我可能明白一点，因为在这之前，我可能已经做了十一年的职业记者，可能当时我一紧张，只会像记者一样去提问、去采访别人，他们可能喜欢这个状态。这个状态我觉得不难掌握。因为我做记者没人认识我，很自然的，大家也不会高看你一眼，只要我认真地听，人家就会和我说真心话，和我说心里话，这个对我来说不难，后来慢慢地我们就是这样做了。有人说这是一种风格。我觉得这不是一个风格，其实每一个职业记者都应该这样。

（节选自中央电视台《艺术人生》栏目"2005 理想"）

第三节

服 务 类

广播节目

一、《明白贷款　开心买房》山东台

（节目来源：《中国广播电视新闻奖——2003 年最新广播新闻奖、广播社教节目奖获奖作品》，中国传媒大学电子音像出版社 2004 年出版。）

节目文稿：用最少的钱，打理最精彩的生活，理财博士。

女：我，钱太太。

男：我，钱老抠。不不不，这是大家这么叫的。

女：我们是一家人，对，男女主人，这过日子，柴米油盐酱醋茶。

男：购车买房炒股票投资开店存银行，这可都离不开钱。

女：怎么打理？

男：怎么打理？

还是有请理财博士吧，嘘，听理财博士节目，就从我们家的理财故事开始吧，走遍大街和小巷，高楼座座楼市旺。

男：错层复式和别墅，就是没有咱的房。

女：家里钱财巧打理，关键时刻派用场。

男：嗨，这点积蓄别指望，你想买房是空想。

女：你可真是钱老抠，钱太太我可有妙方，什么什么？

女：工资条上月月有，发钱的时候月月扣。

男：啊？

女：扣钱不都是坏事，帮着小家换大房啊。

男：晕。

女：住房公积金。

理财博士：个人住房公积金贷款是指银行受所在城市住房公积金管理中心委托，向所在城市地区范围内购买商品房、经济适用房、单位集资建房、房改房、上市已购公有住房的借款人发放的委托贷款，本期《理财博士》节目带您了解个人住房公积金贷款。

男：嗨，我说钱太太你可真啰嗦，这买房途径多了，按揭贷款，找亲朋募集。

女：募捐欠人情，贷款要多还，公积金可就不一样了，它可是政府给咱老百姓用于买房的低息优惠贷款。

男：低息优惠？那好啊。哎对了，我们这工资里边都有公积金。

女：对呀。

男：这么好的政策不用白不用，我们俩申请公积金贷款，各买一套，一套用来住一套用来租。

女：对对对，还是我们家钱老抠抠得有道理。生财有妙招。来来来，关键时刻啊还得信赖我们的理财博士。

男：有请张博士。

女：哎，理财博士，我们正打算用个人住房公积金贷款买套房子呢。

理财博士：好啊，钱太太，钱老抠，我听到你们夫妇的争论了。不过说到个人住房公积金贷款，必须注意一个前提条件，你们知道吗？

男女：什么条件啊？

理财博士：就是要以某个城市为例来介绍。

男女：为什么呢？

理财博士：因为不同城市的住房公积金管理中心，对于贷款的额度期限等方面都有着不同的规定。

男女：噢。

理财博士：不过一些基本原则是相同的。所以我们如果今天讨论这个问题，那就以我们的省会济南为例吧。

男女：好。

理财博士：其他地区的朋友可以以此为参考，刚才你们的争论中钱太太说的的确有些道理。住房公积金贷款是比商业贷款要优惠。

男：那我呢？我还说要充分利用公积金，买两套呢。

理财博士：如果你们夫妻两人运用公积金贷款各买一套住房，这是不允许的。

男女：啊。

理财博士：夫妻双方只能申请一次公积金贷款，一个作为申请人，另外一个作为共同还款人。贷款的申请额度，以夫妻双方的公积金账户余额加在一起计算。

男：嗨，既然不能申请购买两套住房，那就算了。还是用普通的商业贷款吧。那个程式啊，我熟。

理财博士：公积金贷款购房和商业贷款相比，还是省钱的。你看啊，我给你们算笔账。个人住房公积金贷款的利率是按照人民银行的相关规定执行的，目前贷款期限为5年以下包括5年在内，利率是3.6%，而商业性贷款的利率却是3.975%。

男女：嗯。

理财博士：5年以上的公积金贷款利率4.05%，而商业贷款却是4.77%，这样比较可能还不是很直观。我再举个例子，比如一个家庭要贷款10万元，期限15年的话，用公积金贷款每个月需要还款742.2元，而商业性贷款需要每个月还792.88元，比公积金贷款多还50多元呢。

男：嗨，才五十多块啊，我们家钱太太少买一件衣服，省下的就不止这些。

理财博士：可是，要知道15年下来，用公积金贷款的总利息，是33595.13元，而商业性贷款的总利息是42718.11元，中间相差九千多块钱呢。

男：用公积金贷款能省下这么多钱哪，正好，这家具钱就出来了。

理财博士：这才是贷款 10 万元，如果额度更高，每个月还能省下更多呢。比如贷款 15 万，期限还是 15 年的话，公积金贷款比商业性贷款每个月少还七十多块钱，15 年下来，就能节省 1.3 万多块钱哪。

男：哎呀，那岂不是连装修的钱都省下来了。

女：得得得，钱老抠，一看你就没眼光。再加上七八万块钱，就能买辆车啦。

男：美得你。你还想房车俱备，一步到位呀。

女：你……

理财博士：停停停，怎么你们又吵上了。既然你们对公积金贷款这么感兴趣，我就来问你们一个问题。谁能申请公积金贷款？

男：我。

女：还有我。

理财博士：为什么啊？

女：我每个月都交公积金啊。不是说只要按时缴纳公积金，需要购买住房的时候，都可以申请个人住房公积金贷款吗？

理财博士：不仅仅是这些，申请住房公积金贷款，是需要一定条件的。首先要求申请人是具有完全民事行为能力的自然人。

男：那没问题。

理财博士：还需要有本市常住户口或者是有效居留身份。

女：户口本就在我们抽屉里啊，随时都能拿来用。

理财博士：还得要求你们两口子，有稳定的职业和收入，并且信用良好。这样才能够保证按时还本付息啊！

男：这个没问题。我倒想问一句，你看我钱老抠这信用良好，没得说，是不是能少还点啊。

女：嗨，没听说过，你别抠了。钱老抠。

理财博士：钱老抠的脑筋可是时刻围绕着钱在转啊。我这条件还没说完啊。

女：嗨，别理他，别理他博士，您继续说。

理财博士：办理公积金贷款的时候，需要以所购的住房或者是银行认可的其他住房作为抵押来办理房产保险手续，也可以用有价证券作为抵押。或者找到一个具有足够代偿能力的第三人，作为保证人。

男：这么麻烦啊。

女：麻烦什么呀，这不是很正常的吗，商业贷款也得要抵押和担保啊，对吗，博士？

理财博士：对。

女：博士，还有什么条件啊？

理财博士：剩下的你们刚才也说了。就是借款人必须是购房合同约定的产权人，他要按时缴纳公积金，并且必须足额缴公积金12个月。另外呢，还要符合公积金管理中心和贷款银行规定的其他条件。

女：那满足了这些条件，我们就可以贷款买房了。

理财博士：不仅仅是购买住房，在大修或者是装修的时候，都可以申请住房公积金贷款，不过要注意一点了，公积金一定要不间断地缴纳，比如说有些人在工作变动的时候，不要忘记继续缴纳公积金，如果中间停止，又没有补缴的话，就无法申请公积金贷款了。

男：哎呀，好险啊。

女：怎么了？

男：上次调动工作的时候，有一段时间我就没交公积金，我还暗自窃喜省钱了哪。这不结果后来单位又让补交，我还很不情愿，这现在看起来，倒占了便宜了呢。

女：瞧瞧瞧瞧，你差点捡了芝麻丢了西瓜吧。你又知道教训我，又不是只有我一个人不懂，还有很多听众朋友也想咨询哪。我不问了。哎，听众朋友，如果您有问题，就赶紧发送短信，移动用户编辑短信之后发送到030301。联通用户编辑短信之后发送到830301。

（片花）有这样一个节目，它在每天下午15点，有这样一对夫妇，他们的话题离不开钱，有这样一个博士，各行各业只要你咨询，她就总在直播间。这里就是每天为您直播的山东广播经济频道《理财博士》，为您打理最精彩的生活，使用最少的钱。

（电话铃声）

男：瞧瞧瞧瞧，这么快就有反应了。你得意什么呀，这是我们家的电话响，你好，噢，老抠，是咱妈。

男：噢，喂，晚上回家吃饭，噢，有空有空，不过得晚点，我们现在正在咨询理财博士，关于公积金贷款买房的事呢。什么，你也想关注，噢，你还想问问理财博士，退休的人怎么利用公积金去买房啊，好好好，妈，我替你去问问啊！

理财博士：退休以后啊，就不能用公积金贷款买房了。

男：啊？

理财博士：因为关于公积金贷款有一条规定，那就是贷款期限加上借款人的年龄不能够超过借款人法定的退休年龄。但是，有些朋友如果始终没有动用住房公积金贷款买房的话，那么这些钱在他退休之后还能够支取出来。

男：噢，还能支取出来。

理财博士：只需要提供离退休证的复印件或者由单位人事或者劳资部门出具离退休证明就可以办理支取了。

女：哎，那像我这种情况今年才 35 岁，要是 55 岁退休，能贷 20 年哪，这里必须提醒你一点，在确定贷款年限的时候，我们济南住房公积金管理中心是明确规定是最长期限不超过 15 年。

女：噢，我明白了，像我大姐今年 49 岁了，就只能办理最长期限为 6 年的住房公积金贷款了，对吗？

理财博士：对。

男：那我们办理这种贷款，到底能贷多少年啊？到底有没有一个准确的计算标准啊？

女：就是啊！

理财博士：贷款期限是这样来确定的。一般可以按照家庭每月总收入的 30% 到 40% 用于归还借款来计算还款的期限。如果你的还款能力较强，也可以适当地减少贷款期限。

（片花）你不理财，财不理你。博士理财，尽在《理财博士》。

（信息声音）

男：哎，来短信了。

女：快看看是多少号。

男：手机号码为 131，尾号为 1213 的朋友，问理财博士，个人住房公积金贷款最多能贷多少啊？

女：嗨，我觉得呀，得看你想买多大的房子，缺多少钱就贷多少呗。

理财博士：不是这样的，钱太太。公积金贷款属于政策性贷款，它贷款的额度要遵循多缴多贷，少缴少贷的原则。

女：噢。

理财博士：而且，目前在我们济南市最高贷款额度规定为 15 万元。对于贷款额度，各个城市的住房公积金管理中心，都有自己的规定。

男：哎呀呀，钱太太。

女：怎么了？

男：我就说吗！

女：嗯。

男： 这房子咱不能买太大的，太贵。要是贷20万元的话，那有5万元咱还不能享受这政策性贷款呢。

女： 那有什么关系啊，老抠你刚才不是一直声称，什么自己熟悉商业性贷款吗，我们干脆贷上15万元的公积金贷款，再来5万元的商业性贷款，两者贷款都体验一下，多好啊。

男： 美得你。还都想体验一下呢。

女： 那怎么了？

男： 这可都是钱哪。

女： 又是钱。理财博士啊，要是我们选择一个小户型，一共加起来还不到15万元，那是不是就可以全部都用公积金贷款去购买啊？

理财博士： 那也不一定。

男： 啊。

理财博士： 这就要看你缴纳公积金的数额了。我们刚才说过了，原则就是多缴多贷，少缴少贷，申请贷款的额度，有一个计算公式，那就是主申请人和共同还款人的公积金缴存余额乘以15。

女： 哎，我听说啊，除了我们自己工资条上扣除的以外，单位还要为我们再缴一部分。计算的时候要不要也算进去啊，博士？

理财博士： 当然要算了。

男： 这么优惠啊。可是我也不知道单位帮我缴多少啊？

理财博士： 这个可以到单位开设的公积金账户的银行去查询。另外还有一个估算公式，可以粗略地计算出你的贷款额度。

女： 快说说什么公式啊？

男： 快告诉我们，让我们俩也计算一下。

理财博士： 那就是用住申请人和共同还款人每个月一共缴纳的公积金数额除以250再乘以15得到的结果。

男： 嗯，我和钱太太每个月一共缴纳180多块钱，就算180吧，再除以250，乘以15。

女： 哎怎么才10.8呢？

男： 贷款十块零八毛，我看太太咱甭贷了。

女： 真是的。

理财博士： 当然不会是十块零八毛，这里我要提醒大家注意，估算公式的结果，是以万为单位的。也就是说，你们两口子可以贷款的额度大约为10.8万元。

男：原来是这么回事啊。

理财博士：还要注意一点啊，如果你计算出的申请贷款的额度，超过了规定的最高贷款额度的限额，要以限额为准。

男：怎么讲？

理财博士：比方说，如果你们夫妇俩在济南买房计算出可以贷款的额度为 16 万元的话，那么用公积金贷款的话，也只能贷 15 万元。

男：噢。

理财博士：个人住房公积金贷款是指银行受所在城市住房公积金管理中心委托向所在城市地区范围内购买商品房、经济适用房、单位集资建房、房改房、上市已购公有住房借款人发放的委托贷款。本期理财博士节目，带您了解个人住房公积金贷款。

男：这公积金贷款买房还真不错。是吧，我的钱太太。

女：那当然了。我的一双慧眼什么时候看走眼过。

男：既然这样我们就办吧。

女：说办就办，马上就走。

男：就这么就去了啊。

女：哦对了，别忘再带上钥匙。

男：嗨，看你急的。我是说啊，我们得问清楚，都需要带什么证件和材料出发啊。别一个事跑三趟，空转一身汗。

理财博士：那倒也是。还是钱老抠细致入微，你别说还真是要带不少东西呢。

女：不少，都有什么啊？

理财博士：首先要带上公积金流水账单，以及个人住房贷款的申请审批表。

男：我还知道一定得带上身份证吧。

理财博士：是你们两口子的身份证，还有复印件。也就是借款人和共同还款人的身份证和复印件。

女：哎，肯定还得带上户口簿，我猜也得要复印件吧。

理财博士：对。

男：钱太太还真聪明。不过这需要带的证件也太多了。难道说还得带上结婚证啊。

理财博士：你还真说对了。这属于婚姻状况证明。

男：嗨。

理财博士：另外还需要借款人、共同还款人和担保人的资信证明。

女：那还有什么？

理财博士：还有共同还款责任承诺书、担保书或者购房合同或协议。

男：还有什么？

理财博士：还有借款人不低于30%购房款的有效凭据的原件和复印件。

女：还有什么？

理财博士：还要咨询管理中心、银行，带好他们规定要带的其他资料。

女：就这些了吧？

理财博士：就这些。

男：听听，钱太太，我要是不问这一句，咱得多跑多少趟啊？

女：嗯。

男：这做事啊，得事先考虑周全。三思而后行。

女：就怕你光三思了，不后行啊！

理财博士：好啦好啦，你们啊，三句说不完就得吵上。

女：什么声音？

男：又来短信啦。138尾号为2691。嗨，这个问题啊和公积金没关系。不好不好，咱不问了。

女：哎，什么问题啊？让我看看，让我看看。

男：噢，用公积金贷款能不能购买二手房，怎么买？

理财博士：哎，谁说这个问题和公积金贷款没关系。这正是接下来我要给你们夫妇俩要说的。公积金贷款当然可以购买二手房。办理这个业务需要带房产证原件和复印件。到区级以上的房产交易部门，进行抵押登记。

男：哦。

理财博士：由住房公积金管理中心认可的机构，进行房产评估，出具房地产的估价报告。贷款额度不能超过评估价格的70%。

男：哦，原来是这么回事。这位发来短信的朋友您明白了吗？公积金贷款买二手房比买新房要多一步，那就是房产评估。而且贷款额度不能超过评估价格的70%。

女：嗨，依我说啊，买新房子得了。

男：这萝卜白菜，各有所爱。你爱乱花钱，别人也得跟着你喜欢。

女：嗨，你这人怎么这样呢？你抠别人也得跟着你抠吗？

理财博士：嗨，又吵上了。

（片花）生活是多彩的，理财生活是绚丽多彩的。拥有理财博士的理财生活让您在轻松快乐中把握每一分精彩。您现在正在收听的是雨虹为你制作播出的最新理财宝典《理财博士》。

男： 不愧是理财博士。

女： 哎，真金不怕火炼。

理财博士： 过奖过奖。你们也不愧是理财博士节目的主人公啊。问的问题这么精到。

可是最后我还得问你们一个问题。今天你们都学到了什么东西啊？

男： 公积金贷款买房好。

男： 它缴的利息比较少，美中不足啊！

女： 什么？

男： 夫妻俩只能买一套。

女： 真贪心啊，钱老抠。

男： 不说这个，咱说说怎么办理公积金贷款吧。

女： 公积金贷款有条件，至少你得缴一年。

男： 光缴一年还不行，此后还得不间断。办理贷款要多思量。

女： 各种证件带齐全。带不齐全多跑路。

男： 纯粹给自己找麻烦。

理财博士： 那公积金贷款的额度和期限怎么算？

男： 贷款额度能计算，估算方法很简便，算出结果您别急，后面单位是个万。还有一点要注意。

女： 数额不能过上限。

男： 济南上限 15 万元，各地按照规定办。

女： 贷款期限也好算，要想办理退休前。

男： 一旦退休也不要紧。

女： 住房公积金可退还。

男： 放心吧，吃不了亏。

理财博士： 还有二手房呢？

男： 二手房贷款也能办，不过要等房产评估完。

理财博士： 嚯，学得不错嘛。

男： 公积金贷款真方便，买期房来很省钱。

女： 省钱都为老百姓，买了住房了心愿。

男： 政策性贷款实惠多。

女：可不是，那叫一个心里甜。

男：甜吧，以后还得多学习理财吧。

理财博士：看出来了，还是你们是一家人啊，这么默契。好了，关于公积金贷款买房你们还有什么问题吗？

男女：没有了。

理财博士：我看你们也清楚得很嘛。总结得都这么押韵。既然这样，我们今天就到这里。那我们，明天下午3点，电波声里再见。

感谢收听《理财博士》节目。主持人雨虹（音）、李琳（音）、庄毅愿您快乐中学会理财。轻松中扮靓生活。

作品赏析
ZUOPINSHANGXI

1. 新颖的形式

生活服务类节目具有很强的针对性和指导性，节目的形式往往容易流于一般的介绍性质。因此探索新颖别致的表现形式对于增强节目的吸引力有十分重要的意义。该节目从名称上看富有一种权威性和人情味。体现出节目内容的科学性。首先可以给受众一种信息质量上的确定性。从传播学的角度观察，增强信息发送者的品质是提高传播效果十分重要的手段，该节目的编创者很好地遵循了这个原则。节目中"理财博士"的形象鲜明可信，对于住房公积金的概念、特点、用途以及申请程序介绍得十分清楚，可以说是简单明了，做到了深入浅出的地步。

这一意图的贯彻实施，得益于创作者对于节目中角色人物的巧妙设置。理财博士和钱老抠夫妻俩的交流，使节目中传递的关于住房公积金贷款买房的信息，不断地被提出和重复，因此信息的传送得到了强化。这个设计精心而巧妙。

作品的结构十分巧妙和细致。

2. 贴近百姓的话题

话题的选择贴近百姓，和他们的日常生活息息相关，自然具有接近性。住房是社会各界都十分关注的问题，因此这个话题很巧妙地把众多的来自社会各行各业的人的都吸引到节目上。

3. 活灵活现的主持

节目中的主持人被赋予在角色中。这样的语境给主持人提出了极高的要求。分寸感的把握是关系节目成败的要点。这是对播音员、主持人的一种考验，需要具备一定的表演技巧。节目中扮演钱老抠夫妻的主持人，通过有声语言的语气、节奏和情感基调的准确把握，把人物的性格特征体现得很到位，夫妻之间的默契感十分到位。说话就吵，话语间的接应十分细腻自然。节目进行当中，语气词的运用十分精到，在不经意间流露出来，给人浑然天成的感觉，主持人之间的默契和配合程度可见一斑。

二、《相约玫瑰园》天津人民广播电台生活频道

《相约玫瑰园》是天津电台 2007 年开办的唯一一档婚恋交友节目，节目希望为更多的单身朋友在空中搭起鹊桥，以电波为媒，寻找爱情，节目以交友年轻人做客直播间、主持人访谈推荐为主要模式，节目后半时段设有听众互动环节，想结识嘉宾的朋友可通过短信和电话参与。节目力求搭建起一个轻松交流的婚恋交友信息平台，突出服务性参与性和娱乐性，展现了广播交友节目反馈及时的优势。

节目播出时间：每天 18：10—19：00

主持人：张强、丘丘

节目稿选自（部分）2008 年 5 月 29 日《相约玫瑰园》节目稿

一、开场

张　强：缘分来自天意。

丘　丘：幸福靠自己争取。

张　强：相约玫瑰园，

丘　丘：希望在这里遇见你。

张　强：大家好，我是张强。

丘　丘：大家好，我是丘丘，欢迎来到我们的《相约玫瑰园》，晚上的 6 点到 7 点我们又准时地跟大家见面了。

张　强：是的。

丘　丘：张强同志，我看以你这么多年来，这么准确地对女性审美的高度判断。你评价一下今天的女嘉宾，怎么样？

张　强：丘丘同志，嘉宾今天咱先不去评价，我有一个感觉。

丘　丘：什么感觉？

张　强：你说来咱们园的女嘉宾，怎么就这么多？而且学历怎么就这么高？

丘　丘：我一直没好意思说，张强，我觉得不仅女孩子的数量多，还有学历高，我就

觉得女孩子的表现普遍比男孩子好。

张　强：但是我觉得这些优秀男孩在哪？

丘　丘：对啊。

张　强：别潜水了，赶紧往外出啊。

丘　丘：今儿这嘉宾挺有个性，她给自己起这昵称连姓都带上了。而且也不太像以往女孩子写的像琼瑶电视剧里的那种朦胧，诗情画意。她给自己起的名就叫王小鱼。希望大家能给今天的"玫瑰之星"打电话，发短信。

张　强：对，两种方式大家别忘了给我们拨通爱情专线23511386，还有我们的短信平台，移动联通小灵通可以发送到10620000911。首先我们来听一下王小鱼的个人介绍。

（播出嘉宾个人简介　检索080529）

她学传媒，教传媒，也干过传媒，但遗憾的是没有及时地把自己传播出去，以至于29岁了还没有嫁掉。没错，她很优秀，她就是一个高学历高素质的大龄女。硕士毕业的她在本市一所高校当教师，她有很好的文化底蕴，知书达理，谈吐不俗，积极乐观。她的外貌并不艳丽，但气质高雅，笑容生动，有人说她笑起来像佟香玉，有人说她的气质像赵雅芝，双鱼座的她就叫王小鱼。

她温婉可人、注重生活品质，喜欢和艺术相关的东西，她学过茶艺，学过瑜伽、练过成人芭蕾，她喜欢接受新鲜事物，曾在瀑布悬崖上速降。如今学业有成，工作顺心的小鱼，最渴望的是徜徉在婚姻的海洋里，她会是贤慧称职的妻子吗？关于爱情宣言，小鱼是这样说的："人们都说女硕士是李莫愁，我想说的是：我是一个热爱生活、漂亮端庄的李莫愁。很不小心地多念了一点书，很小心地没有变成书呆子。如果你愿意给这样的李莫愁一个机会的话，也许莫愁可以让你这辈子都不用愁啦！"

二、"玫瑰之星"访谈

"如何看待高学历优秀女孩婚姻的尴尬"

丘　丘：好啦，听完了个人介绍，来跟我们的嘉宾王小鱼打个招呼。你好，王小鱼。

王小鱼：各位朋友大家好，我是王小鱼。非常高兴能够有机会走进直播间，跟这么著名的两位主持人坐在一起参与节目。

丘　丘：王小鱼，你看刚才两位著名的主持人发现了一个问题，就是来园里的女孩子多，表现还好，这事我很郁闷。

王小鱼：我觉得这个问题其实不仅仅是玫瑰园的问题，这好像现在是一个社会问题，就是说所谓的这些留下来的女孩子，没有嫁出去的女孩子，她的普遍素质好像确实比同龄的男性要高。

丘　丘：所以我们今天总结，好像你的学历要高，你是硕士毕业，这也不算多么高的学历，但是综合素质，这个事情可能是值得我们探讨的。

王小鱼：是，就像如果我们求偶的话，你找个男朋友人家经常问你，想要什么样的？其实总结来说，各方面其实也不是想要个很有钱的，也不是想要很帅的，也不是想要很怎么怎么样的。但是就是希望能够找到一个综合素质比较高的人，才能够跟你相配。

丘　丘：所以今天我们有一个互动的环节，就是大家通过今天王小鱼在节目中的表达，大家可以来猜测一下，我们今天的嘉宾王小鱼，她心目中的丈夫是哪种类型的？在这里我们有四个备选答案，答案 A，就是由陈宝国饰演的《大宅门》中的白景琦；答案 B 就是由郭小东饰演的《新结婚时代》的何建国。

张　强：答案 C 就是《金婚》当中张国立扮演的佟志这个角色。

丘　丘：答案 D 就是在《不见不散》当中由葛优饰演的刘元。大家可以想想，这四个角色，分别代表我们日常生活中常见的四种类型，大家通过今天王小鱼在节目中的表达，可以选一下她更倾向于哪一个类型的男孩子，最后答案会在节目中揭晓，节目当中您可以通过短信平台来回答，来谈谈您的看法，编辑 ABCD 发送到 10620000911 就可以啦。

张　强：当然在谈话过程中，如果说您对王小鱼特别特别的感兴趣，或者说想和她交流的话，可以拨打我们的爱情专线 23511386。

王小鱼：我觉得这个互动环节很有意思。我补充一下，竞猜成功的奖品是一个美女。

丘　丘：就是王小鱼。

……

丘　丘：你们看啊，咱们前半段谈了这么长时间。但是可能我们收音机前依然有很多很多的朋友觉得王小鱼找不到男朋友，还是因为她的条件高。

张　强：对，肯定有这个倾向。但是丘丘，我手头有这么个信息，一个在读的博士生。

丘　丘：哎哟，困难啦，困难啦。

张　强：博士啊，人家发来一个征婚广告。

丘　丘：这人多大吧？

张　强：二十五啊，身高 165。

丘　丘：行啊。

张　强：长的实际并不漂亮。他说他是高度近视眼，更增添了一些文雅的气质。

丘　丘：挺自信。

张　强：他这个征婚广告，有 10 条标准。

丘　丘：这得听听。这么着，咱们随着强哥给咱读他这 10 条标准，让小鱼说说，针对这条你是不是也得要求对方符合。

张　强：小鱼这是第一条，高学历不戴眼镜。

王小鱼：我喜欢学历不太高，然后最好戴眼镜。

张　强：你看看这个性，人家条件不高啊。身材高大魁梧的。

王小鱼：这东西呢，身材高大魁梧最好，但是我心里的要求就是 170 以上就差不多。

丘　丘：小鱼很随和。

张　强：第三条，有着东方美男子型的脸庞。

王小鱼：我害怕太英俊的人。

丘　丘：关键东方美男子每个人的标准不太一样。

王小鱼：我确实不太喜欢帅哥。

张　强：工资一定要比我高的。

王小鱼：这个不一定吧，我觉得男人最重要是要有赚钱的能力，至于他现在是不是就是赚到了很多钱，这个反而不是最重要的。

丘　丘：我明白。

张　强：要看他是不是潜力股。

第五条，不抽烟不喝酒的。

王小鱼：这不大现实吧。当然最好是不抽，但是要抽呢也没办法。喝酒基本上现在的人多少都喝一点酒吧。

丘　丘：别说男的了，连丘丘都喝。

王小鱼：对呀，只要不要嗜酒成性就好。

张　强：这是一种交际的方式。第六条，衣着整洁，讲究卫生的。

王小鱼：这样最好，但是你很难要求一个男的在没有老婆之前，就能够把自己打点得很好。所以呢，我打点也 OK。

张　强：第七条标准，踏实勤奋，积极向上的。

王小鱼：这点我比较认同。这个是最基本的生活态度。

张　强：好，再来看的八条，性格外向，有幽默感。

王小鱼：这点也只能说比较好。但我个人不太喜欢太内向的，中等就好。

张　强：咱们再来看第九条，父母都是有文化的人。

王小鱼：我个人比较希望他的父母比较有文化。当然也不一定非要高知，普通的知识
　　　　分子家庭就好。

张　强：最后一条了，非独生子女家庭的。

王小鱼：这就不能强求了吧。

张　强：绝对了吧。

丘　丘：所以我说我总结了，强哥，刚才你说了 10 条了吧。

张　强：10 条。

丘　丘：在这里，小鱼觉得必须要具备的只有两条。第一，踏实勤奋，积极向上。第二，
　　　　父母是有文化的。其他的都无所谓，所以我觉得她这个择偶根本不是很高。

张　强：不高啊，平实就好。

丘　丘：就是我们所说的对生活的要求，相较于那些比较浮华的，比较物质的，其实
　　　　我们挺低的，但是我们遵从我们的内心感受，就是这样的。

张　强：所以我觉得，丘丘，小鱼是一个优秀的女孩子，高学历的，而且很漂亮，但
　　　　是我们看到了她平实的一面，看到了她最平常的一面。男孩子可以勇敢地去
　　　　追求吧。

节目赏析
JIEMUSHANGXI

　　该节目是一档婚恋节目，为听众朋友担当空中红娘。节目的样式十分新颖，把想找对
象的年轻人请到播音间，通过展示才艺的方式介绍自己。两位主持人十分灵活，根据现场
的情况帮助收音机前的听众朋友了解当日的"玫瑰之星"。节目充分利用和发挥了广播媒
体听觉的优势，给嘉宾充分地用有声手段展示自己的空间。同时广播媒体闻其声而不见其
人的特点更增加了一种浪漫情趣。

　　两位主持人的表现可圈可点。配合默契，针对嘉宾的不同特点，诸如性格、职业等方
面的具体情况，寻找生发点，并即兴扩大。使一定生活服务类的节目，充满了娱乐性。

　　主持人的自然、真诚和率性在节目中体现得十分突出，由此使节目和受众之间的距离
大大缩短。主持人的亲和力成为节目的标志。同时主持人还表现出较强的语言控制能力。
他们的语言活泼、幽默、时尚，与现今的年轻人的习惯较为吻合。从而在某种程度上和作
为"玫瑰之星"的嘉宾有了一种内在的默契和交流的潜在空间。

　　主持人张强、丘丘，天津人民广播电台生活频道主持人。张强，毕业于首都经济贸易

大学，2002 年进入天津人民广播电台工作。丘丘，毕业于中国传媒大学播音专业。

电视节目

一、《天天饮食》

刘仪伟：各位观众大家好，又是《天天饮食》的节目时间。

天天饮食，天天见面，天天炒菜。天天做饭，除了炒菜做饭以外还能做些什么呢？也就是和您聊聊天，拉拉家常，说说张家长，李家短，才不是呢，我们不要去拌嘴了，对不对，在这里还是好好地做饭，好好地聊一些跟做饭有关系的事情。

在这里呢，我要特别感谢一位观众，他的名字叫做姜衡光，这位观众非常热心，给我们写来了一封很大的信，信还有大小吗，你这么大年纪还分不出来。他的皮太厚，不能用别的词来形容。只能用大，里面密密麻麻地写了很多的字，给我们推荐了几十道菜的做法。哇，好厉害，在这里看得出来姜师傅是有绝技的人，人家知道那么多菜的做法，太厉害了。所以这厢有礼了，表示感谢，我们在他的很多菜里面，挑选了一些，在这里推荐给全国的观众，其中就有桂花土豆，非常好吃，还有呢，叫做蒜泥蚕豆，就是今天我们要给大家介绍的。

这道菜独具匠心，非常独特，是一道凉拌菜。先介绍一下究竟需要什么东西呢？东西比较多一些，主要需要是黄瓜和蚕豆，黄瓜就不用多说了，平时都在吃；蚕豆皮剥了以后呢，白白生生地像玉一样，这里呢还有一个小芽，非常的好看，这个蚕豆，并不是新鲜的，并不是从蚕豆苗上摘下来的。它是摘完以后放了一定的时间了。春天才有蚕豆嘛，草垫子铺上之后，把新鲜的蚕豆放在上面，然后再往上面放一床草垫子，这样一层一层放上去然后把它放在地窖里面，保存到现在，应该说还算是新鲜的，不是罐头的。而且呢一定要有芽，它跟土豆不一样，土豆发芽就不能够吃了，而蚕豆一定要有芽，因为什么呢，有芽叫做活蚕豆，说明它还有蓬勃生机，没有芽的就是死蚕豆，它已经死掉了，没有一些生机了，吃起来就不好吃了。今天因为季节的关系，所以我们只能用储存起来的新鲜蚕豆，如果在春天的话，我们还可以买绿油油的真正的新从蚕豆苗上摘下来的蚕豆，那个味道又不一样了，真的是不一样。没关系，今年不说，明年再吃新鲜的。

好，那么还需要一些什么样的辅料呢？缺不了的是蒜，我们已经把它做成蒜泥，葱花、香油、醋、辣椒油、酱油、味精、白糖、咸盐，哇，这么多，这么厉害。好，首先处理一下东西，这根黄瓜，不能切一根一根的，也不能"啪"拍一下，拍黄瓜，我们要把它切出来，把它切成丁，两头去掉，然后把它从中间剖开，剖开后再切成三段，把它一刀两刀三刀切成小丁，给大家说一下，切的时候一定要用熟食的菜板，因为黄瓜我们要直接食用的。这里都是可以切熟肉的，千万不要用切生食的来切，这样呢太不卫生。所以一定请大家注意一下。

切出来，切成小丁，再切黄瓜的同时呢，我要做一件工作，就是把这边的火打开，把水烧着，等会儿要用。烧水干吗？你不是说黄瓜可以直接食用吗，烧水不是煮黄瓜而是煮蚕豆，没错，好，现在继续把黄瓜丁切出来，好，黄瓜丁切完了用一个盘子把它装起来，往里面放一些盐，为什么放盐，是要把它码一下。放到一边，那边水已经开了，开得很欢，所以要把蚕豆倒到锅里面，稍微焯一下，焯的时间不要太长，因为蚕豆很容易煮熟，焯上一分多钟两分钟就可以了。

现在我们的蚕豆已经焯熟了。不要太熟，八九成熟就可以。然后捞起来，水分一定要空干。放到容器里面，好打捞完毕。把这个放到中间，这个刚才我们讲过，是凉拌菜，所以我们要加一些作料进去，那么多作料，还有把黄瓜放进去，黄瓜丁我们刚才用盐腌过一下，你看出现很多水分，一遇到盐，瓜果类的东西都会析出水分。我们把水分排除在外，往里拨的时候小心一点，不要把水拨进去。多余的水分就让它留在盘子里面。好，搅拌一下，这个时候就可以往里面加作料了。哈哈，那么多作料，全部都放进去，首先放一些醋，然后放酱油，酱油要多放一点，酱油是主味，然后要放辣椒油，放多一点，白糖放一些，调一下味不要放太多了。味精放一些，还有葱花放一些，蒜泥千万不要忘了，放蒜；蒜泥蚕豆嘛，放了那么多东西，它为什么不叫辣椒蚕豆，不叫醋蚕豆，不叫酱油蚕豆，不叫葱花蚕豆，不叫白糖蚕豆，不叫味精蚕豆呢，是因为放的东西都没有蒜放得多，所以蒜要放多一些，才能名副其实地叫做蒜泥蚕豆，道理就是这样。

现在用筷子把它拌起来。拿个盘子，把它从容器里倒出来。稍微地晾凉一下就可以上桌吃了。这道菜非常适合下酒，哎，来一点酒，碰杯！再来两块蚕豆，味道不错呀，真好。哈哈，好了，今天的节目呢，也不错，特别是姜衡光这位热心的观众，你才是最棒的。好了今天的节目到此为止，多谢各位！①

作品赏析
ZUOPINSHANGXI

从整体角度观察此节目，《天天饮食》只是一个只有十分钟左右节目时间的小栏目。很不起眼，但是由于一个其貌不扬却充满生活情趣的主持人刘仪伟进入节目后，却让人眼

前一亮。观众在节目中不单单是学到了做菜的手艺，更重要的是他们从这个主持人身上感受到了生活的味道和情调。

从主持人整体形象的选择和设计上，十分成功，刘仪伟的身上体现出居家男人的品质。优雅、温和、幽默、细致都是他在节目中用以打动观众的宝贵品质。节目中他十分注重细节，从对菜的收拾处理到对做菜工序的介绍，他都能感受到平时人们心里有但却没有讲出来的话。例如：在介绍一道和莴笋有关的菜时，对于切片时菜刀发出的声音，他的感受很独特，他说这声音有着生活的情趣。

对于细节的关注是刘仪伟十分突出的一个特点，厨房的事情其实是十分琐碎的，而在这些琐碎的事情中就包含有许多可以探讨和提醒的问题，这些因素便是刘仪伟在主持节目过程中可以充分发挥自身优势的点，通过这些细微的点，观众也可以感受到这个主持人不同寻常的地方。比如：在一期介绍"关东辣酱"做法的节目中，就有这样的一个片段：对了，我听人家讲啊，鸡蛋表皮其实是不太干净的，很多人买回来鸡蛋后，打鸡蛋的时候从来不洗。没有这个习惯，其实应该把鸡蛋的皮洗干净再磕，如果你不洗的话，千万不要在碗边来磕，一定要在别的地方（菜板边）磕一下，把鸡蛋打出来。如果你的鸡蛋没有洗的话呢，就一定要打完鸡蛋后把手洗干净，因为鸡蛋的表皮实在是不干净。真的是很多生活小细节要注意一点，以后吃鸡蛋之前一定要把它洗洗干净。①

表面看这段话和节目中所要做的菜没有什么直接联系，而实际上这正是主持人发挥的要点因素。他的主持之所以能很好地营造厨房内的温馨氛围，和受众形成一种默契是成功的因素之一，这样的细节可以拉近节目与观众的距离。使两者之间形成一种心灵的共鸣，一个细微的提醒，说明主持人知道人们要的是什么，知道应该告诉人们什么，传者和受众之间的信息渠道更为畅通。因此，刘仪伟主持的饮食节目，不单单是告诉人们如何做一道菜，而更重要的是一种情感的交流，一种饮食文化的传播，还是一种生活情趣的展示和交流。

刘仪伟的幽默也是值得称道的。本期节目的开头，就是一个很好的例证。

从我国节目主持人发展的角度来观察刘仪伟的出现，其中包含着富有变革意义的因素。作为主持人，他的形象和以往人们固有的印象有着鲜明的对比。没有帅气的相貌，更没有富有磁性的声音，靠什么形成对受众的吸引力。这就是内涵，以及由此形成的独特气质。正是具备了如此厚实的依托，一个本来十分不起眼的出现在一个普通饮食节目中的人，却由此一跃成为万众瞩目的知名主持人。有人曾经这样评价刘仪伟："这哥们当年在

---

① 资料来源：http://www.tudou.com/playlist/playindex.do? lid=5065218&iid=25936681&cid=3

央视炒菜时，我还真没怎么看好他。蹩脚的普通话，比普通话还蹩脚的长相，笨手笨脚切菜的模样，嬉皮笑脸的姿态……日久天长，看下去却是越来越顺眼。估计这跟娶媳妇差不多，最开始看着丑，时间一长，习惯了，审美模式都给改变了。后来才知道，人家刘仪伟不简单，之前做过企宣，写过文案，制作过唱片，还填过歌词，成名后有事没事还爱弄个专栏什么的。这兄弟不是主持专业毕业的，可人家三下五除二凭一把炒菜大勺就全搞定了。"①

如此丰富的个人阅历，几经磨砺，为后来刘仪伟的成功奠定了厚实的基础。上面所说的"笨手笨脚切菜的模样"的描述，并非实际。作为四川人的刘仪伟，继承了家族中厨房高手的传统，他在厨房的感觉十分到位，整体形象和感受，以及做饭的技艺都是可圈可点的。比如刀工，曾经有一期节目介绍清炒莴笋，就很见功夫，从削剥莴笋外表的硬皮，到把莴笋切成薄片整齐排列，处处都体现出他是一个细致细腻的人。节目中，莴笋片不但薄厚均匀，而且码放得很规整，这是内在的意识和长久的习惯带来的结果。在主持节目中他经常会在不经意间体现出这种内涵，实在难能可贵。站在厨房里，为观众介绍各种菜肴的制作工艺，成为他感受生活，表达自己生活体验的一种有效途径，由此也在一期期不足十分钟的节目中，很快将观众引领到一个富有生活情趣的奇妙的锅碗瓢盆交响世界里。

二、《夕阳红》"家有妙招"

中央电视台　2011 年 1 月 3 日播出

主持人：张悦、黄薇

张　悦：居家过日子，得有好法子。

黄　薇：妙招大看台，有招您就来。

张　悦：观众朋友们，今天呢想跟您说说这个台历。您看啊，这是去年的台历。已经过期了。

黄　薇：我们又要废物利用了啊。我觉得啊，这些过期的台历啊，能够用得上的也就是这些纸，还有后面的这个硬纸板，对吗？

张　悦：听这话音儿你的过期台历全都扔了吧？

黄　薇：没错，我真的全扔了。张悦姐，我觉得这个节俭啊，咱真得讲究点品位。

张　悦：对啊。

黄　薇：废物利用呢，得用得巧，能够让我眼前一亮。哎，我这才会动心。

---

① 资料来源：http://media.cnhubei.com/2007 – 02/05/cms249511article.shtml

张　悦：那你就没有见过一个让你动心的？

（用旧挂历制作文具夹视频）

黄　薇：还真没见过。我见过几种，但是我都没有动心。

张　悦：我觉得要想打动你，只有靠我了。

黄　薇：太有想法了。这旁边是不是用半个纸杯做的？

张　悦：没错。这个纸杯也是一次性的，废物利用。

黄　薇：半个纸杯粘在上面，这旁边还有一个小的。这旁边还有一个小的，这是个小文具架，我觉得也非常有创意。

张　悦：这叫什么，你知道吗？纸杯别扔掉，台历用得巧。

黄　薇：像个工艺品，

张　悦：您还买不着。

黄　薇：这个文具架啊，我觉得，用废物利用来概括还远远不够。我们应该说它是变废为宝。

张　悦：所以我管它叫三好文具架。

黄　薇：三好文具架。

张　悦：好做，好用，好看。

黄　薇：我不同意！

张　悦：啊？

黄　薇：明明是五好，你为什么要吞掉两好啊。它还有两好吗？

张　悦：当然了。你听清楚啊，有好多东西可以集中，有好多风格可以展现。

黄　薇：你瞧，瞧他那贪婪的眼神。

张　悦：不怪他，招太好了。

黄　薇：这个妙招确实好，就是纸杯少不了。

张　悦：谁说的！

黄　薇：那我问你，没有纸杯怎么办？

张　悦：替补队员。

黄　薇：现在开始欣赏黄薇的小魔术了啊！

张　悦：这是个饮料瓶，赶紧表演。

黄　薇：请帮我把瓶子的瓶盖盖好。

张　悦：这还不容易！盖好。

黄　薇：在我表演之前，问：如果我要把这个小勺放在这个瓶子上，你说我可以把它给拉起来吗？

张　悦：怎么拉起来？

黄　薇：拉起来，我什么都不用，就用这个勺。就可以把它给拉起来。

张　悦：答，不可能。

黄　薇：耳听为虚，眼见为实。注意，现在表演正式开始。我现在要把这个小勺往下压一压，稍微地用一点点的力气。请注意，张悦姐姐，屏住呼吸。开始，走……鼓掌！

张　悦：什么鼓掌，我给你接着呢。

黄　薇：鼓掌！

张　悦：别太远，我够不着。

黄　薇：手放开，我的手可以接住它。然后，我可以用手顶它，再顶它。敲打它，你会发现，无论我怎么去摇摆它，它都不会掉，问张悦姐姐这个魔术你可以表演吗？

黄　薇：还是用这把小勺，还是用这个饮料瓶。你可以吗？一二，注意，一二。你主要是功力不够。你一定要气沉丹田，然后屏住呼吸，就可以把它往上。

张　悦：什么啊。

黄　薇：我知道，张悦姐姐总是这个样子，看我表演魔术总是吹毛求疵。你说看人家表演魔术，你看那么仔细干什么啊！注意现在在我的这个小瓶盖上，表演之前被我钻通了一个小眼。在表演的时候，我在这个小勺的后面放了一根小牙签。注意只要我把牙签扎在里面，然后你看，一撒手，魔术表演成功。

张　悦：这样的表演谁都可以成功。

合：好了，这里是妙招大看台，有招您就来。我是黄薇，我是张悦。非常感谢您收看《夕阳红》为您编排制作的"家有妙招"。

作品赏析
ZUOPINSHANGXI

　　《夕阳红》节目是中央电视台一档优秀的生活服务类节目。"家有妙招"是其中的一个子栏目，很有代表性。节目本身具有鲜明的服务特色，每期都会给观众介绍一个简单易行的生活小窍门。节目把主持人和小窍门的操作分开进行，既节省了时间，同时也使节目整体有了起伏和节奏感，更加吸引观众。

　　节目中还设置了一个"拆招人"的角色，十分有新意，他所提出的问题都是站在观众的角度来审视妙招的，也是替观众在提问。此种做法体现了和节目的编创者对于受众的关照。同时拆招人幽默的表现也给节目增添了几分轻松的气氛。

节目中最大的亮点当属两位节目主持人了。结合上面的主持词，进行细致的分析。很显然，主持人整体形象的设计也和节目的风格十分贴切，可以很充分到位地表达节目的风格。她们的风格很是居家，从服饰、发型到人物的语言表情等。两位主持人的搭配十分和谐，主要体现在以下几个方面：性格、语言、角色的分配等。主持人张悦和黄薇十分到位。她们很好地贯彻了编导赋予她们的角色特点。从两个人的年龄和阅历来看，张悦显然更厚重。两个人的性格形成了鲜明的对比。张悦性格较为内敛，属于恬静、稳重类型；而黄薇则是外向型，快言快语。这样从节目的直观上就可以呈现出亦庄亦谐，快慢错落有致的特点。

由于主持人个人性格的差异，因此节目编导就势安排了两位主持人合适的位置。在节目中，黄薇的定位是快言快语，幽默诙谐的同时还有些顽皮的形象。所以在节目中，她的语言总是带有一种年轻人的俏皮和诙谐。反观张悦，语言基本上是舒缓、略有矜持，给人的印象是温和，但不失利落。两个人在节目中张弛有度，营造了一种十分有趣的情调。

这样的性格搭配和形象设计，十分符合传播学的原理。从信息传播源的权威性分析，张悦有着几十年的播音主持经验，她在受众中已经树立起自己良好的形象，之前还主持过《为您服务》等服务类节目，曾经荣获金话筒奖。在她身上较为充分地体现出东方女性善良、贤淑的品质，很多观众都很情愿把她作为自己家庭中的一员，因而传受者之间很易于建立一种和谐的内在联系。这是张悦主持节目的优势；另一位主持人黄薇，性格外向、活泼，透露出一种令人赏心悦目的生气和活力。黄薇自身透露出一种灵气，她还曾经在电影电视剧中出演角色，因此在节目中她的主持风格把握得更加准确，一定的表演功底也更好地增强了她塑造节目中角色的能力。在节目中，编导有意识地赋予了展现其活泼一面的角色。尤其是在"家有妙招"节目中，更是给她提供了发挥自身性格优势的空间。

首先是两位主持人之间凭借自身的特点，建立起一种和谐、轻松、诙谐、家居的氛围。这样的情境，为信息顺畅有效地传递奠定了坚实基础。本书选择的这期"家有妙招"节目，同样可以体现出两位主持人富有情趣的主持风格，轻松自然，妙趣横生，她们精彩的主持也为整个节目增添了魅力，可以说她们和节目生长在一起，两者不可分离。

作品分析
ZUOPINFENXI

1. 和谐。节目中两位主持人设计的关系是姐妹之间的交流，和节目的定位很相配。节目内容就是家长里短，因此这样的角色给了观众一种轻松的基调。节目中，黄薇多次用"张悦姐"进行交流，这个称谓具有双重作用，既可以使主持人之间身份和身份感有着明显的区分，可以帮助主持人更好地进入角色；同时也给受众一种情绪的感染。节目中的和谐，帮助节目外的观众营造一种和谐，两种和谐伴随节目的不断播放，便可以使这种和谐扩大加深。

2. 诙谐。张悦和黄薇在主持中都可以根据自己的身份运用幽默。但是她们幽默的方式有所不同。张悦的幽默是"文火"，而黄薇的幽默则是"旺火"。一个可以持久，一个可以迅速升温。一个前行，一个助推。形成了一种合力，使节目在诙谐的气氛中进行。比如：在节目中的"亲情小魔术"环节。就体现得十分充分。

黄：在我表演之前，问如果我要把这个小勺放在这个瓶子上，你说我可以把它给拉起来吗？

张：怎么拉起来？

黄：拉起来，我什么都不用，就用这个勺。就可以把它给拉起来。

张：答，不可能。

黄：耳听为虚，眼见为实。注意，现在表演正式开始。我现在要把这个小勺往下压一压，稍微地用一点点的力气。请注意，张悦姐姐，屏住呼吸。开始，走……鼓掌！

张：什么鼓掌，我给你接着呢！

黄：鼓掌！

张：别太远，我够不着。

3. 主持人非语言符合的充分运用，使有声语言充满情趣。

该节目主持人在节目中对于非语言符号的运用使其有声语言的生动性充满了情趣，更加吸引受众。结合个性特点，张悦的动作比较缓慢和稳当，还是以上段中魔术环节为例，"张：什么鼓掌，我给你接着呢！"此时张悦双手捧实，十分真诚地为黄薇帮忙。此时她的面部表情同样使人感觉到真诚，小心翼翼，生怕那个瓶子会掉下来。可谓是和观众的心连在一起。而黄薇则从自己的身份出发，运用夸张的动作和手势极力渲染魔术的奇妙之处。面部夸张的表情，努起嘴巴，鼓起双颊，睁大眼睛，全然一个职业魔术师。再加上黄薇俏皮夸张的语言，将观众带进了融融的欢乐气氛中。"黄：我知道，张悦姐姐总是这个样子，看我表演魔术总是吹毛求疵。你说看人家表演魔术，你看那么仔细干什么啊。"此时，黄薇丰富的面部表情，如同天真的孩子，把她嗔怪的情绪表达得十分到位。

最后谜底揭开，其实两位主持人在用夸张的动作和表情为观众创造神秘空间，主持人善意的谎言，给人们舒心的欢笑。

第四节

文 艺 类

广播

一、天津人民广播电台《曲苑大观》

编辑：张庆长

主持人：王萱

主持人王萱：听众朋友您好，我是王萱，首先代表责任编辑张庆长、导播一方欢迎您收听《曲苑大观》节目。（赏析：内行听门道，主持人一开口便可以让人感觉到她对于有声语言的驾驭能力非同一般。声音如行云流水，自然流畅。语速略快，但吐字清晰，归音利落，富有曲艺的韵味。）

听众朋友，说起天津卫的曲艺，那可是一个字——火。咱天津人有句老话：点了房子，卖了地，不吃不喝听曲艺。（主持人笑声）（赏析：此处的笑声听上去非常自然，很符合节目语境。而这种轻松自然实际上并非易事。从播音学角度观察，需要气息的有力支撑。其实节目中的笑一般并不多见，它在听觉上很自然，而实际上它包含着技巧的因素。因为节目毕竟不是现实生活环境，因此主持人要对此有所控制，同时又必须表现出对于听众的真诚。所以，这看似简单的一笑，却是得来须要下功夫的。）这话听起来虽然有点过，可是咱天津人对曲艺的那个着迷劲儿，要我看呢，是哪都比不了的。天津是曲艺之乡，像天津时调、天津快板，在咱天津诞生京韵大鼓，京东大鼓在咱们天津形成，评书、相声在天津发祥，梅花大鼓、单弦在咱天津繁衍。说到天津的曲艺，著名作家冯骥才曾经有过很深的研究。

曲艺是说唱艺术，这就像冯骥才说的那样需要高超的技艺。比如：相声演员在两三分钟的时间里就单靠一个"说"字让全场的观众笑得前仰后合，您说没有绝技行吗？好，下面请您欣赏一段相声《纠纷》。这段相声表演者是著名相声表演艺术家马三立的儿子马志明和谢天顺。这段相声带着浓郁的天津特色，尽管它反映的是凡人小事，可是却有着非常普遍的教育意义。这两个人在派出所待了整整半天，结果怎么样呢？您听。好，听众朋友您看在派出所整整待了半天，结果两个人私了。

听众朋友，曲艺是说唱艺术，相声说得如此幽默，而天津的鼓曲更是韵味十足。不信您听听这段天津时调那真是沙窝的萝卜——又甜又脆。您现在听到的是王毓宝演唱的天津时调《军民鱼水情》，这口儿《红旗飘飘》在20世纪60年代就跟今天的流行歌曲一样，好多人都会唱，说起这位演唱者王毓宝那可是隔着门缝吹喇叭——名声在外。为什么呢？因为她是天津时调的代表。时调在解放初期被人们误解，认为这个曲种不能反映新生活。王毓宝把时调看做自己的生命。她认为时调和别的曲种一样照样能够歌颂新时代。她在天津广播曲艺团领导的支持下跟弦师和作者一块儿对天津时调进行改革，很快取得了成功。并且在1953年定名为天津时调。王毓宝对时调的热爱挽救了一个曲种，她成了天津时调的功臣。

听众朋友，曲艺艺术要继承要发展，关键是对曲艺后备人才的培养。为了培养新人，天津市文化局创立了曲艺艺术新人月，每年搞一届已经举办了九届。推出了许多曲艺新秀。下面请您欣赏青年演员张楷演唱的河南坠子《黛玉悲秋》的片段。听众朋友，河南坠子本来产生在河南，由于天津曲艺火，连河南的曲种坠子都在天津唱红了。从这我们也可以看出，天津确实是块曲艺的沃土。有一次演出，一位河南籍的老太太专程到后台拉住张楷的手说："闺女啊，我好多年没有听到这么地道的坠子了。明儿我还来看你的演出。"

曲艺艺术的发展也带动了群众表演艺术水平的提高。在咱们天津，不少的区街都有业余演出队。前不久天津师范大学还成立了大学生相声社团，在成立大会上我采访了市曲协秘书长张志宽。（采访略）

您现在听到的就是大学生演播的相声《夸住宅》，这是个传统段子。您听这业余演员的水平不低吧。听众朋友，天津曲艺发展迅速还有一个很重要的原因就是咱们这有繁荣的曲艺演出市场。十几个茶社每天都上演曲艺节目，这些茶社成了人们休闲娱乐好去处。不仅有本市的观众，还有好多外地的观众专程到天津来捧场。由于工作的需要，我经常出入这些场所，下面就请您听听我在中华曲苑的采访录音。……听众朋友，实事求是地讲呢，这段采访录音是很不成功的。因为台上演员的演唱已经压过了我们的对话，可是演出现场这么火爆，我真的不忍心为了采访把听得入迷的观众拉到场外去。这中华曲苑跟其他茶社一样舞台特别矮，台下是一张张老式的八仙桌子，观众是一边听曲儿一边品茶。常常是听着听着就跟着节奏打起了节拍，有的时候还随着演员的演唱哼唱起来。

听众朋友，在咱们天津不仅曲艺演出火爆，曲艺广播也同样受欢迎。接下来是"听听猜猜"……听众朋友您看，这实在是后生可畏啊，连一个中学生都唱得这么好，面对这样的听众，我这个曲艺节目的老主持人也不敢自称内行啊。刚才呢，大家欣赏了青年古曲新星王丽演唱的铁片大鼓《独占花魁》的片段和韩宝力的三弦独奏《乐亭调》，而且打进电话的朋友们都猜对了。听众代秀珍还希望我们在节目当中多播放白派和骆派的京韵大鼓，说到京韵大鼓就得说说骆玉笙。骆玉笙老人今年已经是88岁高龄了，她4岁从艺，在舞台上度过了80多个春秋，她是一面旗帜，她用骆派发展了京韵大鼓，她是当代古曲艺术的一个制高点，她用独特的声腔艺术征服了几代听众，还扶植了鼓曲新人。接下来请你欣赏的这段《四世同堂》主题曲《重整河山待后生》，是在骆玉笙舞台生涯八十周年庆典上，骆老率领她的几代学生共同演唱的，年龄最小的学生和她相差了整整七十岁，创造了四世同堂同唱《四世同堂》的曲坛奇观。（现场声……）

听众朋友，当今的世界已经进入了信息时代，人们的衣食住行越来越趋于雷同了，而用来相互区别的最主要的特征呢，就是不同的民族文化和地域文化。外地的听众朋友，您想欣赏正宗的北方曲艺吗，请您到天津来。这儿的演员顶尖儿，这儿的观众懂行，这里的演出火爆。十几家茶社，几十台节目，名流名牌是轮流登场。（赏析：此段文字作为节目的结尾，配以具有时代特色的电子音乐，十分贴切。）

归根结底一句话：天津曲艺——火！

听众朋友，今天的《曲苑大观》主持人王萱，代表责任编辑张庆长、导播一方再次感谢您收听，再会！

作品赏析
ZUOPINSHANGXI

这是荣获金话筒奖节目的文稿。

整篇文稿，文字流畅生动，具有浓厚的口语色彩。在相对较短的篇幅中，蕴涵了较为丰富的信息，为听众展开了一幅生动、富有灵气的曲艺品种的家谱。让曲艺的爱好者为之激动，让并不熟悉的听众感受到了一种亲近感。

主持词的第二段是全篇的总括，有着引领全局的重要作用，其中的文字归整、简明，迅速给听众一个浏览的心理态势，"繁衍""形成""诞生""发祥"等词的运用，犹如波浪起伏，舒展有序，不但把天津地区的曲艺品种一一陈列出来，同时由于用词的整齐对称，在视觉和听觉方面有着双重的吸引作用。其一，对于主持人来说，会产生较为强烈的视觉刺激，进而感于情，生发出有声语言的波澜起伏。从而使整个段落的语言显得活泼、灵动，并然有序。

节目的主持王萱的风格令人耳目一新。在这个节目中充分表现出她对于有声语言的驾御能力和较为得体的主持风格。本节目中既有传统的主持、新闻现场的采访还有热线电话的接听，几种不同样式的表达方式对主持人来说是个困难，也是挑战。在节目中，从主持人那有板有眼、流畅清晰、活泼幽默的语言中，可以深切地感受到她自身对于节目的高超把握能力。

王萱在节目中语言流畅、风趣幽默，同时还散发出曲艺艺术的浓浓气质，似行云流水，给听众带来精美的听觉享受。她吐字清晰，气息饱满，字字如珠玑，给人利落之感。听起来像沙窝的萝卜——又甜又脆。其中的对于声音的控制，达到了炉火纯青的程度，令人赞叹。尤其是对于部分字词的儿化的处理，更为纯熟。使其播音风格和节目的个性有机地融合，形成合力，为整个节目增添了色彩。

本节目有着浓郁的地域特色，天津是闻名全国的曲艺之乡，以这样的厚实背景为基础创作节目有着得天独厚的条件。节目的结构流畅，主持人的主持语言和曲艺节目原声素材有机融合，相得益彰。节目中较为巧妙地展示了众多的曲艺形式，使听众在有限的时间里充分感受了它们的韵味和魅力。体现出节目的主旨，普及和光大我国优秀的传统曲艺艺术。

二、广播音乐节目《曾侯乙编钟乐曲》

中央人民广播电台

主创人员　王炬　方明

中央人民广播电台，听众朋友，当您坐在音乐厅里或者收音机旁欣赏音乐的时候，可曾想到过，两千多年以前，我国古人是怎样欣赏音乐的吗？他们欣赏的又是什么样的音乐呢？如果您有兴趣，就请和我一起回顾一下两千四百多年前的情形吧！

（编钟音乐出，混播）

那是公元前5世纪中叶。古希腊已经结束了和波斯的战争，进入了伯利克里斯执政的所谓"雅典黄金时代"。中国呢，正是战国初期，诸侯纷争的动乱方兴未艾的时候。连年不断的战争，给黎民百姓造成了巨大的苦难。可是在长江以北，汉水以东，现在的湖北省北部随县一带，当时被叫做"曾国"的一片领地上，却耸立着一座华丽的宫殿。宫廷里灯火辉煌、歌舞升平。坐东面西的宝座上端坐着的是名字叫做"乙"的曾国侯爵。他面前的几案上摆着盛满酒浆的金盏玉壶，酒酣耳热的曾侯，眉飞色舞地在欣赏音乐。

（音乐，混播）

大厅的中央是由二十几个人组成的乐队，他们吹笙、弄篪、弹琴、鼓瑟、击磬、敲鼓，真是鼓乐齐鸣，好不热闹。然而，最引人注目的却是那套制作精美、造型宏伟的大型打击乐器——编钟。呈曲型的钟架，两端相连安放在西面和南面。64件铸有不同花纹和错金铭文的青铜钟，分三层挂在铜木结构的钟架上。编钟前面，有两个手握长木棒的男性乐工，他们时而随乐歌舞，时而用长木棒轻轻撞击下层的大甬钟。编钟后面，有三个女性乐工，每人拿两个"丁"字形木槌，随着旋律的进行，有条不紊、配合默契地敲击着中层的甬钟和上层的纽钟。大钟雄浑洪亮，小钟清脆悦耳，优美的乐曲显得更加动听了。怪不得沉醉其中的曾侯乙连外面的风烟战火都已经忘得一干二净。

（音乐完）

听众朋友，在音乐声中我们所做的短暂的故国神游到这里就结束了。也许您认为这只不过是随便编造而已，可是我要说，这是有根有据的历史故事。

1978年夏天，在湖北省随县擂鼓墩挖掘的一座战国早期墓葬，其中的酒器、编钟、编磬、鼓和丝竹乐曲就是按照刚才讲述的样子摆放的，这显然是墓主人生前欢宴享乐的场景。不同的是，这个墓葬的主人——曾侯乙是躺在东室的棺椁里。还应该补充说明的一点是：在钟架下层大甬钟当中，有一口楚惠王（前488年—前432年）赠给死者的镈钟，镈上的铭文告诉我们，随葬物品入土的确切年代是公元前433年。

现在，让我再来简单介绍一下曾侯乙编钟。无情的岁月侵蚀了墓葬中的大部分器物，包括上面讲到的那些丝竹乐器和那套石编磬，却奇迹般完整地保留下这套编钟。编钟的西架长7.48米，高2.56米。南架长3.35米，高2.73米。最大的甬钟有203.6公斤重。64件大小青铜钟个个音色优美。更有意思的是，每口钟都有正面和侧面两个发音点，在这两个标有音名的发音点上能够敲出两个成三度关系的乐音。

（出音响）

这种双音结构的制作技术，是我们祖先智慧的结晶。可惜，这种技术到汉代就失传了。

编钟的音域很宽，只比现在的钢琴两端各少一个八度。更重要的是，这套编钟的发现，打破了多少年来认为中国古代音乐只有五声音阶的论点。现在请您听听中层第二组当中的五口甬钟的音响。

（出音响）

还是在这五口钟上能敲出七声音阶。

（出音响）

更令人惊奇的是，不同组的编钟，在这基本七音之外，还有变化音。它们合起来又十二律齐备，可以在三个八度的中心音域范围内，构成完整的半音阶。

从这套古代编钟的音乐性能上可以看到，我国两千年以前先秦音乐文化和冶金铸造技术高度发达的程度。感谢考古工作者的重大发现，不然，这一历史的光辉就永远埋没尘下了。

下面，请您欣赏用曾侯乙编钟、编磬和其他弦管乐器一起演奏的古典乐曲。遗憾的是，曾侯乙墓虽然保留下大量的古代乐器，却并没有把乐谱留给后世。所以，只能为您演奏晚些年代流传下来的乐曲了。

当欧洲的绘画大师们在画布上创造新的艺术形式的时候，中国的丹青妙手们依然继承了祖先在宣纸上舞墨作画的传统。这样，就形成了艺术上的两大之流。音乐也是一样，如果把欧洲的古典音乐比作色彩丰富的油画，那么中国的古典音乐就是笔墨清淡的水墨画了。下面给您介绍的就是颇有中国水墨画意境的古典名曲《春江花月夜》。

《春江花月夜》原名叫《夕阳箫鼓》，是一支古代琵琶曲，被收入 1895 年（清光绪年间）出版的《南北派十三套大曲琵琶新谱》中。半个世纪以前，被改编成合奏曲。《春江花月夜》是后人根据乐曲表现出的意境，用唐诗中选出的诗句命名的。

这是一支分成 10 段的单章乐曲。从钟鼓悠扬、夕阳西下的黄昏写起，形象地描绘出皎洁的月光下，潋滟的微波中，荡漾着晚归的渔舟这样一幅美丽的图画。演奏这支乐曲的乐器有琵琶、箫、胡琴、筝等。钟磬点缀其间，更增加了这幅画卷古色古香的情调。

（《春江花月夜》）

和曾侯乙编钟一起出土的丝竹乐器，有一根两端封闭的横吹竹管乐曲，这就是古人称之为"有底之笛"的篪。

下面请听用复制的篪演奏的《梅花三弄》，钟磬和其他民族乐器伴奏。

梅花傲雪凌霜、洁身自好，是我国古今艺术作品常常选用的题材。相传，《梅花三弄》是一千五百年前晋代桓伊的即兴之作。那时候，有个著名的书法家王徽之很想见见这位名气很大的吹笛能手。一次，他们俩在途中偶然相遇，王徽之便请桓伊演奏，桓伊即兴吹奏了一曲，就是这支后来广为流传的《梅花三弄》。美妙的乐曲被琴家吸收之后又改编成古琴曲。现在见到《梅花三弄》的最早谱本，就刊印在公元 1425 年（明洪熙年间）出版的琴谱集《神奇密谱》。

《梅花三弄》曲调朴实，结构简单。开头有一个散板的引子，紧接着出现了节奏明快有力的主题。

（《梅花三弄》主题曲）

这个旋律在高、低、中三个音区反复再现，就是所谓的"三弄"。这支乐曲的特点还有大量运用叠句和每个乐段都有一个相同的尾句。现在请听用"有底之笛"篪来演奏这支一千五百年前的笛曲，可以使您领略到一点我国远古乐曲的风味。

（《梅花三弄》）

《离骚》是战国时期楚国伟大的爱国诗人屈原的不朽名作。唐末的古琴家陈康士有感于国家危险的时局，根据《离骚》的词意谱写成琴曲，表现了一个忧国忧民的人，对理想的热烈追求和失望后的感叹。

最后，请您欣赏的乐曲《楚商》就是根据琴曲《离骚》中的一段改编而成的。这支用钟磬和民乐演奏的《楚商》，荣获了1983年第三届全国音乐作品评比的三等奖。据说，乐曲是楚国的旋律，又是商调式，所以称作《楚商》。现在，用同是中原诸侯、又和楚国有着密切关系的曾国所铸造的编钟，来演奏这支乐曲，应该是再合适不过的了。

（《楚商》）

刚才您听到的是用曾侯乙编钟、编磬和其他弦管乐器演奏的古典乐曲。乐曲编配者是：王原平、高鸿祥和尹为鹤；钟磬：由湖北省博物馆冯光生等演奏；篪独奏：湖北省歌舞团尹为鹤。参加伴奏的有湖北艺术学院民乐队和湖北省歌舞团民乐队，乐队指挥：高鸿祥。

作品赏析
ZUOPINSHANGXI

该作品1984年获得因斯布鲁克"古代音乐传播广播奖"特别推荐提名奖。

作品之所以得到国际评委的青睐，当然中华民族灿烂的文化起到了决胜作用，但是如果具体地从节目的本身编辑功力来看，同样有着值得称道的地方。该节目成功地完成两个任务，一是为现代人介绍古代音乐；二是为不同文化背景的西方人介绍中国的古代音乐。在20世纪80年代初，对于没有亲身感受过国外风土人情的编导王炬来说，要做到以上两点是一个很大的挑战。经过认真反复思考，他主要从两个方面入手，很好地达到了预想的目标。"第一，抓住现代人对古代人生活状态的好奇心，先讲故事，后说音乐，用讲故事的方式形象地介绍古代音乐。第二，从西方人熟悉的历史文化入手，用中西文化比较的手法介绍中国古代的音乐。"① 在节目的开头，巧妙地为听众描绘了两千多年前，古代曾国的侯爵乙在宫殿里欣赏音乐的场景。为人们展示了一幅生动的画面，尤其是为那些并不十分了解中国的西方听众打开了一扇了解中国的一扇窗。

本节目的解说者，是中央人民广播电台著名播音员、播音指导方明。在本节目中充分体现出他灵活多样的播音风格。方明没有固定的播音定势，突出的特点就是善于根据稿件的具体内容设计相应的表达式样，进行有机地阐释。宏观和微观，写意和工笔，都能恰当地运用到播音和解说当中，为受众呈现出自然天成的有声画卷。其中对于数字的处理十分值得探究，比如："编钟的西架长7.48米，高2.56米。南架长3.35米，高2.73米。最大的甬钟有203.6公斤重。"这些数字看起来十分枯燥，而方明处理得惟妙惟肖，富有形象性，使人有身临其境之感。播音中所运用的情景再现的方法十分成功。结合该节目对于古代曾国饮酒奏乐的场景的复原，方明的描述十分精妙，把文字稿件中所蕴含的编钟信息细密地表达出来。在其他部分，由于有音乐和解说词互相穿插，给解说者提出更高要求，即解说和音乐的协调问题。在节目中，方明始终站在一个旁观者，要给音乐以足够的空间。对节目中的音乐进行有机的阐释。节目中的文字含有介绍和抒情的成分，方明可以把介绍性的文字播得不平淡，而抒情性的文字情绪飞扬。这源于他对稿件深刻到位的理解。

在这个节目中方明体现出对于音乐的感受能力。他的解说和节目中介绍的音乐具有很高的相容特点，人们在欣赏节目的时候会感觉到解说和音乐片段是完整的一体，解说恰当地阐释了音乐的内涵，使听众对于音乐的理解又加深了一层。

电视

一、《星光大道》

《星光大道》节目是中央电视台的一档大型综艺真人秀节目。该节目在受众中有着广泛的影响。原因之一是它为普通百姓打开了展示自我才华的一扇门，让很多有着艺术梦想的平常人，有了让世界认识他们的舞台。还有一个更为重要的原因，极富个性的主持人，用自己独特的幽默和朴实，打动了亿万观众，在现场他善于观察和感受细节，并且给予创造性的发挥，使节目充满了生机和活力，其貌不扬，却处处闪现智慧的火花，人们把他作为普通人的代言人，是富有平民特色的主持人。

《星光大道》坚持走亲民路线，选手来自各个行业，祖国各地，有很多来自人们从未

---

① 杨波主编：《倾听中国》，北京广播学院出版社 2003 年 2 月版，第 11 页。

听说过的农村基层。还吸引了来自国外的朋友参加。评审采取集体同时打分的方式，评审团成员大都是来自各行业的普通人，有着较为广泛的代表性。

节目的出现应和了当今社会受众对于自己在媒体节目中位置和作用的一种新诉求。从传播学理论角度讲，作为信息传播者的节目创作者，充分注意到当今普通人的需求，从节目的定位到节目具体环节的设置，处处体现出对参与者的关照。从选手登场亮相到最后"家乡美"阶段，节目都给了他们充分展示才艺的空间，并且增强了选手和现场以及电视机前观众交流。

选手的多样性在给节目带来观赏性的同时，也给主持人提出了相当严格的要求。不同年龄、行业、地域的选手给节目现场带来众多的不确定因素，即考验主持人临场的应变能力。该主持人曾经做过电视记者、编导，有着厚实的电视节目创作经验，多年的积淀，当他从幕后走到台前时，人们惊喜地发现主持人是最适合他的职业。他成为主持人的途径，是新时期主持人成长特点的一个缩影，有着记者编导的经历，形成了善于对事物进行思考和分析判断的优势，使他在节目现场能够更主动、细致地观察和发挥。实际上，他之所以能够取得成功，在很大程度上得益于这个因素。同时，他本身具有很强的模仿能力，不论是肢体语言还是有声语言方面，都是他的拿手好戏。既有宏观也有微观，把节目现场进行全面的掌控，充分挖掘现场尽兴因素，使节目的实际容量远远大于计划中的谋划。这真正体现了综艺娱乐节目的实质，综艺节目主持人也正是这种实质的体现者。

这位主持人主持事业的成功，给我们来了许多启示，值得总结。主持人如何成为节目现场真正的主人和节目进程的掌控者，所依靠的不仅仅是外在的可视的技巧，更重要的是对于节目本质的理解和把握。既遵守节目定位大的规矩，同时又要在节目进程中突破这个规矩的限制。这个分寸的把握就是节目主持艺术的所在。[①]

《星光大道》2010 年总决赛第三场　主持人部分主持片段

主持人：欢迎步入星光大道。一眨眼 2010 年过去了，总决赛前五场是分赛，昨天前
　　　　天已经进行了两场分赛的角逐。第一天的冠军双黄蛋，石头、苏丹。第二场
　　　　分赛蹦出来也是双黄蛋，但是不是并列，他们是一个组：旭日阳刚。估计这
　　　　三位谁能是年度总冠军？要不然给唱一个，让大家分辨一下。

　　　　唱得好不好？你还想不想看更精彩的表演？

观众（齐声）：想！

---

① 资料来源：http://home.pomoho.com/starsblog/10895350。

主持人：（卖关子）最后一天再见。

主持人：（介绍到场嘉宾）相声演员师胜杰老师，宝岛台湾著名即兴歌王张帝老师，著名词作家阎肃老师，著名影视演员李立群老师，还有我们大器晚成的、后来做节目主持人的梁宏达老师。前面都是资深电视人，最后阿宝，你算资深的吗？

阿　宝：资深《星光大道》选手阿宝。

主持人：（开怀大笑）非常有道理，阿宝之所以说是资深，因为他是《星光大道》第一年度的年度总冠军。可谓资深，让我们一起进入今天的第一关——"闪亮登场"。

以下嘉宾如果没有正确的答案不许插话啊。

它不是一回事，这就对了嘛，就看你怎么露怯。

还有一位嘉宾，特别失落，师胜杰老师，什么都没得到。不能让人家白来了，壳，送给您了。

藏族姑娘，但是是模型。

阎肃老师，听您唱歌，跑调到什么程度无所谓，因为您是词作家。

阎　肃：弹起我心爱的热瓦普，热瓦普。

主持人：不对吧，那是弹起心爱的冬不拉吧。

……

主持人：叫什么名儿呢？

选　手：孙亚楠。

主持人：孙亚楠，你周赛来的时候，你是学生没正经的工作，现在有了吗？现在有正经的工作了吗？

选　手：有了。

主持人：做什么呢？

选　手：整体形象工作室。

主持人：形象工作室，你这么点小孩，你有这个资历和鉴赏力吗？

选　手：要不我给您设计设计。我觉得你总是穿这样的衣服没有什么新意。您应该换个形象。

主持人：你现场能给我换也行。

选　手：咱们先来一个比较前卫、比较时尚的。走一下欧美风格。

主持人：穿这个主持节目，好吗？

选　手：您可以尝试一下。

主持人：这你起码时尚点的，这个太老了。

选　手：（换了上海滩中许文强的造型）

主持人：这个也太老，这是上海滩那会儿的。现代一点儿的。

选　手：就是现在最流行的行吗？

主持人：对。大家笑啥，这是最先进的七分裤。哎呀妈呀，跑偏了。（提留着一个空裤腿，原地转圈）（拉着选手的手）咱俩回家了。

主持人：没法弄了，没法弄了，模仿力太强了，（一只手牵着选手刘大成手里的锄头）请看下一位的备战情况。

……

主持人：来自阿根廷的姑娘叫娜蒂。

选　手：我很紧张。我唱这首歌很有中国的感觉，我心跳得很快。我不能说话。

主持人：她这个话比刘大成那个还难懂。

选　手：我告诉你们，我是周冠军，但是我不是月冠军，这写得很清楚对吧。我是挑战者对吧。

主持人：你觉得你今天能不能拿到分赛的分冠军？

选　手：可以吗？（对观众）

主持人：别问别人，你问你自己。这跟中国歌手一样，有些歌手忘了词了，大家一起唱（话筒指向观众），和她差不多。

选　手：因为是不是在中国有一句俗话。

主持人：你拿这个菜干什么？

选　手：在中国是不是有一句俗话说，女人……

主持人：先等一下。手拿筷子，夹菜，我看你这菜是怎么回事？是好吃的吗？

选　手：不能吃。

主持人：（夹一口菜放嘴里），你做的。还真可以。

选　手：你们看，他已经吃了，对吧。

主持人：你说什么？

选　手：我刚才说，是不是在中国有句俗话，"上得厅堂，下得厨房。"所以我今天早上很早起床，给他做这个好吃的。给你尝尝，可是你已经吃了，你很着急吃，所以，我告诉你，刚才这里有朋友说，吃别人的东西（嘴短）。

主持人：你有男朋友吗？

选　手：没有。

主持人：在中国找个男朋友行吗？

选　手：先看人，不要管他是哪个国家的。

主持人：噢，那你看阎肃老师你看上了吗？

嘉宾老梁：你喜欢主持人这样的老男人吗？

选　手：是不是他已经有媳妇啊。

主持人：哈哈，梁老师，后面有话了，如果我没有媳妇，她是可以考虑我的。时间有限，她就这个性格，外国人嘛，你让她得瑟，她就没完了啊。

嘉宾张帝：（唱到）另外一位阿根廷，曾经为你来哭泣，今天我实在发觉你，你嫁给主持人是最好的。

主持人：（主动走上台让选手娜蒂挽住他的胳膊）（现场响起《婚礼进行曲》）（主持人一脸庄重，两人慢步前行。选手因为激动而抹眼泪）

主持人：孩子别哭，不是结婚，愿中阿人民友谊万古长青。她误会了。
　　　　第一阶段淘汰赛结果公布，选手孙亚楠落选。

主持人：你能一直从周赛到年赛过来，说明你成绩不菲。但是小老乡你要记着，到了《星光大道》，你没有拿到年赛总决赛的分赛分冠军，但是有人给你起外号，一定要记着，你有过外号叫"小面人"。掌声送给"小面人"。

作品赏析
ZUOPINSHANGXI

　　《星光大道》，一档专门打造百姓明星的节目。它的创立很好地适应了百姓对于展示自我的心理需求。这是社会进步的体现，受它的影响人们更多地关注自身价值的体现，节目的各个环节都围绕如何准确地给受众提供足够的空间做文章。

　　该主持人的出现，对我国的主持界来说是一个值得关注和庆幸的事情，他是一种类型主持风格的代表人物。没有接受过专业的播音主持基本功训练，有时他的有声语言还存在着规范性的问题，但是凭借自身厚实的积淀以及幽默的性格，他很快赢得了观众的认可和喜爱。由幕后到台前，成为新型的主持人。其现场游刃有余的掌控现场的表现，令受众为之信服甚至倾倒。他总是可以起到现场主人的作用，不管是不是在舞台上。在这样的节目中即使观众走上舞台，承担了一种主角的任务，但现场实际的掌控者却是主持人。

　　由于有了前期参与策划的准备和积累，加之自身作为主持人的定位是内在智慧型的，因此他给人们更多的是即兴把握现场的能力。和嘉宾以及选手形成了真正的互动，并且在互动中增强节目娱乐因素的动力。而这些因素也正是当今娱乐节目中最能带给人们快乐心情的要点，发现和拓展这些点的内在娱乐潜力是考验主持人水平高低的试金石。本书上文所选节目中主持人和阿根廷姑娘还有和山东农村小伙子的即兴对手戏十分精彩，可以说是主持人对于两位参赛者个性精心研究并有的放矢进行对垒的结果。

同时，在节目中主持人所表现出的高度的人文关怀，也是他主持风格的显著特点。《星光大道》中每个环节的进展都是以某个选手被淘汰为基础的，因此总会不时出现失利选手要离开舞台的场面，每到此时，他都会用自己独有的幽默方式给予选手更多的慰问和关怀。比如本书所选节目片段中主持人对于阿根廷选手蒂娜的失利安慰别具一格，充满了智慧的幽默。

类似的主持人还有崔永元、刘仪伟等，他们为中国主持人事业的发展拓展了一条新路，同时也给受众一种全新的审美感受和体验。

该节目主持人毕业于北京广播学院（今中国传媒大学）电视导演专业。生活阅历丰富，曾经当过兵，还曾经担任电视剧《三国演义》主摄像；进入中央电视台后，1997年创办《梦想剧场》栏目，任制片人兼节目主持人。许多新颖的节目创意不断地在此节目生发并得到广泛认可，展示了其作为主持人的才华。他真正做到了掌控节目进程并且和受众平等交流，传递快乐信息。

二、《快乐大本营》

湖南卫视 2011 年 2 月 5 日播出。

主持词： 谢谢，欢迎各位在星期六的晚上，OPPO REAL 快乐大本营。我们是快乐家族。拜年，拜年，恭喜。谢谢。

全场的观众朋友。欢迎大家来到我们一年一度的快乐大本营的颁奖晚会现场。

吴　昕： 要颁奖了。

何　炅： 我们看到这位女主持呢，耳朵上长了一些不明的物体。

海　涛： 哦，球球。

谢　娜： 过新年，就不知道怎么长出来了。

海　涛： 过新年，过新年。

维　嘉： 长寿奶奶！

谢　娜： 各位坡上的朋友！

何　炅： 谢谢大家！

维　嘉：一年一度的"马兰山颁奖晚会"要开始了是啊，要开始了。

谢　娜：场面太热闹。很多从美国、新加坡，还有英国、马来西亚赶过来的朋友。

维　嘉：也就是只有我们的晚会敢让主持人穿睡衣的。

海　涛：好舒服啊。

何　炅：这显示出我们有一种居家的感觉，那今天……

谢　娜：这是干吗呢？您要起飞。

维　嘉：是什么？什么之秀青春好朋友。

海　涛：刚才是 SEE ME FLY 吗？

谢　娜：我觉得我要起飞了。

何　炅：很开心。接下来我们要颁发我们的第一个奖项了。这个奖项其实是很多人都非常想要的，因为它代表一种魅力值和情商。因为是我们的最佳情人奖，这个情人就是重感情、有情有义的人。

吴　昕：情商也要高，对不对？

谢　娜：那这么说我们五个人都是有领奖的机会啊。

何　炅：但是我们不知道我们有没有被提名。我们先来看提名 VCR。萧亚轩、范冰冰、林志玲。

吴　昕：好激烈啊！

谢　娜：太激烈了。到底谁可以拿奖啊？

海　涛：我还支持言承旭呢。

何　炅：我很喜欢接下来我们要请出我们的开奖嘉宾了。也是我们五个，哈哈！

维　嘉：因为制作单位经费有限。

何　炅：我们还是要有一个不同的感觉，我们还走出来，好不好？有请颁奖嘉宾。先我们五个在这里，然后再飞快地跑过去，然后走出来。好，VCR 之后，我们要请出我们今天的非常非常重量级的开奖嘉宾，他们就是在去年发表了新专辑《快乐你懂的》并且席卷了各大奖项的快乐家族。

维　嘉：大家好！会唱我们的歌吗？快乐不假，你懂得吗？还有什么会放不下！OK！收。

何　炅：不要唱了，我们今天是来开奖的，不是来打歌的，好吗？

谢　娜：刚才有些少许的不默契的偏差。跑到这边以后，再跑上来的时候像两块抹布。

维　嘉：特别像两个厨娘。

何　炅：OK，大家肯定很想知道，到底最后得奖的会是谁？在这边呼声非常高啊，我们得奖的，我们宣布一下，我们五个一起，得奖的就是——

维　嘉：不不不，看信封。

谢　娜：对，看信封。

维　嘉：我的天呐！啊！我觉得这里有黑幕！搞什么黑幕！

何　炅：哪有这样的开奖嘉宾？大过年的这是，我就觉得应该是她，我可喜欢她了。真的吗？

谢　娜：为什么不是我拿奖？

何　炅：可是我觉得她拿奖，你应该比自己拿奖还开心吧。

谢　娜：对！

何　炅：好，我们一起来宣布：得奖的就是，林志玲。请看她的精彩表现。好，我们欢迎林志玲。开心开心！又见面了！我们请志玲问候一下我们《快乐大本营》的朋友，观众朋友好吗？

林志玲：所有《快乐大本营》的朋友们，大家好！

何　炅：请问你们爱不爱林志玲？

观　众：爱！

何　炅：让林志玲为我们加油一下呢！

林志玲：加油加油！

维　嘉：充满活力的加油，好 MAN。

何　炅：我们今天要告诉大家，林志玲到底是什么样的一个人。我们刚才都是我们真实的想法，但不是每一个电视机前的观众都那么了解林志玲，甚至还会有人对林志玲有一些质疑的声音。

维　嘉：他敢，吓死了。

何　炅：我们今天这样，首先那个吴昕，你来质疑一下林志玲。你要质疑她什么？

吴　昕：大家都知道，那个志玲姐姐，那个声音非常有特色，标志性的娃娃音，但是有很多人呢，他提出了非议，就是说好像以前看过一段视频，说你声音不是那样的，这是怎么回事呢？

林志玲：我是一直都改不了这个，就是只要和朋友在一起非常愉快，像和你们在一起的时候，就会变成一种很高音的状态。

维　嘉：反正我们男人就听着舒服。

何　炅：那个吴昕，你可不可以，来，就是用三句话来，就是娃娃音的三句话。一直坚持说下去，好不好，好。开始，预备，齐，先说标准的那个。

吴　昕：加油加油加油！大家一起欢迎林志玲姐姐！我们都特别喜欢她。

何　炅：我说句实在话，如果她这是在装的话，那我更要佩服她。那么辛苦可以装那么久。

吴　昕：你真的，就说着说着倒不过气来，是很困难的。

何　炅：这个质疑就到这儿好不好。

谢　娜：好。

何　炅：关于她的这个娃娃音。

林志玲：希望大家谅解，我会努力。

何　炅：那接下来我们这个质疑就更猛了。这个说实话，看到这个视频的时候，我有点吓到，一个当红的艺人在一个另一个当红的艺人节目中说你说你……说你装纯。

谢　娜：你真的要放给她听吗？

何　炅：我们来看一下吧！看看我们志玲的这个涵养到底有多好。

（节目中播放录像）

主持人：最近呢，林志玲被拍到什么有一次全身过敏红肿。

那　英：对。

主持人：原来是遇到你。

那　英：那次我们两个人是在慈善，就是嫣然慈善基金晚宴上，她坐到我这桌。她倒霉了吧。

主持人：一坐下来不喝一杯怎么成。

那　英：我没有让她喝，是她自己拿着酒杯跟我说，很高兴认识那姐。

主持人：你没跟她说……

那　英：我先干了，她举着不喝，那就不对了。

那　英：我说你到底为什么不喝。她就那个表情，然后，我当时就觉得，你装什么你装……

（主持人大笑）

那　英：她就说，我喝完了会全身都红。我说，林志玲你可是在北京，我说你不喝的下场是什么，你知道吗？然后结果，她拿着酒杯，她端着这样，端着高脚杯，是这样拿着，然后，失礼了。所以那天我看她走的时候，这边全都红了，林志玲对不起。下次去北京的时候，我一定有机会请她吃饭。

何　炅：哇，一定有机会请她吃饭。所以那姐那英最后说的是后来她才知道你是因为过敏。

林志玲：对，我喝酒很容易起。

维　嘉：过敏你为什么端着酒杯过去？是你端给别人也就算了。端给那英怎么会放过你。

林志玲：我不知道。

何　炅：我特别能够理解，因为她有自己的一种姿态。

谢　娜：对，没错。

何　炅：她平时就是你说她两句，她真的就不好意思了，所以包括她端着酒杯，说失礼了这个，我都能想到当时的情景。但是那英姐那是什么气派。

林志玲：对啊！

何　炅：所以她看到她会觉得怎么回事，跟我这演古装戏呢，所以她说的那个情形，有出入吗，跟当时的那个状况？

林志玲：我记得那天好像我没有吃东西，然后我平时对酒精就非常过敏，我知道外面有媒体，有媒体的情况下，其实你出红疹被拍到不太好，我就想说要小心一点，所以我就想说，我今天可能不能喝，然后刚刚工作完这样子。我就不敢喝，可是我确实有敬她——

何　炅：的意思。

林志玲：然后喝了一滴，可是他们，你知道吗，都是干杯，一定没有干个五杯，应该不可以走出去，后来我就喝了。

何　炅：你真的喝了。

林志玲：然后喝了就起红疹了。然后出去还被媒体写，说什么毁容还是什么的。就是说起红疹全身过敏。

何　炅：所以那英说一定要请你吃饭。

林志玲：好的。

何　炅：所以请问你有怨恨吗？这件事。

林志玲：（摇头）当然没有了。

何　炅：我们开始聊下一个问题，这个话题好难问出口耶。这个话题啊，她都是我们是好朋友，我们好朋友要这么残酷地问吗？

谢　娜：没事啊就是节目。

何　炅：有人觉得，你处事为人太过八面玲珑。说林志玲是女神，还有另外一个意思，没有人味。就是你太完美了。好像不食人间烟火般的感觉。

林志玲：没有。其实其实你知道自己的缺点，可是你把它藏起来。

何　炅：藏起来，不是有的不是缺点，比如说感情方面，那不是缺点你也藏得很好，对啊，从来不会聊聊，不会说，滴水不漏。

林志玲：也没有啦。

何　炅：我觉得就是好像……开始要发火了，完了完了完了。

维　嘉：卡。脸红了，你随时可以发火。

海　涛：变西红柿了。

何　炅：反正聊吗，比如说我觉得那一方，好像都比你要主动一点。我们先来看一个片子，看对方怎么说的，然后我们再看林志玲怎么回应。好，来请看这个短片。

（录像）

主持人：有没有曾经有一个甜蜜的女朋友？有，对不对，曾经是多久的时间？

言承旭：很多年啊，我觉得不管外面怎么看我，我其实是很自卑，是很没有自信的。如果你有另外一半，她如果可以称赞你说，哇，你很帅啊，你是世界上最棒的，我觉得我会很开心，我会觉得自己像一个偷到糖的小孩子一样。

主持人：去年的一个日本的演唱会，你在台上的时候感谢了两位你生命当中最重要的女性，你是怎么说的？

言承旭：就很感谢生命中重要的女人。

主持人：然后你就说谢谢妈妈，谢谢……

言承旭：谢谢另外一个人。其实我觉得是曾经遇到对的人。就是说那个人真的让你觉得彼此在那段感情里面，大家是真的很努力地走完那一段。他们后来蛮惊讶，为什么我可以这样想。可是我自己后来想，就是因为，对方真的太好了。

主持人：对，她真的太好了。

言承旭：对。

主持人：她好，我们称赞人家，你不是说我们一定要肯定别人吗？

言承旭：我觉得人一生当中，你真的可以遇到一个你认为真的很对，可以让你真的觉得让你开心，而且你会真的衷心祝福她，希望她更好。

（VCR 结束）

谢　娜：关键这个真的也不知道。曾经有没有，我们都不知道有没有在一起，对啊，

　　　　然后也不知道，他们现在在不在一起，未来会不会在一起。

何　炅：因为我觉得沈春华肯定心中确定那个对象是你，就是她就一直假想就说言承旭说的那个太完美。让他有压力的人就是你。然后说我们没关系，我们就要赞美对方啊，可是自己觉得言承旭说的是你吗？好像这应该去问他是不是。

谢　娜：开始垮了。你要靠着门吗？

何　炅：好像这要去问他是不是？

林志玲：娜娜救我！

谢　娜：（很娇滴滴地）我觉得吧，说的是你。

何　炅：这样这样。我们不那么聊，不聊言承旭说的是谁，那这么说吧，你称赞过言承旭吗？

林志玲：有。

林志玲：常常。

何　炅：你觉得他帅吗？

林志玲：非常帅。

何　炅：你当面称赞过他吗？

林志玲：有。

何　炅：其实为什么很多人会这么联想，因为我觉得言承旭比如在他的写真书里透露四个玄机。很多人都跟你对号入座。比如说在国外读过书啊，然后条件特别好，特别完美啊，然后生病有很多人就想起，你那个时候拍广告从马上摔下来受伤的那个，包括想这个，比如……

谢　娜：你朗诵一下吧。

何　炅：工作的环境很接近。我朗诵吗？

谢　娜：对对对，朗诵一下，那一段言承旭写真的那一段。

何　炅：这个真的写得太好了。

谢　娜：要伴点儿那个？

维　嘉：天哪！

何　炅：当王子知道公主生病的时候，王子正在打仗，王子说他不管了，他要放下那场战争，他要逃亡，他要去看他的公主。可是他的战友跟他说，现在外面枪林弹雨，所以人都在看你，看你的动静。你现在是去自投罗网。王子还是逃出去，穿过重重阻拦和岗哨，终于到了公主的地方，王子推开门，他哽咽着想说很多话，他连对不起都说得支离破碎，他连怎么抱她是最好的姿势，都弄不明白。终于跪下来大哭。女孩也哭了，因为她从来不知道，为什么两个相爱的人在受苦的时候想要接近会那么疼？

林志玲：很感人。

何　炅：真的很感人。我觉得不管那个公主是不是写的志玲，都很感人，一个有着这样情怀和爱，都是王子般的男人。

林志玲：对，我觉得非常感人。

何　炅：你会觉得是一种遗憾吗？就是作为公众人物，必须要八面玲珑的每天，面对任何事情，每天美丽的衣裳，其实是你坚强的铠甲，你必须把自己很好地保护，你会觉得好遗憾吗？因为缺失生命当中很重要的一块，就是勇敢的爱，自由的爱，作为艺人。

林志玲：会。

何　炅：那是值得的吗？这样的牺牲。

林志玲：我觉得对，会是个遗憾也是个缺憾。可是我觉得，其实卸下这个所谓的光环，或是镁光灯的注目，其实平常的我，是一个非常简单的女孩子，我觉得每个女孩子，都渴望爱情，渴望付出以及被爱，所以我觉得的现在的我心境更不一样了，我觉得只要面对爱情，我会很勇敢，很勇敢地拥抱爱情。

何　炅：所以你保护好自己，不是因为怕不红，对不对？

林志玲：不是。其实，我不是一个那么有野心的女孩子，如果真的认识的话，可是我真的觉得，这一路走来，就是上天眷顾我太多了。

何　炅：我觉得你，你好像不知道，怎么样回馈，对啊，所以你的工作，我觉得那么拼命，其实就是因为你永远有一颗就是对机遇很感恩的心。

林志玲：对对。

维　嘉：可以都一起拥抱她，好吗？

（大家一起拥抱，对林志玲表示问候和感谢）

节目赏析
JIEMUSHANGXI

《快乐大本营》节目在我国的综艺娱乐节目中有着十分特殊的地位和作用。该节目由湖南电视台 1997 年 7 月创办。节目融合了娱乐、文艺、游戏、访谈等内容，不仅内容丰富多彩，而且具有较高品位，在受众中有着广泛的影响。1998 年荣获"星光奖"和第十六届中国电视"金鹰奖"。

该节目是我国电视综艺娱乐节目发展进程中具有标志性的栏目。栏目的发生、发展、兴旺的历程，与我国综艺娱乐节目的总体发展轨迹基本相符。因此该栏目有着重要的标本意义。

一、节目内容丰富，具有较高品位

尽管是有很多的明星访谈，但是节目中并没有为了刻意满足受众的好奇心而对明星的隐私进行某种不恰当的挖掘。而是表现出较高的人文关怀，比如对于林志玲的和言承旭之间的感情，在访谈林志玲的时候，就没有过多地把话题集中到两个人分手后彼此之间的不愉快，而是更多地问及在对方的心目中，都有哪些美好的回忆，和两个人之间给对方美好的评价。

二、节目形式不断求新

该节目的表现形式也在发展中不断变化，更好地适应了受众和市场对节目的需求。从1998年起，先后推出了"快乐小精灵""快乐行动""IQ无限"等板块。2002年，节目改为录播，他们又充分利用录播的优势，推出了"快乐播报"、"凡人俱乐部"、"快乐主打星"、"O'STAR剧场"等小板块。这些新颖别致的节目形式，不但增加了节目的收视率，同时也是一种对于综艺娱乐节目创作革新的有益和大胆尝试。在中国的娱乐节目发展历程中也有着可贵的示范作用和探索精神。

三、主持人队伍稳定而充满活力，团队合力效力高，掌控节目准确到位

该节目的主持人队伍虽然也在变化，但是却呈现出一种稳健的发展态势。这样的发展趋势，为节目的长久稳定发展提供了巨大的助推力。

在主持人打造方面，该栏目采用多种方式，努力增强主持人在观众中的影响力。针对娱乐节目激烈的竞争状态以及观众与日俱增的审美需求的变化，在努力改进和提高单个主持人形象的基础上，又在如何发挥几个主持人集体合力上大做文章，节目主持人由原来的何炅、谢娜和维嘉，又增加了由海选产生的两位新主持人：吴昕和海涛。富有创造性地打造了"快乐家族"这样一个集体主持形象。实践证明，这个集体形象为整个栏目的影响力增加了分量很重的砝码。

2006年"闪亮新主播"中由于有杜海涛、吴昕加入，所以组成"快乐家族"。也因2006年的这一决定，才有今天的"快乐家族"。快乐家族不仅在"快乐大本营"的舞台上表演，而且在大本营舞台以外的地方一起合作。

"快乐家族"一起为动画片《虹猫蓝兔火凤凰》和《熊猫总动员》配过音，一起演过电视剧《美女不坏》，一起出过专辑《快乐你懂的》，一起拍了电影《嘻游记》，是内地少

有特殊的主持团体！①

五位主持人从自身的个性特点和形象特征出发，不断地磨合提高，在节目主持人的过程中形成了高度的默契，几个主持人都因为鲜明的个性而为人们所熟知和喜爱。"何炅，幽默、活泼，不仅能言善辩，而且对节目的驾驭也是游刃有余；维嘉，亲切、睿智，不仅大方自如，而且坦诚、不张扬；谢娜健康、真实，不仅单纯可爱，而且自然、率性，完全如简单的邻家女孩一般。"② 后来的吴昕，灵巧可爱；而海涛则憨厚、淳朴。这两位主持人对原有的主持人队伍起到了十分重要的补充作用，使主持人整体形象呈现出错落有致的美感。不论是外观感性形象方面，还是内在的对于节目的掌控，更加富有节奏感，更加游刃有余。在节目现场，五位主持人的形象相得益彰，总是能给人们带来快乐，比如海涛的形象，看似是一个滑稽可笑、经常充当其他人"笑柄"的角色，其实从总体看，这个角色的设置起到了很好的平衡作用，给受众一个均衡的感觉，也是一种和谐美的显示。

五位主持人在节目中既恰当地展示出自己的个性魅力，同时也注重了角色的统一性。观众所看到的是舞台上活灵活现的开心果。他们自然地遵循着所承担的角色赋予的话语规则，因此不会出现抢词现象，而是和谐有比例。本书中所收录的一期节目中，就可以很好地反映出这样的特点。在对嘉宾林志玲的采访中，几位主持人表现出高度的和谐和默契。

以何炅为核心，其他几位主持人做好接续和生发，比如谈到林志玲的感情问题时，何炅为主引导，其他几位主持人积极配合，达到珠联璧合的效果。互相的补充和推进使节目妙趣横生，同时也表现出良好的人文关怀素养。

《快乐大本营》不论是节目本身还是主持人队伍的成长都为我们的综艺娱乐节目的成长起到了很大的引领和示范作用，在竞争激烈的综艺娱乐节目中，该节目的创作者不断从内容和方式上创新，保持着较为平稳的收视率，在受众中的影响广泛而深远。

思考题 ● ● ● ● ● ● ● ●

1. 结合某个广播播音主持作品，运用书中所提到的方法进行赏析。

2. 结合某个电视播音主持作品，运用书中所提到的方法进行赏析。

3. 谈谈你对播音主持作品赏析性质的看法。

---

① 资料来源：http://baike.baidu.com/view/182507.htm。

② 刘洋、林海著：《综艺娱乐节目主持概论》，中国传媒大学出版社2007年6月版，第154页。

附 录

《江南》第一集《在水一方》

总导演： 洪眉　周亚平

编　导： 萍末　冬梅　童亚南

总撰稿： 杨晓民

赏析《江南》开篇词

江南，不管是这个词，还是这个地方，都是让人一听就会心动的事物。

关于江南，我们不论是耳闻目睹还是徜徉于描述江南的文字，那里总有让我们为之感叹的含义悠长的意象。或是人，或是景，抑或悠扬的笛音，等等。

如果我们想要找寻人间天堂，那江南正是我们的合适去处。那里何止是苏杭，到处都是天堂。人们在那里会真的把自己的心慢慢浸润在那充盈着富有灵气的青山绿水中。悠悠岁月，片片流云，仿佛一直为江南笼罩上一层神秘美丽的面纱，那清秀的脸庞时隐时现，愈发可人。

人到江南，仿佛是到仙境，尽情享受人间天堂的待遇。

有人说，江南是吴侬软语，有人说那里是小桥流水人家，还有人说那里人杰地灵，更有人说……数不清的说法，对于江南的眷恋和倾慕之情，缕缕不绝，延绵不断，回顾着历史，倾诉着现在，展望着未来，倾吐着对这片多情山水的爱慕。

有山有水之地，向来是被人们称为有灵气的地方，天地人的完美融合，伴随着似水流年的岁月，滋润着一代又一代富有智慧的人们。而那份浓厚的人文情怀也似青山绿水，给人心灵的慰藉和纯真的静谧情怀。

电视手段的运用，使观众感悟到一个熟悉而又陌生的江南，不单单是风景，而是融合到其中，如行云流水般的沁人心脾的文化韵味。这亦真亦幻，如梦似影的情韵，对于每一个对江南情有独钟的人，是生命中的一缕清风，在寂寞时刻会带来清凉的慰藉，感悟生命的深层含义。

这部富有浓厚江南浪漫情调的电视片由中央电视台著名主持人任志宏担任解说。他的声音透露出一种近乎天然的时间跨越感和世事的沧桑感。略显低沉的语调，舒缓悠长，于平静的状态下，却时刻让人感受到他内心情感的涌动。动、静的有机融合，是他解说风格中突出的特点。他用自己充满魅力的声音，把我们带入一个山水灵秀、贤人雅士辈出的人间天堂。

《江南》第一集　《在水一方》

女：就从这里开始吧。

周庄、同里或者乌镇，水乡的古镇在江南生长。

在古镇上走一走，以这样的方式体会江南，我们细致而明确地感受到了江南的精神和风采。

水流在水里，风淡淡地吹着风。

在这里，流水和流水，不就是江南翻飞的水袖吗？不就是把江南舞动得风姿绰绰、灵秀飘逸的水袖吗？

在朴实无华中超凡脱俗，在超凡脱俗中返璞归真，这水做的江南，这江南的流水啊。

"小桥、流水、人家"，这是江南最灿烂的风花雪月，这是江南最根本的从前以来。

男：十多年前，古镇的农民耕田的时候，掘到了一些石斧陶器和玉镯玉瑗，这一个发现，引起了文物管理部门的注意和重视，考古学家们从各地赶来，仔细看过了这些石斧陶器和玉镯玉瑗以后说到，这是崧泽、良渚文化时期的文物，离开现在，应该有五千五百年了吧。

五千多年前的古镇是什么样子，我们不能知道，我们只能知道，五千多年前，我们的先人，曾经在这里编织着生活，在这里的山下，在这里的水边，他们随意地唱着自己作的歌曲，一些鱼儿，悠闲地从他们身边游过。

我们不能知道，我们的先人从何而来，他们是千里迢迢赶来还是风尘仆仆路过，我们只知道，当他们和这一片山水相遇的时候，就毫不犹豫地留了下来，他们在这里开荒种田，纺纱织布，然后生儿育女，这一片山水，是我们的先人最初的家园。

我们也不能十分清晰地勾画出五千多年以来春夏秋冬的交替和风花雪月的演变，我们还是只能从古镇的一山一水一砖一石中，领略岁月浩渺和沧海桑田。

女：江南的水乡都是这样的，一半儿是水，另一半儿是岸。

那一些石阶从水上升起，通到屋前宅后，水乡的生活和水紧密相连，水乡的生活就是水做的生活。

这一条河贯穿古镇，这一条河仿佛就是一棵大树，两岸的房屋，就是生长在这一棵大树上的树叶和果实了。

上桥下桥，船来船往就是水乡古镇的日常生活。一些东西要送到镇里来，装船，一些东西要运到镇外去，还是装船。一些人要往镇外去，上船，另一些人回到镇上来，下船。古镇人家的一部分就是船，而船的一部分，就是古镇人的家了。

就这样看过去，古镇的河上，不就是一幅书法吗，水面是宣纸，船是写在纸上的行书，两岸的石驳岸，就是这一幅书法的装裱了。（赏析：此处的比喻十分新颖别致，配以江南水乡的优美灵动风姿，富有雅致的情调。此段还配以富有地方曲艺表演的同期声，更显出浓郁的水乡韵味。）

然后，河的两岸，就是街了，青石板铺砌的街。

才下了一阵小雨，青石板显得光亮和明净。

许多年以前，小镇的街是用小石子铺砌的，叫蛋石街。今天的青石板，虽然少了蛋石街"雨天可穿红绣鞋"的诗意，但依然透着一丝苍古，并且溶入了古镇的人情风貌，很和谐。

男：周庄的清早大抵如此。

像往常一样，最先醒来的人生起了炉子，夜里面把煤炉熄灭了，不仅仅是节省蜂窝煤，也是为了防火。然后街上有了买菜的人，扫地的人和上学的孩子。

老人下着店铺的门板。当地人把店铺的门板叫做塞板。这样的塞板在苏州已经不多见了，只有一些古镇还保留着。在今天看来，下一扇塞板，日子就翻过去一天。下完塞板的老人，独自在一边坐着。这一坐，就像是已经坐了百年。

对于周庄来说，百年就像昨天，老人记忆着昨天外婆唱的歌：摇啊摇，摇到外婆桥，外婆说我好宝宝，我说外婆蚕宝宝……外婆桥，上了年纪的人都这么说，外婆桥就在周庄，是富安桥？还是那双桥？还是……又说不清楚了。

这个桥，那个桥，周庄有许多的桥，周庄人每天都会走过这些桥，走过这些桥的时候，他们就没有想到，这些石桥日后会改变他们如清晨般宁静的生活。在周庄人看来，富安桥，或者双桥，几百年来，它们只是人们行走的路，或是老人邻居聊天的地方。

富安桥是周庄最老的桥，桥的四角建有四座高大的桥楼，这样的造桥方法在江南水乡难得见到。双桥交错着，斑驳的青灰色像清晨的残梦。

画家陈逸飞先生那幅《故乡的回忆》就是取材于双桥。这双桥使陈先生名扬海外，更使周庄名扬天下。

女：白天，周庄的白天是属于旅游者的。今天周庄人的生活，是为远道而来的客人准备的。

坐在船上游览，这是游览周庄最好的方式。穿桥过洞，颇有情趣。每穿过一个桥洞就出现一种景色；每拐过一座桥塊，又另有一种意境。就像苏州园林，曲径通幽，又豁然开朗。好心情的旅游者听着船娘的歌声，触摸着穿竹石栏、临河水阁，就好像沾上了江南的好风水。

有一位诗人这样描述周庄：水乡的路，水云浦，进庄出庄一把橹。河水慢慢流，船橹慢慢摇，当年沈万山站在家中，指挥着他的大小船只进进出出，做着纵横四海的大生意。那情形一定繁忙，或许是鸦雀无声。

旅游者议论着沈万山的财富，说得最多的就是：南京的城墙有一半是沈万山造的。当年他还想犒赏朱元璋的军队，却不料因此惹恼了朱皇帝，被流放云南了。

男：多年以前，已记不清在周庄的哪条小巷的巷口，有一个德记酒馆，卖酒的人是女子阿金。因为阿金的美，引得南社诗人柳亚子、叶楚伧等人常去那里饮酒，他们为阿金写了许多诗歌，并把小酒馆叫做"迷楼"。

"贞丰桥畔屋三间，一角迷楼夜未关，尽有酒人倾自堕，独留词客赋朱颜。"

这是柳亚子《迷楼曲》中的句子。前辈的风雅让我们看到，滴雨的檐下，小镇的少女酤酒而归来，纤巧的身影，在悠长的巷子里飘逸，而那一把油纸伞，仿佛就是江南最诗意的岁月里，正在盛开的莲花。

女：迷楼还在，而当年的浪漫却已飘去，周庄的阿婆们只有在吃"阿婆茶"的时候还重复着往事。

吃"阿婆茶"，这是一个属于周庄的节目，在江南其他的小镇是没有的。每天下午的时候，周庄的阿婆们便聚集在一起，今日她家，明日你家，一家一家挨着轮。做着针线，拉着家常，叽叽喳喳的，嘴渴了，便吃点茶。江南人管喝茶叫"吃茶"，喝茶的同时，还要吃点茶点。

热烈地谈着，朗朗地笑着，或许阿金姑娘正在其中……

男：在周庄，再一次说起曾是周庄人的叶楚伧，使我们又回忆起当年周庄的那一次划灯。

收割的日子里，出门在外的手艺人纷纷放下手边的活儿，回到乡村。农忙以后，丰收的喜乐和劳作后的休顿，还有，就是对乡村、对家的眷恋，使得手艺人将离乡的日程一再推迟，闲暇日子，他们不由自主地想到了划灯。他们希望为家乡的亲人制造一些欢乐，而留在家乡的亲人，更是希望他们将家乡的欢乐收进行囊，收在出门在外人的心底。

像以往一样，村里的男人伐来竹子，制好了竹篾，再将竹篾编串成各式各样的架子，村里的女人，织起了绢花，再将调好了的五颜六色涂在上面。这一架子，安装在船上，再放好蜡烛，然后，他们在等待着一个清风明月夜的来临。

就在乡村的人们为划灯忙碌的时候，日本人迈着整齐的步伐向上海而来，他们肩上的枪炮直截了当地告诉中国人，我们不是来做客的。而这样的蛮横无理，自然地引起了中国人民的反感和对不速之客的阻止。这一仗因东洋人的疯狂和中国军民的英勇顽强而惊心动魄。

消息传到距上海数百里的乡村，不少人觉得，划灯的事就算了吧，也有人不同意。正在这当口，国民党元老叶楚伧回乡省亲。这一件事传到他耳里，老先生想了想说，还是搞，日脚照样过，让小日本看看中华人的精神。

船儿连成一排，蜡烛点燃起来，水面上顷刻间万紫千红，流光四溢。大家汇集在沿河两岸，全是一副意气风发、精神抖擞的样子。

最后一刻，第一条船上突然将竹篾架子点上火，抛进河里，接着连在后面的船也依样而行。这是一个前所未有的举动。

一条火龙在水上行走，它要告诉人们，这是我们的家园，在这里，水也能燃烧。（赏析：以上五段和整篇文字的风格有着迥然不同的风格，如何处理好此处的解说十分关键，解说者采用了提高声调但不增加总体音量的方法，表达了对于侵略者的仇恨，对中国民众抗击侵略者的敬佩之情。这样的解说方式也和片子的整体风格相适应，不显得太突兀。给人的感觉是内心已经积蓄了足够的力量，去迎接新的战斗。）

周庄的故事，因周庄而生动，而周庄，因为这一些故事而厚重。

然后，我们上同里去。

隋唐的时候，同里很富有，叫"富土"。后来的富土人，不想富过头，就将"富"藏了起来，删去顶上抛头露面的那一点，再把下半身埋在土里，"富土"就成了"同里"。

于是，同里就显得很亲切了。

这是一条悠长而逼仄的弄堂，刚好一个人直面而走。

我们踩在街石上，街石发出"咚唐，咚唐"的声响来，如歌的叩击，使这一个清早绘声绘色的美妙起来。

南园茶楼，就位于同里镇最南面，在15条河港纵横分割"川"形地形的环境中，它很别致地坐落在十字河岔口上。

现在，我们就坐在南园茶社的楼上，四方八仙桌，一杯新龙井，细细地喝，缓缓而品。

南园茶社最初的名字叫"福安茶馆"。开办福安茶馆的是同里镇上一家小户人家。同里人喝茶的风气盛，茶馆的市口也好，再有了小夫妻热情周到的招待，生意也真是不错。

就这样，五年过去了，有一天，送走了最后一批客人，一场突如其来的大火，让福安茶馆转眼之间化为灰烬。

常在福安茶馆喝茶的，有个叫顾达昌的生意人，顾达昌做的是古董生意，收进来，卖出去，再收再卖，闲暇之间，就是上福安茶馆泡壶茶，说一些话。

茶馆没了，走过废墟的时候，顾达昌的心里空落落的。

顾达昌经过废墟，是去熟食店买酱肉，他看上了熟食店盛酱肉的那只瓷盘。

"这一只盘子也卖给我吧。"顾达昌买了酱肉后说。

"这盘子？不行。"店主说，"这是镇店之宝，大热天酱肉放在这只盘子里，四五天也不改味道的。"顾达昌笑笑，转身走了。

一次，两次，接二连三，店主终于松口了。

瓷盘落到顾达昌手上，顾达昌连夜去了上海，然后，揣着一包银元回到同里，找到了福安茶馆的老板，顾达昌说："我要把福安茶馆再造起来。"

福安茶馆梅开二度，还在原来的地方，还是原来的风貌。每逢大年初一，还是免收茶资，新的一年，有一个开心和灿烂的开始。

福安茶馆的故事，仿佛是泡在白瓷杯中的清茶，让坐在楼头的品茗的人久久回味。福安茶楼改成南园茶社，是后来的事。当年南社的陈去病、柳亚子常来喝茶，推究起来"南园茶社"取代"福安"，也应该是陈去病、柳亚子的建言，"南园茶社"四字的头尾刚好是"南社"，这也不是巧合了。现在的南园茶社已经是修葺过了，就像一张旧画，重新揭裱了一下。重新揭裱，就是原来的气息和韵味还在，历史的沉淀还在，历史沉淀的光芒还在。

于是，初来乍到的游人和常来常往的朋友都来到了这里。

我们就这个话题说开去，想起了好多年前和朋友来。说一个名字，就觉得是发了一份邀请，邀请他们到南园来坐一坐，也不谈文章，文章已摆着呢，也不谈人生，人生还走着呢，就这样的，围着八仙桌，坐一坐，坐两袖清风，坐一杯清茶。

在同里还是老街。

随意地走在沿河的街上，偶一回头，旧房子门前坐着的老太太，嘴巴一嚅一动的，以为是叫着你的小名，这时候感受同里，真有一种回家了的亲切。

任意记起一个深藏在心底的同里故人的名字，柳亚子或者是陈去病或者是范烟桥，想着你是来拜访他或者他将要来探望你。就是在这个地方。

实在遇见或者不遇见都是无所谓的，甚至记起了或者不记起也是不在乎的，你站在桥头看看流水和水上的帆影，看看老街和街上的乡亲，还有老屋、古树，还有不远处的另一座桥头，另一个站在桥头看风景的谁。心情和风景是异常会心。

也可以轻便地找个话茬，找个熟悉的朋友或者是不熟悉的过路人，或者就是你和你自己聊上几句。没有开始也没有结论，没有问题也没有答案。说就说着，听就听了，对就对着，错就错了，记就记着，忘就忘了。

不用去理会别人在想些什么，也不怕人家读懂你的心事，轻轻松松，散散淡淡，平平常常，实实在在，从从容容，真真切切，甚至是退后一步三思而行也不要，就这样，在同里的街头走着。

这一些是我们在同里很真切也很深刻的体会。这体会仿佛栖落在心之枝头的一只青鸟，一只时时在我们心底鸣唱的青鸟。

在我们生长的城市，大家全是一副忙忙碌碌的样子。创造和建设，生活像一只自行车的后轮，紧紧追着踏在前轮上的我们，几乎松不出气来。大家自然也不能闲着，起早摸黑，东奔西走，迎来送往，扶老携幼。日子就这样一天天有滋有味地过去。也有一天，突然莫名其妙地觉得苦了累了，我就会不由自主地想起同里来了。这时候我觉得自己好像是一面孤帆，一面疲惫地举着但已经见着港口，一面远航的孤帆。

同里就该是这样的港口。

然后，让我们来谈谈乌镇吧。

乌镇的长廊是很有特色的，长长的长廊，长到了什么程度呢？那时民间有个传说，叫做：有天无日。乌镇的长廊长得把太阳都遮掉了！唐朝的丞相裴休裴先生就喜欢这样的长廊，他坐在长廊的藤椅里，看得见乌镇的美丽景色却晒不着太阳。他在长廊里吟诗作画，喝酒饮茶。兴致所致，他或许还会玩一把文字游戏呢。

哥字分开两个可，颜色相同和尚与尼姑。和尚吃青菜，尼姑吃蘑菇；

林字分开两个木，颜色相同饭与粥。一根木头烧饭，一根木头烧粥；

朋字分开两个月，颜色相同雪与霜。一个是阶前雪，一个月下霜；

吕字分开两个口，颜色相同茶与酒。一个口喝茶，一个口吃酒。

诞生唐诗的抒情年代，在乌镇，曾经有过这么一位意趣风发的丞相。

穿过唐朝长长的长廊，我们去看社戏。

修真观戏台建于清同治年。石质台基，台框高三米多。戏台背河当街，面对修真观，三面都可以看到戏台上的情景。戏台上也有副对联，叫做：锣鼓一场，唤醒人间春梦；宫商两音，传来天上神仙。

小镇上爱看戏的人很多，尤其是妇女，如果今天戏台那儿有唱戏的要来，从一清早开始就心神不定了。看戏呀，看戏去，锣鼓一响，脚底发痒，看越剧、看花鼓戏、看京戏、看昆曲、看皮影去！逮住什么就看什么！

女：有关乌镇，还有姑嫂饼和蓝印花布作坊。

"用极细麦粉和糖及芝麻印成圆饼，有椒盐者，有白糖者，味甘而润，远近闻名。"

这是茅盾笔下的姑嫂饼。

很久以前了，乌镇有一家家庭作坊，专门做一种小酥饼，味道很好，有一种甜丝丝的香味，生意自然是好。但是，这家人家有个规矩，就是做酥饼的技术传媳不传女。这家的小姑就不服气，有一天深夜，偷偷地往嫂嫂做小酥饼的配料里撒了一把盐，——仿佛撒下了心中的一口恶气！奇怪的是，第二天的小酥饼竟然出奇的好吃，它既不是甜的，也不是咸的，它是椒盐。嫂嫂当然也尝了椒盐小酥饼，同时尝到了小姑子心里的委屈。好了好了，你这个聪明的倔丫头，我算服了你。我们给这个新产品取名叫"姑嫂饼"，好不好？小姑嘴巴里塞满了"姑嫂饼"，她轻轻地捏了一把嫂嫂丰腴的手臂，表示自己喜悦的心情。

乌镇一带称蓝印花布为"拷花布"，这个名称由来已久。它取天然植物蓝草的色素为染料，以黄豆粉和石灰粉为防染浆，刻纸为版，利浆漏印，染色而成。

就像乌镇人介绍的那样：蓝印花布融进了青铜饰纹的高古，秦汉砖瓦的粗犷，宋瓷的典雅，苏绣的细腻，剪纸的简洁，织锦的华贵。

我们说蓝印花布得以源远流长、生生不息的原因是它的平民化。

纺纱、织布。在没有成为蓝印花布之前，蓝印花布是一匹匹刚刚从织布机上下来的白色土布，它们身上带着江南女孩手上的余温，而颜色，是与生俱来的本白色。

它们依依不舍地离开织布机，它们依恋的目光永远不会离开那些水灵如草、清澈如花的江南女孩了，任伊老了，在江南，它们的目光也不离开，这是刻骨铭心的爱情啊，乡村土布对江南女孩子天老地荒般的爱情。

蓝印花布，它的工艺，它的图案，均来自民间。工艺是染布。

——江南的女孩子谁不会染布呀？就像江南的女孩子人人都会绣花一样。

图案是花卉草木，也不复杂的，江南女孩子眼睛里天天都是花花草草的影子。

——江南的女孩子既是水做的女儿，更是花草薰香的女儿啊！

乌镇人将染好的蓝印花布挂在太阳底下晒的情景确实叫外地人感到惊奇，一幅幅蓝印花布从高高的云天直挂而下，太阳照着的时候，蓝印花布发出耀眼的光芒，一朵朵别致的花儿仿佛呼之欲出；而当风吹过的时候，那些悬挂着的布匹们则做着优美的舞蹈，一眨眼工夫就能飞到天上去的感觉。我们在这些悬挂的蓝印花布前站了很久，我们要读出它们清香的味道，要读出它们缤纷的图案，要读出许多江南女孩灵动的青春，要读出染布工人乌青手下一颗美丽的心。

男：暮色降临，我们听到了远方慈祥的声音：

你寄我的信，到今天才收到，或许是你写好信以后没有马上去投寄吧。你拍的照片我看过了，还不错的，但你自己不很满意，这是严格要求，我很欣赏，准备作一首诗给你，你不要性急，何时作成说不定的。

这是晚年的叶圣陶，与他孙子的一封家书。

写信，是叶圣陶晚年生活中，重要的一项内容，写完以后，是急忙地寄出去，然后内心的牵挂和远方的等待似乎才有了着落。这一些信显得平和友善。

寄完信之后，老人久久地看着窗外，眼睛有一点迷惑了，而这时候，在老人的心底渐渐地清晰了起来的，是小桥流水，藕与莼菜。（赏析：配合此段文字的镜头画面极为精致，夜色中，临水而居的江南人家，窗户上悬挂着一盆吊兰，白色的花盆和吊绳以及利用景深原理虚化的背景，真切地衬托出吊兰那绿白相间的纤细叶子的高雅情调。仿佛把时光回溯到多年以前叶圣陶给自己孙子写信的情景。接着采用了远景，河面呈现出窗户以及在其中浇花人的倒影，有涟漪泛起，倒影渐渐随之荡去，俨然一幅写意画，淡雅清新。）

作品赏析
ZUOPINSHANGXI

水，很普通，普通得人们已经熟视无睹的事物，而在江南，它却是人们智慧显现的助力。由于水的存在，便有了水乡，还有了桥，把一个个水乡连成一体。人们从桥上走出去，又从桥上归来。平常的日子，也就平添了几分诗意和浪漫情怀。

周庄、同里、乌镇，这些原本寂寞、宁静的江南小镇，因为有了水才有了如此的灵动，在这些小镇子里，靠水而居的人们每天的生活都与这普通而又润人心田的纯洁之物相互沟通，相互感悟。

文人的情怀是很浪漫和细腻的，晚年的叶圣陶给孙子写信寄信和内心对于远方亲人的期盼，让我们在悠然的情境中平添了一种莫名的感动。这也许正是这水乡的水的缘故吧。

这部系列电视片的画面处理十分考究，从构图到色彩都衬托出浓厚的江南韵味。以水、船、桥、楼为基本的创作要素，通过不同的组合将它们描绘成江南浪漫画卷的绚丽色彩。镜头中多采用了暖色调，突出了柔和婉约的氛围。

片头画面多经过柔化处理，给人朦胧之感，散发出江南迷蒙的浪漫情调。片中多处采用了慢镜头的方式，比如在风中飞舞的蓝印花布、老人摘下店铺的门板、姑嫂饼的制作等，使镜头语言呈现出一种唯美格调。

配乐中用笛、古筝、竖琴等极富表现力的乐器，传递着明丽、清秀、温婉的富有诗意的情思，灵动清新。

文章的结构清晰，以介绍地点的变换为线索，每处又都生发出生动的故事，如同游历的人们在移动的脚步中感受到的不同风景。

本片的解说由中央电视台主持人任志宏和中央人民广播电台播音员肖玉担任。两人的声音都属于中音，这样的音域特点和本片需要营造的沉稳、淡雅、浪漫、朦胧的格调甚为吻合。在实际的解说过程中他们体现出和此种语境十分贴切的风格。

任志宏早年曾经有过专业歌唱演员的经历，为他日后的播音主持用声打下良好的声音控制基础。他的声音音色纯正，声音富有弹性，气息扎实而有力。可以应对长篇幅稿件的用声需要。他的音色具有一种成熟的沧桑感和浪漫情调。肖玉的解说温婉而富有情调，和江南的婉约气质恰好相溶。以女性特有的细腻演绎片中的故事，比如姑嫂饼的诞生一段，十分形象地描述了姑嫂的形象，她们之间那特有的情调也被阐释得细腻委婉。女中音的音色很适合表现如此浪漫的情趣。两人的声音十分符合在舒缓的节奏中讲述故事，有一种别样的触及心灵深处的情感指向。

《人与自然》之《哺乳动物的奥秘——食草动物》

解说　赵忠祥

今天地球上生活着的最大的捕食者面临着不断的挑战，它们猎物的外皮越来越厚，经常是不能消化的，有时甚至是有毒的。大家一定会很吃惊吧。我说的这场战斗中捕食者是大象，而被捕食者是植物。这些动物群是战争中很特殊的部队，这种战争已经持续了几千万年，并且在大自然中进化出了一些最复杂、最高级的类群。

在这棵树里面有一种以植物为食的不寻常动物，接近这种动物用不着蹑手蹑脚的。这种特别的动物是半盲半聋，它运动最快也就这种速度了，如果呢我们也只靠树叶为生，那么我们大概也这样慢，这是树懒，确切地说它吃树叶并不是很专业，不怎么认真咀嚼直接把树叶吞到胃里面。但是树叶并不容易消化，树懒解决这个问题的方法就是使用大量的时间。最终它胃里面半消化的食物开始了漫长而危险的旅程。树懒慌慌张张地运动一般是不常见的景象，原来它要去大便。说起来很奇怪，树懒大便的唯一的地方就是下到陆地上，它们通常一周才大便一次，但它们为什么一定要下到地面上来大便呢？并且它们为什么总是在同一个地点大便呢？无论是什么原因，重要的是树懒在地面上最容易受到伤害，这一点十分重要。任何的捕食者，都可以随意地攻击树懒，树懒的速度很慢，是跑不掉的。它从树上下来大便的原因仍是一个谜。现在它已经完事了，正在回到安全的树上去。

树叶并不是很有营养，树懒补偿的方法不是多吃树叶，而是减少运动，它们的爪子勾住树枝，这样便能毫不费力地挂在树上，因此它的肌肉都退化了，为了节省能量它们大部分时间都是挂在树上，在半睡半醒中度过的。

由于肌肉退化，树懒的反应很慢，反应的时间是我们人类的4倍，这样树懒的一天怎么能和我们的一天相比呢？在我写完好几封信的时间里树懒只是梳理一下自己；我们吃完整个午餐的时间它们却只嚼了几片树叶；我们拍完了这个系列片的片段它只是又打了个盹。

不要吃惊，很多哺乳动物都靠植物生存的，我们毕竟生活在一个绿色的星球，植物从太阳获取它们生长所必需的能量并把食物摆满了地球的表面。但是叶子中的营养保存在密密麻麻的纤维素外壁里面，这些以树叶为生的哺乳动物依赖胃中的细菌来帮助消化。阔叶、被子植物最早在一亿年以前出现在地球上，渐渐地它们的分布越来越广泛，形成了茂密的热带雨林。就像在南美洲的这个热带雨林一样，这样的地方就是早期哺乳动物开始大口吞吃树叶的地方，其中一种原始的食草动物几乎没有任何变化一直在这里活到了今天。这里还有它的足迹，这些脚印很新鲜，所以它可能离我们很近，我正在跟踪的这个动物据说像美洲豹一样十分的罕见。我必须得小心，据说它也十分的危险，它在哪儿？

这是在全南美洲热带雨林里最大的动物——貘。左边是一只雌性貘，右边是一只还没有长大的小貘。在小貘的身边，母貘可能有很强的攻击性。我最好不要靠得太近，它们以树叶为生，事实上它们吃的大部分食物都是树叶。现在我们可能以为它们都吃饱了，但实际上它们要仔细挑选才能吃到顺口的食物。

现在我们明白了，许多树叶上都有刺起保护作用，树枝和树干也有刺，如果被这些刺扎着，将会造成不小的伤害。

甚至有一些看上去无害的植物，但只要你近距离观察也能看到类似保护措施。植物的汁液中的有毒性物质，这些毒性特别大，比如马前子，但是貘有办法对付这些毒性物质，每样叶子它们只吃一点，再去吃别的叶子，这样它们吃任何一种叶子都没有达到致命的剂量。它们还有对付毒素的另一种方法，这个河岸是貘世世代代光临的一个特殊场所，它正在吃这里的土，这种叫高菱土，是一种特殊的黏土，它们碰到毒素后能把毒素中和掉，避免了毒素对肌体的伤害。这种高菱土是一种药物，当我们胃痛时也能用它来缓解症状。所以尽管植物进化出了很多防御手段，貘仍能在丛林中找到它们所需的食物。

在哺乳动物和它们所吃的植物之间的战争已经遍布整个世界，这里是加拿大的落基山脉，现在是初秋的一天。这是只鼠兔，是生活在乱石地区的一个群体中的一员，这堆乱石在山间围成一片草地，这些鼠兔们就以这片草为生。这个叫声是一个信号，告诉其他鼠兔这片草地可以吃了，鼠兔们一般从早晨就开始进食，植物身上很多东西都可以吃，不只是树叶，花也可以吃，但在开阔地吃草是危险的，周围有许多鹰，因此它们从不远离安全的乱石地区。

现在似乎有充足的食物，然而不久将下今年的第一场雪。花朵就会败落，冬天就会来了。

这些正在长身体的小鼠兔怎么办啊，现在我离开这里，看看会发生什么事情，它没有吃我放下的那些花，至少到现在还没有吃，它正把花放在一个特殊的储藏室里。储藏这些食物是为了能够度过艰苦的冬日。那时山谷将被积雪覆盖。它需要堆砌几十厘米厚的食物才能安全地度过冬天，最奇怪的是，这些树叶中很多是有很大毒性的，那么鼠兔为什么要储存这些有毒的树叶呢？其实这些有毒的物质起到的是天然防腐剂的作用。这些叶到深冬仍然保持新鲜。所以总的来说，这些毒性物质对于鼠兔来说是有益的。别看它漫不经心，其实鼠兔收集的树叶是很讲究的，它小心翼翼地收集不同种类的植物，有一些毒性较小，不久毒性消失就可以食用了。而另外一些毒性分解慢的，到冬天结束仍然保持新鲜，每只鼠兔每天可能要做几百次这样的搬运，俗话说"抓紧时机，过时不候"。有时问题不在于食物里有什么，而在于没有食物。为了解决食物短缺问题，在东非的艾尔冈山附近就有一种新奇的解决办法。（赏析：本段的解说结合鼠兔灵巧、憨厚、可爱的特点，把小小的精灵描绘得甚是活灵活现。不单单是介绍这个小动物的生活习性，更重要的是体现出大自然中万物生存都有自己独特的本领这样一个普遍规律。其中的"抓紧时机，过时不候"解说时采用了略带诙谐的方法，体现出解说者融入作品特定情境中的能力。）

最先到达这些洞穴的欧洲人，注意到了墙壁上的这些标记。这些标记可能是来这里找金矿或者宝石的古埃及人刻下的，目前能确定这些标记是用镐一类的工具刻下的。但是要了解确切的工具就不得不等到黄昏了。我们已经架好了红外灯，动物们看不到红外线。但是我们的摄像机能够看得到，这样我们就能在安全的地方观察了。蝙蝠们已经开始躁动起来，开始准备寻着夜色寻找食物。在几分钟后，外面的天就会和里面一样黑了。有什么东西在动，这是一头南非林羚，它看起来十分紧张，原来旁边有一头野牛。它们之间只有几米远，而相互却看不见对方。（赏析：赵忠祥的解说之所以深受人们的喜爱，其中一个重要是原因就是他能够绘声绘色地、如临其境地为观众讲述屏幕上发生的事情，分寸感在声音的控制上把握得恰到好处，具有良好的造境功能。）

我们要记住，现在是在漆黑的夜晚，林羚好像在找什么，它在找吃的东西。我能看到它的喉头在吞咽。在漆黑的夜晚吃东西时比较紧张是可以理解的。它在舔盐分。南非林羚好像听到了什么声音。声音好像是远处的雷声，这是一头大象，每一步都走得十分小心，它撞到头了。（赏析：此处的解说需要播音员具有对声音极好的控制力，"它撞到头了"这几个字需要讲出情趣，这短短的文字不仅仅是对于一个状态的简单描述，更主要的是要表达出其中的情趣，结合片中的影像，大象撞到头在人们看来表现出了这个庞然大物十分憨厚可爱的一面，因此解说的情感表达就要有这样的基调。从发声角度分析，它需要一种声带轻微震动发出的嘘声。）看来干什么都不是十分顺利，这种沉闷的隆隆声是一种共鸣，是大象发出的。

这种声音或许是发给在洞外等候的同伴的一种信号，因为现在这里就它自己。

这个画面是我们的摄像机在洞口拍到的，象群大部队到了，并向上爬向洞口。它们怎么能爬上这么陡的坡呢？我现在还不知道。这其中还有一只小象，也许雄象的叫声是在表示它们全都很安全，其他的象都在沿着雄象走过的道路行走着。看那些母象是怎样用它们的大鼻子为自己的孩子引路的。它发现了我们的摄像机吗，也许没有，但它们肯定清楚它们前进的方向。那个通道太窄了，那头雄象只能挤过去。

现在我能听到那个声音了。是在用大象牙挖盐巴。盐肯定都落在地上了。然后它要用鼻子把盐都吸起来并吹到嘴里。你也能听到这种声音。几百年来，大象一直像今天这样来到这里，每一代都把洞向里面挖深一点点。并把怎样在黑暗中沿着特定的路线找到这些宝贵的盐巴的知识传给下一代，所以洞口的标记不是古埃及人刻的，而是大象留下的，这个洞可能也是大象们挖掘的，大象选择一个洞穴，然后在黑暗中向洞里走了好几百米来看洞底盐分。这听起来有点离奇，但是很难找到更生动的证据证明矿物质对动物的重要性了。所以，饮食的要求使得大象成了挖掘盐巴的矿工。

植物不容易被消化，它们用刺和毒性物质保护自己并且降低营养成分，这一切迫使食草动物长途跋涉来补偿食物的不足。尽管如此，食草动物仍是一个胜利者。没有比在非洲空旷平原上更壮观的景象了。

这里不计其数的食草动物聚集在一起，这是地球上哺乳动物最集中的地方。它们所寻找的就是一种特殊的植物。它们和食物之间的关系十分复杂，草类并不像其外表那样孱弱，草的叶子边缘有很多细小的刺。在叶子里面有硅质的针状物。食草动物相应的进化出一套对策。它们牙齿的生长速度和磨损的速度是一样的，而且把食物消化两次，每口食物被咀嚼后，首先进入多腔式的胃，进行第一次的消化，然后反刍到嘴里面进行再次咀嚼，第二次咀嚼就比较轻松了，并且十分安全，因为不用低头吃草，因而可以更好地观察周围的情况。然后食物再次被咽下后，在不同的胃腔里进行最终消化。经过消化后排除的粪便会重新为植物施肥又回到植物中去。

但是每年都有干旱的季节，草就会枯萎，食草动物就必须去其他地方去寻找食物。

每年的大迁徙就要开始了。季节的变化迫使食草动物的迁徙在全世界都很普遍。在阿拉斯加北美驯鹿也得迁移，来避开北极严酷的冬天。但是无论哪里食草动物的迁徙还会受到食肉动物的干扰。只有在空中我们才能真正感受到每年的这种大规模转移的壮观场面。

每年数百万计的动物穿过炽热的平原及寒冷的冻土迁徙数百公里，但是这不同寻常的充满危险的旅行的真正原因又是什么呢？动物群迁徙的快镜头播放使我们看到一些迁徙的规律。就拿角马来说吧，它们在草地上沿着一些专门的路径线走。

草原看起来好像都一样，但事实上各类草中的一种成分是有变化的。磷是角马生存所必需的元素。角马能知道哪块草地中的草含磷较为丰富，哪些缺乏，所以它们就吃有磷的那部分草而舍弃其他的草。它们还能够调整迁徙时间使得它们到达塞伦盖第草原的时间正好是含磷多的草开始萌发的时候。但是不久这片草原也枯萎了。随后角马群被迫再次迁徙。

虽然角马把草的叶子吃掉了，但是并没有破坏草的茎部，于是草可以继续萌发，其实严重威胁到草的生存的不是动物，而是另外一种植物——刺槐。就是这种，适当条件下，刺槐可以长成大树，和草地争夺资源，于是原来这种草就没有了。食草动物也被迫离开，刺槐扩张了自己的领土。

但是每一种植物都有动物喜欢吃，犬羚是草原上最小的羚羊。它们就喜欢吃刺槐底层的树叶。犬羚精巧的嘴使它能避开枝条上的钩和刺，这些钩刺是防止以嫩树叶为主的动物吃的。犬羚体型很小，离地面超过60厘米的树叶就够不着了。但是，其他的动物可以吃更高处的枝条，黑斑羚它的嘴和脖子都比犬羚长，可以够到的高度是犬羚的三倍。得到了它们所需要的食物后，黑斑羚群就离开了。但是刺槐不得不继续遭受其他动物的攻击。长颈羚可以吃到更高处的叶子，和它的身高相比它的头很小，所以它可以伸到多刺的树枝中间，它的嘴唇和舌头也特别灵活。竖直站立，需要特殊的本领，长颈羚的臀部关节旋转角度很大，可以使脊椎骨和后腿成一直线，整个进食的群落都可以做脚尖支撑的芭蕾舞动作。

但是，当世界上最高的食草动物出现的时候，即使是长颈羚也不得不靠边站了，这就是长颈鹿。它们的群落成员最多可达30头。用来取食的脖子有两米多长，刺槐顶端的防御措施可以阻止大部分食草动物的攻击，但是长颈鹿的武器确实是十分厉害，它的强健的舌头有40多厘米长，可以卷住树的枝叶，颈部关节十分灵活，头部可以伸直，它的嘴唇部分皮肤坚韧丝毫不受尖刺的影响。刺槐从树上到下面被啃吃得伤痕累累。

有这么多的动物都来啃吃刺槐，大家可能认为它很难继续存活了，但刺槐还有其生存的秘诀。在干旱季节就能够表现出来，黑斑羚和其他的食草动物能够把豆荚咬碎，但是种子很结实，吃下去消化不了，最后随粪便排出。犬羚仅能把种子带到几百米远的地方，黑斑羚可携带种子到几公里的地方。

作品赏析
ZUOPINSHANGXI

本篇文字选自中央电视台的专栏节目《人与自然》。

尽管名字更换了很久，但是，在人们的印象中，改版前的节目名字依然挥之不去，这就是《动物世界》。观众对于《动物世界》的喜爱之情持续了二十余载，并将这份真情迁移到同样精彩的新面孔中。其中的缘由，除去新鲜有趣、五彩纷呈的内容以外，片中的解说更是耐人回味，使人们能真切地感受和品位到有声语言的魅力，所以人们由此也清晰和牢固地记住了一个名字：赵忠祥。在中国播音界，他可谓是举足轻重。独特的嗓音、对于生活的细致感悟、丰富的人生阅历，造就了他独具风格的播音特色。在二十几年的解说中，凭借对于动物群体生活和生存环境的深切感受，他把有形的文字变换成了有声的思想和意念，像涓涓细流，如徐徐微风，滋润人们的心田，抚慰人们的心灵。

可以说，赵忠祥播音风格的形成，有着深厚的积淀。不是朝夕之功。早年的中央电视台《新闻联播》的新闻播音经历，使他以可信、真实、睿智的形象展现在电视观众面前；而凭借自身的幽雅气质和满腹经纶的幽默，他又在电视综艺节目领域开辟了自己的新天地，并且游刃有余，连续十几年谈笑于中央电视台春节联欢晚会，给全国的观众送去新春的美好祝福，一期期富含知性和幽默的《正大综艺》，轻松谈笑间便充分印证了他自身的魅力和实力。而在这期间，他又勤奋不辍地开始新的跋涉，根据自身的声音特色，尝试着进行了电视纪录片的解说。在褒贬不一的声音里，艰难求索，不断前行，终于让自己那淳厚、质朴、富有生活气息的声音如汩汩清泉静静流入人们的心田，滋润着无数颗善良的心灵。

世间的事情，很多人认为是想当然的，似乎它本来就是那样，比如赵忠祥，很多观众一直以为他的声音就是这样的，就是受人们的欢迎，他连续十几次现身于中央电视台的"春晚"似乎也毫无疑问。这必然的背后，正是他的无数艰辛和努力的积累，没有人能够真正体会到他为了这样的人们所谓的必然，他在进行着怎样的跋涉。

本篇文字，意趣盎然，给本片的解说提供了丰厚的创作沃土。节目中既有动物学家现场接受的中文解说，也有配合画面展开的大篇幅有声阐释。节目中赵忠祥对于解说中角色的身份把握十分到位，语气和节奏都和片中的角色十分熨帖。

电视纪录片《西藏的诱惑》

编导、撰稿：刘郎

解说：方明、林如

男：西藏的诱惑，不仅因为它的历史，它的地理，更因为，西藏，是一种境界。

——本片创作者题记

歌曲《朝圣的路》

朝圣的路

我向你走来，

捧着一颗真心；

我向你走来，

捧着一路风尘。

啊，真心，

啊，风尘，

芸芸众生芸芸心，

人人心中有真神；

不是真神不显圣，

只怕是半心半意的人……

女：我向你走来，捧着一颗真心，走向西藏的高天大地，走向苍凉与奔放。

男：我向你走来，捧着一路风尘，走向西藏的山魂水魄，走向神秘与辉煌。

女：令人神往的西藏啊，多少人向你走来，——因为"西藏的诱惑"，因为那条绵延的雪域之路；

男：令人神往的西藏啊，多少人向你走来，——因为"西藏的诱惑"，因为神奇的西藏之光……

（片名：《西藏的诱惑》）

女：像旭日诱惑晨曦，像星星诱惑黎明。西藏对人的诱惑，那样强烈，那样不可遏止。对具有献身精神的艺术家来说，像蓝天诱惑雄鹰。

男：像山野诱惑春风，像草原诱惑骏马，西藏对人的诱惑，那样巨大，那样难以摆脱。对敢于追寻的艺术家来说，像大海诱惑江河。因为西藏的诱惑，一位中国的电视工作者，离开了养育自己的淮河山水，走上了那条朝圣的路。数年之间，他踏遍了西藏百分之九十八的地区，并且历时一年之久，徒步考察了横贯西藏的雅鲁藏布江。（赏析：该节目文字整齐对仗，富有格律，运用比兴手法带给人丰富的联想，富于美感，因此给解说者提供了艺术创作佳境。刘郎的文字一般都具有这样的特点，看似很浓厚的书面语特征，但又很适合朗读，可谓朗朗上口。在如此蕴含艺术创作动力的文字感染下，解说者的心灵便从这文字中撷取灵感而生发出豪迈的声音。）

男：在条件极其艰苦的情况下，他留下了一份遗书："如果我不幸遇难，请按照藏族的习俗，将我天葬。"

女：究竟是什么原因，使孙振华决心如此之大，热情如此之高呢？

男：答案只有一个，这就是：西藏的诱惑。

凡是到过西藏的人，都会有一种强烈的感触：博大的西藏，你是这样的超拔与旷远，你是这样的剽悍与雄浑！走遍地北天南，只有在这里，才能见到这样鲜明的民族色彩；只有在这里，才能见到那样醒目的塔影佛光……

女：由于前人的铺垫，现在进藏已经无须像当年的文成公主那样，颠簸春秋冬夏，历尽路途风霜。现在进藏，驱车能以直入，天路更可高飞。然而，在有志之士的眼里，进藏的终点，并非是贡嘎机场，并非是川藏、青藏两条公路汇合地点的两路之碑，而是江之源，而是地之谷，而是天尽头。

男：只有在天尽头，你才能看到真正的大自然的壮举。当时的造山运动，一定是有如英雄之崩倒，具有刚烈之美的力度。所以，这里的峻岭崇山，都展现着地球的张力。只有亲临其境，你才会不由自主地感叹：壮哉，地球第三极！

女：只有在天的尽头，你才能真正看到一个伟大而刚强的民族。这个伟大的民族，就是在这种最恶劣的自然环境中生息繁衍，历尽沧桑。经年累代，他们创造了自己灿烂的文化与深沉的历史，他们的民族风采，焕发着独有的潇洒与俊健，意志如伟岸之高山，心怀如坦荡之莽野。

男：徒步考察雅鲁藏布江的孙振华，决心要作大河一滴。为了西藏，为了事业，为了民族大家庭。猎奇，属于匆匆过客；只有责任，才属于志士仁人！

女：当然，西藏的一些地区毕竟是大自然的逆境。孙振华所要考察的雅鲁藏布江的源头地段，虽然与我们同属于一个已经进入现代文明的星球，但它还像洪荒往古一样，处于无人禁区。荒江自古天博大，欲问人烟渺茫茫……

男：然而，他毕竟去了。他也想过，这会不会是"壮士一去不复还"；他也想过，事业与追求，有时要投下九死一生的赌注。

西去者盈半百，生还者仅几人！

女：难忘露宿雅鲁藏布江的源头之夜，难忘眼前那一片诱人的星星海。如果人都是有自己的星座的话，那些霞客跋履山川的英姿？

男：当然，孙振华也有过孤独，也有过在孤独中的思考。面对着太古一样的荒莽，面对着莫测高深的飞云；个人是这样渺小，天地是这样高旷，现代文明是多么重要，可是一旦想起都市的嘈杂，却又被搅碎了宁静的心泉……

女：一提起西藏的山水人情，孙振华便语重心长——

"在高山的古寺，在草场的帐篷，面对着一碗碗浓郁的酥油茶，一块块风干的牛羊肉，藏族的父老兄弟视我为知己，尊我为朋友，我深深感到了民族友情的温暖。"

男：我庆幸我是雅鲁藏布江中的一堆雪浪，在西藏的大地上环绕蹦腾，歌唱大地的恩德，歌唱浑朴的古风。

女：江啊，一行纵贯古今的热泪，你，为谁饱经风霜，为谁历尽折磨？

男：江啊，一条飘自珠峰的哈达，你，为谁祈求普度，为谁祷告吉祥？

歌曲《深情》

深 情

你的一片深情是喜马拉雅山呐；

深情，

我的一片深情是雅鲁藏布江哎。

没有江水流淌，

高山也会沉默；

因为高山滋养，

江水才会歌唱。

啊，啊，

喜马拉雅山呐，

啊，啊，

雅鲁藏布江哎。

深情，

你的一片深情是高原的太阳哎；

深情，

我的一片深情是高原的月亮哎。

没有月亮辉映，

太阳也会忧伤；

因为太阳照耀，

月亮才会发光。

啊，啊，

高原的太阳哎；

啊，啊，

高原的月亮哎。

男： 孙振华满怀一片深情，考察了西藏自然和人文社会缩影之一的雅鲁藏布江。不仅如此，他的足迹，还遍及了西藏大地的东南西北，他将在西藏所拍摄的大量作品，奉献给了热爱西藏的人们。

女： 西藏的诱惑，是那大自然动人的诗章，是那第三女神的圣洁，是那高山林海的苍茫，是那世界屋脊的满目纯澄，是离太阳最近的地方那一束奇光……

男： 西藏的诱惑，是那西藏风情真切的吟唱，是那历史的流云涌自天边，是那高山的骄子走向山梁，是那心中的信仰，这般坚贞，是那圣山神湖之间升腾的太阳，这般慈祥……

女： 西藏的诱惑，是一次次在这片古老而神奇的土地上纵马高山，是因为高原的生命这般顽强。

男： 西藏的诱惑，是一次次在大山的怀抱里露宿长河，是因为遥远的天边，有过往日的辉煌。阿里旷野的荒城啊，古格王国的遗址，你是历史古道的风，你是千载流沙的浪……

女： 摄影家在西藏阅历越久，与藏族兄弟的友谊也就越深厚，因此，对西藏的热爱也就越执着。

男： 不登崇山，不知天高，不下深谷，不知地厚。西藏独特的山姿水态，不仅"小桥流水"式的清淡不能比拟，即使"大江东去"式的雄浑，也不能与其同日而语。西藏的风土人情，以其鲜明的特色，在世界民族之林中，堪称独树一帜。因此，摄影家脚下的路，还很远很远。一腔热血，一怀深情，凭高远眺，魂系西天……

歌曲《西部》

西 部

西部的天，这样宽；

西部的地，这样广。

西部的号，这样雄浑；

西部的歌，这样高亢；

草原上没有路，到处都可以走；

旷野上难作窝，

到处都可以飞翔。

啊，

冰川的性格，

在严寒中更加坚强。

刀锋的生命，

在磨砺中更能延长。

西部的雪，这样猛；

西部的风，这样强。

西部的人，这样粗犷；

西部的心，这样直爽。

只要是真信仰，心儿便是殿堂；

只要是热心肠，一碗水胜琼浆。

山泉的奔突，在大山下更有力量；

冰峰的位置，比大海更接近太阳。

女：如果说孙振华是顺流而下的话，有人却溯流而去寻觅西藏艺术的源头。

男：在辉煌灿烂的西藏艺术这条滚滚的长河里，到处都有文化艺术的结晶，一如累累石头布满坦荡的河床。

女：石头。石头。还是石头。西藏，是大山的王国，因此，到处都有石头的家族。

男：石头，曾被雕凿成威严与尊贵的象征，而在这里，石头被虔诚地镌刻成一个民族的图腾崇拜。

女：玛尼石，远古崇拜意识的延伸与变体，凝聚着虔诚与祈祷，铺遍西藏的圣山神湖之间。神圣的玛尼堆，与随风飘摇的经幡相组合，展现着环境的力量与宗教的风范。

男：为着自己所景仰的西藏以及自己所景仰的西藏艺术，这位溯流而上的画家，决心要做西藏大地的一块艺术上的玛尼石。

女：他体会过青灯黄卷的静穆，更带着一颗真心，走遍西藏的山山水水，迎着春风秋雨，迎着晨雾夕阳，迎着西藏民间艺术绚丽的霞光。

男：韩书力生长于北京，插队于塞北，一旦投入西藏土地上的自然与人生，他便感到，这片神奇的土地，是他进行艺术创作最好的梵天净土。十几年来，韩书力"此心无一日不在高原"。

女：在这片博大的高原上进行艺术创作和艺术考察，却是十分艰辛。在去遥远的古格王国遗址进行艺术考察的时候，他和同伴搭乘的卡车陷在雅鲁藏布江中整整七天七夜，最后，只有捕鱼充饥。
纵观历史长河，宗教伴随人类度过了漫长的岁月。它从人类艺术中撷取了它所需要的部分，融汇到了自身的繁衍之中。而西藏的民间艺术似乎同样汇集在宗教艺术之中，因此，宗教艺术对艺术家来说，无疑是一种极大的诱惑。

女：夜与昼，生与灭，荣与衰，周而复始，绵延无休。

男：多少寺院荒废了，只剩下：一堆残砖，一块断瓦，一片鸟羽，一支鸦翎。

女：多少寺院又拔地而起，但只见：一派香火，一檐金瓦，一桌祭品，一队旗幡……

男：今天的晨雾夕阳，和数百年前几乎没有区别。今天的荒寺，也只能比几十年前增添一点考古意义。真正改变的，是站在它面前的人。对历史的钩沉，应该是对历史的深思。对艺术家来说，神秘而古老的西藏，正是可以促使做这种思考的最合适的地方。

女：带着这种思考，韩书力像他自己所画的朝圣者一样，在那条朝圣的路上不断行进，不断祈求。

男：朝圣者的祈求，绝不仅仅是要得到如愿的报偿，而是继续虔诚地奉献。

女：这是韩书力向圣山神湖奉献的五彩斑斓的艺术的玛尼石——组画《邦锦美朵》。作品取材于藏族民间传说，内容讲的是一位藏族姑娘，为了拯救苦难中的乡亲而自我牺牲的故事。这故事，这组画，动人如泉水的狰琮，美丽如琥珀的精圆。

男：浓郁的雪域人情啊，你所孕育的藏族文化，给人的艺术营养无比丰厚；

女：真朴的草原风土啊，你给艺术家所赋予的电光石火，闪烁着如此奇异的光芒……

女：日月轮回，年深日久。在圣山神湖之间所见愈广，艺术家所作的思考也就愈多。近年来，他创作了众多的宗教题材的作品。相当一部分作品中的尊尊佛像，拓于玛尼石上的浮雕，由于佛像不胜其数，因此工程浩大。而有的作品，则几乎不着一人，但使人感到通篇都是人，是人类的精神。

男：从真正的纯宗教意义上讲，无论东方的西方的宗教都是一个很高的境界，社会现实中无法实现的境界。朝拜过遍布于西藏各地数百座寺庙的韩书力，得助于在寺院回廊壁画面前的思考，又着手于创作名之为《大圆组画》的巨幅作品。这幅作品，便是其中之一，名为《大圆曼陀罗》。

女：一幅《大圆》的创作，历时三个月，而且日夜兼程。众佛一个连一个，一层又一层，严整的秩序似乎无边无际。

象征宏观世界的大圆那中间部位，是画家制作出来的一股经过深思的水迹流痕。

——是什么分割了那么近乎完美的大圆？是现代文明的冲刷，还是人类私欲的流淌？是新文化的渗透，还是旧文化的迷茫？

韩书力决心要做一块日臻完美的艺术上的玛尼石，在这块玛尼石上，他将刻上自己全部的祈求。

歌曲《祈求》

祈 求

我是一棵苗，

祈求滋润；

我是一朵花，

祈求结果。

我是一块石，

祈求雕琢；

我是一匹马，

祈求跋涉。

> 我是笼中鸟，
>
> 祈求解脱；
>
> 我是游子心，
>
> 祈求归宿。
>
> 我是一盏灯，
>
> 祈求光，祈求火；
>
> 我是一滴水，
>
> 祈求江，祈求河。

女： 西藏的诱惑，同样也使作家们心驰神往，神往高原大地无处不在闪耀着的神奇的光点。一位刚届中年的女作家，因为西藏的诱惑，毅然离开了秀丽的川西平原。

男： 一踏上进藏的道路，女作家就难以抑制无比的激动。为了修筑进藏的公路，许多人献出了自己的生命。"这积雪山路上，每公里都摆着一个坚强的英灵。"

女： 是的，50 年代初期，数万平平常常的人，在世界最高的地方所建树的丰功伟业，或许在一些人的记忆当中已经淡忘了，可是女作家却说，山河不会忘记他们，他们与大自然同在。

"我懂了，正是为了寻找那更高更险更神秘的大山，我才踏上这漫长的旅程。"

男： 来到西藏，她将文学家特有的热情，倾注于充满神奇的地球第三极，倾注于世界上最高最大的高原。她写了大量的作品，用自己的心血，为喜马拉雅高地作着"极地素描"，讴歌西藏的天，西藏的地，西藏的人……

女： 所不幸的是，1985 年 9 月，龚巧明在采访西藏边防部队的途中，于米拉山下尼洋河畔不幸翻车遇难，以身殉职时，时年 37 岁。

男： 艺术家们悼念英年早逝的你，"庸才我不死，俊杰尔先亡！"

女： 你去了，带着你生前最喜欢的一段格言："生命的方式只有两种，腐烂或是燃烧。"

女： 如果说人生如梦的话，你的梦和你所热爱的西藏一样，充满色彩，充满神奇。

男： 人生不是梦，你的脚步是这样的坚实。沿着那条朝圣的路，你依然在走，走向极地，走向极地之光！

男： 仓洋嘉措歌诗里唱道："除非死后当分散，不让生前有别离。"无论是生前还是死后，你都没有和你所眷恋的西藏两相分离，因为，这里的山忘不了你，这里的水忘不了你……

女：也许你仍在深入草原的路上行走，也许你还在藏家的帐房里歇息。也许你已变做一只飞鸟，在西藏大地上，飞向南，飞向北；也许你是一朵云吧，在西藏的大地上，飘向东，飘向西……

也许你和草原牧童一道牧归，也许你和藏家女儿一同洗浴……

歌曲《洗浴》

洗 浴

天清清，

水清清，

一江夕照红。

是古老的歌，

是高原的梦。

世上人人都洗浴，

未必都在水之中。

忏悔是心灵的洗浴，

醒悟是血肉的再生。

啊，

天清清，

水清清，

一江夕照红。

是古老的歌，

是高原的梦。

是高原的梦……

（赏析：此首歌曲歌词富有哲理，简单而又明快的字里行间，显示出作者对于女主人公为了追求自己心中的理想而毅然踏上西藏这块神奇土地的决心的钦佩之情。由"洗浴"这个简单平实的词语引申出人们对于心灵的洗涤，此种联想着实让人有清新顿悟之感。尽管歌词并不属于播音员解说的范围，但是依照前文中所谈到的，对于播音主持作品是赏析需要具有整体性，就是要关注作品中每一个为表达主题起作用的因素。解说词中每首歌词都是在对上面所介绍的艺术家对于梦想的追寻的一种总结和提升，起到了画龙点睛的作用。）

女：神奇的西藏，对国外的艺术家也富有极大的诱惑力。日本画家平山郁夫就曾经带着兴奋不已的心情，踏上西藏的山路。（赏析：此处镜头和色彩的运用较为考究。片中采用了长焦距的拉镜头，镜头起点为雄伟的布达拉宫，落点为金色神鹿祈福雕塑。通过拉镜头的运动，人们视野中的色彩由圣洁到辉煌，形成鲜明的对比。和画面内容形成有机的融合体，共同营造出神秘圣洁的境界。）

男：平山郁夫的艺术，被人称为"湛蓝的大河"。他的一些作品，以佛教为主题，具有高洁恬静之感。醉心于在佛教世界漫游的平山郁夫，曾像他所绘画的这匹神秘的骏马一样，漫游过敦煌，漫游过丝绸之路，嗣后，又走向神秘而辉煌的西藏。

女：雪域的佛国，圆那已久的梦。莹洁的天地，流泻彩色的歌。是贡嘎机场之路连着西藏的诱惑，才有着如此超尘的光影？是拉萨河能映照出西藏的风物，才有着如此诱人的平和？

男：自然，画家也是来朝圣的，他感叹面对这样的奇观，是千载难逢。他更感叹，西藏之光不仅是中国特有的文化瑰宝，而且是整个人类的财富。

女：作为艺术家，不止平山郁夫这样看西藏，一位考察过西藏的法国艺术家，曾对画家韩书力说过："西藏，具备可以造就艺术家的一切条件。"

男：更有人预言，西藏，一定会崛起一种艺术的高度，因为它是离太阳最近的地方。

神奇而博大的西藏啊，值得追寻，值得献身，值得骄傲的高地！

（赏析：此处所选择的一位来自异国他乡的画家，更加深刻地显示出西藏超乎寻常的诱惑力。而这位日本画家所追寻的这种宁静安详的佛教境界，又把西藏的诱惑进行了更深层次的延伸。有感于世间万物，而容纳于内心的一方净土心田，似乎他寻找到了人生意义的真谛。而对于《西藏的诱惑》的解读伴随几位艺术家的呈现出的迥然不同的艺术追求经历，逐步清晰而高深。）

歌曲《追寻》

追 寻

我迎着太阳追寻，

见惯牧草流烟；

我迎着月亮追寻，

见惯野火流磷。

登山不到极顶，

人生遗憾；

溯流不到源头，

抱恨终生。

登山不到极顶，

人生遗憾；

溯流不到源头，

抱恨终生。

追寻，追寻……

女：在这广大的世界上，画家曾经走过千山万水。在画家的想象范围内，世界上没有哪个民族，能像他们那样，对幸福的向往如此真挚，对信念的恪守如此诚实。

男：在这广大的世界上，摄影家曾到过海北天南。在摄影家的想象范围内，这里同样有一条发人深省的路。在迢遥的路上，人们不远千里、磕着长头向拉萨进发；其中，上有七旬老人，下有十岁儿童，更有人，需要一年以上才能磕到心中的圣地。

女：朝圣的道路，苍茫，高远。人们背负着行囊，跋涉着千里长途。那播种虔诚，那期待收获未来的漫漫长途啊……

男：落日，悲壮得有如英雄的感叹。面对此情此景，有人觉得迷茫，有人受到启悟，然而，却都感到心灵的震撼。

女：路啊，你来自何方，又通向何处？为了心中的祈求，我愿付出千辛万苦；

男：路啊，你来自何方，又通向何处？为了心中的祈求，我愿日夜跋涉在漫漫长途……

女：西藏的诱惑，是一种境界。

男：西藏的诱惑，是一种精神。

女：因为诱惑的启示，让我们朝前走吧！（赏析：人们为了心中的追求，不断接受着来自神奇土地的诱惑，踏上漫漫长路，这路有时是有形的，而更为遥远的是一条心路，沿着这条通往心灵净土的路途，人们经年累月不畏艰辛，不停地跋涉，跋山涉水，一路长磕。而人生命也正是在这样的跋涉中不断地升华。）

歌曲《朝圣的路》

朝圣的路

我向你走来，

捧着一颗真心；

我向你走来，

捧着一路风尘；

啊，真心，

啊，风尘……

芸芸众生芸芸心，

人人心中有真神，

不是真神不显圣，

只怕是半心半意的人……

作品赏析 ZUOPINSHANGXI

人生在世到底是为什么？这是个既简单又复杂的问题。大千世界，众生芸芸，会有迥然不同的答案。不过，只要心中有自己的追求，只要你努力朝着自己的目标义无反顾地迈步前行，你的人生就有了真正的意义。

可以说，我们每个人所确定的人生目标，都是对我们有着强大的吸引和诱惑，我们为它可以付出一切，包括生命。本片中的女主人公就是这样的人物，为了自己的人生目标，跋涉在高原，而最终把自己的生命永远地留在了那片她所向往、崇敬的土地。就像她自己最崇信的一句话："生命的方式只有两种，腐烂或是燃烧。"

片中对于几位艺术家努力追寻梦想的执著给予了多样化的阐释。他们有的是用双脚丈量着通向梦想的路程；有的是用文字描述心中对梦想的向往；还有的是用图案和色彩描绘美好理想的境界。

片中对于声音、画面的创作并不复杂，除去少数几个片段中对色彩进行艺术加工以求特殊效果外，更多时候是发现西藏自然之美，以电视手段进行加工，揭示节目主题。特殊的地域风貌给电视创作者带来绝好的契机。用镜头记录下真实的纯净的蓝天，镶嵌其中的洁白云朵；巍峨的地球第三极；雄伟的神庙；富有神奇特色的玛尼石；清澈明净的天湖之水，都令人心驰神往。

画面的色彩多为天蓝、白色以及金色，突出纯净和辉煌的之感。意义应为人们追求梦想的精诚之心和梦想境界的恢弘。

全篇所采用的声画配合方式为最传统的画面加解说模式。因此在节目中呈现出的多是画面和解说的一一对应。因此解说词有了量的规模，同时解说词的重要性被鲜明地突出出来。

片中音乐有大时间段的使用，所采用音乐是当时较为流行的电子乐，透露出和西藏神秘山水相互贴切地照应。但有一点不甚理想的便是音乐重复次数过多，略显单调，因此有时出现和画面的配合不够贴切。

两位解说者都是我国播音界的前辈。对声音的把握和控制能力都是深厚的。他们有一个共同的特点，即气息稳定充足。用声科学，如此长篇的朗读有一气呵成毫无费力之感。扎实的吐字发声功力，有效地保证了他们在解说中情感抒发的饱满度。本部电视片里，刘郎性格里豪放的特质表现得一览无余。整个解说词的文字风格，始终处于一种昂扬的情绪中，不管是叙述事实，还是抒发情感。而方明和林如在把富有潜质的文字转化成语言的时候，有效地进行了再次编码，呈现出一种崭新的情感抒发模式。

两个人的声音都具有表达此类宏大叙事的潜质。方明的声音富有多变性，热情奔放是主调；林如的声音里透露出一种宁静感，常常有自沉静中爆发之感。他们的声音相得益彰，音质音色相搭，声调和谐。有机融合为一个整体，阐释着西藏诱惑的真谛。

电视片《苏园六纪》之一《吴门烟水》①

雕几块中国的花窗

框起这天人合一的融洽

构一道东方的长廊

连接那历史文化的深邃

是一曲绵延的姑苏咏唱

吟唱得这样风风雅雅

是几幅简练的山林写意

却不乏那般细细微微

采千块多姿的湖畔奇山

分一片迷濛的吴门烟水

---

① 选自刘郎著：《秋泊江南》，中国摄影出版社 2001 年 5 月版。

取数帧流动的花光水影

记几个淡远的岁月章回

（赏析：富有诗意的引子，凝练的语句，恰当地概括出本系列电视片的主要内容，同时生动地描绘出江南浓郁的浪漫的水乡风情，令人心驰神往。）

女：1997 年 12 月 4 日，苏州的四座古典园林，被联合国教科文组织列入了世界文化遗产名录，成为著名的世界文化遗产的一部分。

对于一个世界性组织向苏州投来的瞩目，苏州的平民百姓像迎接每一场如期而至的春雨一样，似乎并没有表现出不平常。因为最了解那些古典园林价值的，毕竟是他们。可以说，他们就住在园林里。苏州，本就是一座园林城市。假如园林都不是遗产，还有什么能是遗产呢？

男：苏州城是不是园林城市，只看一眼这些立在街头的路牌就清楚了。世界文化遗产名录中所列入的拙政园、留园、网师园和环秀山庄就散落在苏州城的不同角落。苏州人的园林情结暂且按下不表，园林已融入了自己的家乡情，三两句说不清。外地人到苏州，更是必须到园林里看一看。看一看是不是像一些介绍所说的，拙政园真是那般阔大，留园真是那般精致，网师园真是那般小巧，还有环秀山庄的叠山手段真是那般的高超。门票虽然涨了点价钱，但园林还是一定要看的，不然这趟苏州就算白来了。在许多人的眼里，没有园林，苏州便不是苏州。（赏析：解说词文字细腻，体现出文字作者细致入微的观察力，而解说者借此更是有出色的表现，比如"阔大""精致""小巧""高超"，用不同的语气表现出各自不同的性状，十分传神。）

女：园林，又称城市山林。"城市山林"一词，颇有意味。城市是繁华的缩影，但好像又总和嘈杂分不开，而"山林"二字，却勾勒出了一种自然环境，一种宇宙间本真的幽静与深邃。苏州园林恰好是闹中取静的典型。墙外长街，虽然是车水马龙，但在粉墙之中、黛瓦之下，却是鱼戏莲叶的悠闲、满地蕉荫的恬静。

男：其实苏州园林对现代人来说，不仅可以在喧闹中获取幽雅，而且可以从今日寻找到昨天。倘使沿着那一泓碧水而徜徉，你会不知不觉地融入宋代；如果迈过了那一道幽深的石库门的门槛，你就会一步跨进明朝。

女：苏州的园林大致分为皇家园林、寺庙园林和私家园林三种。现存的园林，多是私家园林。春秋时期吴王阖闾建造的姑苏台，夫差建造的馆娃宫，当是苏州最早的皇家园林。晋唐之间，佛教大兴，寺院丛林的一时之盛，带出了寺庙园林的涌现。杜牧的诗句："南朝四百八十寺，多少楼台烟雨中。"便是一种形象的写照。

可惜，由于历史的久远，那些园林的飞檐翘角，早已隐入迷濛的吴门烟水，淡淡地变成了一片遥远的梦。

男：历史的织锦织到了宋代，特别是织到了苏州这一段，便特别的精细起来。因为它不仅织进了宋词的花草，织进了宋诗的田园，而且还织进了苏州的私家园林。

女：到了明代，苏州园林的发展进入了一个极盛时期。据《苏州府志》记载，明代苏州府有大小园林271处，著名的拙政园、留园、艺圃、天平山庄等园林都建于这一时期。

男：此时，苏州文化艺术的天空，出现了一抹绚丽的霞光。这就是与兴盛的昆曲、繁荣的话本，所同时发展的吴门画派。著名的画坛明四家沈周、文征明、唐寅与仇英的独特画风，也被直接或间接地运用到造园艺术之中。据记载说，文征明就参与了拙政园的设计，至今在拙政园的入口之处，还有一株文征明手植的紫藤。历百余载，这株紫藤老干盘根，阅历深厚，已亭亭如盖矣。

女：进入清代，苏州的园林建造达到了新的水平与规模。怡园、耦园、环秀山庄、曲园、听枫园、鹤园、畅园等等，都是那时的作品。

男：人们常说，苏州的私家园林兴于宋元、盛于明清，经明清两代的发展与完善，苏州的园林艺术更臻成熟。进而形成了精深的造园体系，丰富的园林内容，深湛的园林艺术，并成为中国古典园林的杰出代表。（赏析：本段对于苏州园林中私家园林的介绍，体现出作者对于有关史料的充分掌握。不论是私家园林的历史跨度还是隐含在其中的文化信息，作者都能很好地予以理清和评述，这其中显示出其独特的认识事物和分析事物的深厚功力。）

女：枫桥，一个天下闻名的去处，不过是苏州一座普通的桥梁。一千二百多年以前，偶尔在此停舟夜泊的张继，仅一首二十八个字的诗篇，使一首不朽的姑苏咏唱，跨越了无尽的时空。

男：横塘，一个普通的苏州小镇，却成了许多读者为之神往的地方。八百多年以前，宋代词人贺铸的一首《青玉案》，使横塘驿成了中国文学史上富有宋词色彩的景点。贺铸是这样将离愁别绪融入水乡风景的："试问闲愁都几许，一川烟草，满城风絮，梅子黄时雨。"

女：古韵悠悠的苏州城，是唐诗的故土，也是宋词的家乡，更有众多的吴文化的中坚人物，生于斯，长于斯，终老于这一派软水温山。值得一提的是其中的一些文人，除了留下了丰厚的著述与作品，还和苏州的园林结下过不解之缘。

男：苏州的石湖曾经是宋代诗人范成大的久居之处。范成大归隐之后，曾在这里建造园林，遍造花木，称石湖别墅。由于年久日深，别墅早已无存，但后人为了纪念范成大，在别墅的原址修筑了一座祠堂，并将范成大手书的《四时田园杂兴六十首》刻成石碑，立于两壁，成为石湖一胜。

女：如果说作品是生活的拓片，那么，这些拓片则是含义悠长的。它恰像诗人出于对家乡无限眷恋，才在那乌黑的青丝之中渐渐生出的根根白发。正因为置身于吴门烟水，诗人的灵感之舟才划入了中国诗歌的河流。

男：宋代的另一位诗人苏舜钦留给我们的则不是拓片，而是一组立体的诗画，这便是苏州现存的年代最早的园林——沧浪亭。现在的沧浪亭虽已不是最初的面目，但形制照样是依旧的。沧浪亭的独到之处在于它不像别的园林那样在有限的范围内又挖池又堆山，而是利用本来的地貌，因景写意，以水环园。"沧浪之水清兮，可以濯我缨；沧浪之水浊兮，可以濯我足。"是《楚辞·渔夫》中的渔翁吟唱过的著名句子。它的本意是愤世嫉俗的抒怀咏志，但到后来那独钓寒江的渔夫，那孤舟闲泊的笠翁，竟成了中国官场文人们归隐山林之后的一种代称。网师，也就是撒网的渔翁啊。

（园林学者　曹林娣）

我们很多学者都提出，苏州有一个隐逸文化市场，就是说苏州人状元多、才子多，但是政治上有特别大贡献的人倒不是太多。苏州文人不想做官。隐居，不是隐居在深山里，而是隐居在艺术里，追慕的是陶渊明的、嵇康的、阮籍的这一类人的魏晋风度，把自己内心的精神世界物化成一个精神绿洲，通过物质建构，把他自己的内心的审美理想、人格价值、宇宙观等包容在里面。中国古典园林有主题，是从晚唐开始的，有主题跟没主题是不一样的。主题园的园名，就代表了中心思想。像沧浪亭，用的就是《楚辞·渔夫》里的沧浪之歌。苏舜钦因为是被贬了，而且是无罪被贬。屈原在流放的时候碰到过一个渔夫，唱了这首沧浪歌，劝他随世沉浮。沧浪、渔夫作为符号意义，是没有别的概念可以替代的，这文化符号就是代表隐逸的。

女：晋代的陶渊明作为中国文人的隐逸之宗，他所居住的环境是结庐在人境，而无车马喧。而苏州园林主人的住所，墙外虽没有今天这般嘈杂，但毕竟还是市井街衢。因此，除了沧浪亭那样的园林，对外部是含露相宜之外，多数的园林主人，还是用高墙把自己封闭起来。大隐隐于市，中隐隐于野，小隐隐于朝。苏州园林的主人选中的正是前者。

男：唐宋以降，明清的富贵权要和发达了的文人名士，将先秦时代哲人们对生命本义的发现，转化为享受生命的实践，并作到了生活地域、生活环境与生活质量的高度融合。就其本质而言，园林是下野的、有钱的、有文化的人物，与下层的、没钱的、有才智的工匠所共同合作的结晶。绵绵吴中大地，恰恰以物阜丰富、以草木华滋、以文风鼎盛、以艺匠技巧，为培植苏州园林这株华夏文明里的富贵风雅之花提供了温温润润的良田沃土。

女：苏州博物馆举办过许多次展览，但有一次，因为那些馆藏作品的内容与形式都特别具有苏州的特点，所以，也就给人留下了特别深刻的印象，这便是清代状元书扇展。

男：状元，是封建科举制度进士科的第一名，其身份可想而知。而苏州博物馆所藏的状元书扇，其作者竟占了清代状元的三分之二。

女：江苏文化发达，文人荟萃，清代一百一十二位状元当中，江苏就占了四十九位，而苏州的状元又占了江苏的一半，共二十四名。难怪有人说，苏州是一座状元城。

男：这所老宅，便是常熟城里翁同龢的故居。翁同龢考取状元之后，曾做过同治、光绪两代皇帝的老师，有过相国式的地位。戊戌变法时，曾举荐过康有为等人，在维新运动中起过重要作用。不仅苏州城保留着一些直接与状元有关的遗址，而且还流传着四对祖孙或是叔侄先后都曾考取状元的佳话。翁同龢和他的侄子翁增源，以及以书法著称的陆润庠和其曾祖陆肯堂，就是其中的两对。苏州的状元如此之众，而获取进士级功名的苏州读书人那就更多了。

女：在封建社会当中，考中状元，又称蟾宫折桂。取得了一定的功名，也就获取了一定的官职与权力，同时也就有了获取钱财的机会，或可称为仕途经济。廉洁的，俸禄不薄；贪婪的，敛财有方。对前者，人们常常以两袖清风来赞美；对后者，又往往形容为三年清知府，十万雪花银。

男：历尽了仕途风雨，经过了宦海沉浮，那些已感到身心疲惫的状元们、进士们，这才想到了要顺着回家的道路，去做泽畔渔翁，去领受清风明月了。人生道长，路途漫漫，却往往走不出简单的轮回。

女：不过这种轮回却往往不是一般的重复。去时，是满船诗书；归来，是一车银两。清风明月不用一钱买，那只是饮馔精良的园林主人在雅集酬唱之时所发的诗兴而已，只是左右不说一个"钱"字。对于这些，历史老人似乎对其并不苛刻，因为这些人物，毕竟给后代留下了众多的苏州古典园林这一批精美绝伦的财富。

男：近年来才誉声鹊起的苏州水镇周庄，在明朝初年出过一位江南富商沈万山。说沈万山富可敌国也不为过。因为朱洪武整修金陵城的城墙时，其中三分之二的资财是由沈万山捐助的。也许是被人理解为要与皇家斗富，沈万山最后只落得个流放边陲的下场。沈万山曾经富甲一方，但遗憾的是不知是什么原因，他到底没有给历史留下过哪怕是一亩园林。在中国的历史上，儒商或许是有的，但他们毕竟与文人型的仕宦不能划归一类。从根本上看来，二者向来具有显而易见的楚汉鸿沟。

（学者、书画家　谢孝思）

欣赏园林的好处，看它布置的这些大自然的风景，它都要把大自然当中最美的那一环吸收进来，所以这个是学问。当然包括中国的文学，特别是中国的诗歌，中国的绘画，还有中国的哲学。所以真正要欣赏苏州园林，我认为那是不简单的。所以它是一个很综合的，最高层次的艺术。苏州园林的特点，它尽管是一个小小的天地，但中国的内涵变化很丰富。这是中国的园林，特别是在苏州。我们贵阳有一个大户人家，以前清朝时是做大官的，也在贵阳搞了一个园林。当然也不错，但是一点，不能解决水的问题。我们贵阳那个地方，一打下去就是石头，它这个地方一打下去两尺就是水，苏州园林妙啊。而不是我们在苏州就标榜苏州，这是客观存在的。所以构造苏州园林的不仅仅是劳动人民，包括许多诗人，画家，还有高层次的匠人，劳动人民，缺一不可。

女： 值得一提的是苏州园林的许多主人，既不是富可敌国的富商，又不是穷困潦倒的文人，而主要是拥有资财的雅士。至于那些已经隐居到了园林之中的官场文人，写了一辈子的宏文策论，表章奏折，人生的文章最终写到了抒发灵性与真情实感的当口，这才发现原来还有一颗属于自己的心。无怪乎像阮大铖这样的权要文人，也写起了《燕子笺》《春灯谜》之类的传奇剧本。

男： 这些人物的社会位置使他们的生活与文化相融合，形成了以富足优裕、文学艺术和恬淡情调浑然一体的明清风雅。可以说这一种至明清才臻于高度成熟的，中国历史上特有的生活形态与类型，便是诗书仕宦之族。并以诗礼传家，强调传统教养的书香门第。在明清之后，这种中国封建社会中别致的存在形态，一直延续了许多年。正是担纲这种生活形态的主角，为了把生活的质量推向极致，才在历史上写下了文人造园的点睛之笔。园林，正是他们在苏州这座历史的博古架上置放的一批放大的古玩。

女： 虽有高墙阻隔，虽是园门紧闭，而园林里的生活，却与吴中风土有着密不可分的联系。有苏州这根藕，才有园林这朵花。这藕这花，都生长于滋润温和的吴门烟水之中。（赏析：此处配合的镜头十分考究精致，荷花淡雅高洁，以深色作为背景，愈发显示出它的清新脱俗。）

苏州的古典园林中，设计了那一些富贵的亭台楼榭，苏州的民居里，也曾有这一角简淡的闲情雅致，说不上谁受了谁的启发。

男：苏州的明四家，笔底有江南山水的流光，苏州的桃花坞，纸上有吴中风俗的艳丽，说不上谁取了谁的营养。

女：昆曲风行过勾栏，评弹悠扬于里巷，说不上哪一种形式更能够代表着苏州。（赏析：此处的排比句式，体现出作者对于苏州文化历史的广博知识和奇妙的思维方式。文笔清晰脱俗，富有极强的概括力。为解说者提供了有声创作的佳境。）

男：那时候文玩器物并不仅仅属于那些园林主人，姑苏古城到处可见充满文化情趣的店铺。明代有一首姑苏竹枝词，是这样写的："外边开店内书房，茶具花盆小榻床。香盒炉瓶排竹儿，单条半假董其昌。"

女：一条董其昌的书法，即使是赝品也似乎毫不妨事。苏州的冯梦龙采集过众多的话本，这些话本好是好，可那是听过就算了的，装点家中的风雅，还得要名家的笔墨来补壁。字可以是假的，但苏州的风雅却是真的。苏州本也是一座风雅之城。

男：风雅向来是苏州的气脉。这烟水迷濛的城市，不只是靠鲜蟹活虾，嫩藕新菱来喂养。若仅仅是物产丰美，马可·波罗绝不会说苏州是世界上最美丽的城市。

女：苏州园林作为一种独特的历史文化结晶，有着不可替代的个性。有的发达国家的人士说，你们的园林我们可以复制，而且可以复制得一模一样。但有一样是不能复制的，就是那些古树。其实任何东西，离开了产生它的具体环境，都只能是一只断藤之瓜。环境造就人，也造就物。反过来说有时候具有魅力的事物，一半儿是环境的力量。环境，特别是文化的环境，从本意上讲是无法复制的。苏州园林之所以有生命，原因就是在于它和吴文化的土壤、苏州人的生活长相厮守。（赏析：很多业内人士曾经指出，电视片的解说词具有非独立性，它是依托画面而存在的，不能独立成篇。而刘郎为电视片撰写的解说词却独辟蹊径，自成一格。他的解说词可以拿来单独欣赏，可以成为单独阅读的美文。）

男：历史的颓垣早就埋没了吴宫花草，吴门烟水里，也已不见了唐朝的渔火江枫。但范成大笔下的菜花却依然是金灿灿地开着。石湖的蝴蝶，年年也都抒情地飞舞，飞舞在每一个苏州的春天。

后 记

　　小时候没有电视，几乎是听收音机长大。对广播中播音员的声音有种莫名的喜欢。至于原因自己也说不清楚。时光荏苒，电视走进了生活，对于其中的播音员、主持人依然关注，不是因为这个工作光鲜，而是他们的声音让我心动。这种喜欢想来是一种缘分。

　　不论是漫步在大学校园，还是奔忙于工作岗位，不管是台前还是幕后，一直都在和广播电视打交道。

　　而现在有机会对于播音主持专业的优秀从业者和作品进行品评，当是我人生中的一大幸事。因为我觉得这是我更深入和他们交流的有益方式。还因为书中所选作品中的播音员主持人有不少是我所崇敬的前辈，因为他们有着令人钦佩的人品和艺品。

　　一直认为书是作者和读者对话的最好工具。因此很想通过这个媒介和不曾谋面的读者有一种交流。谈及写书，总觉得是艰难之事，一则没有合适的机会，二来更重要的是感觉一定是要真的有话可说。后者显得更为重要，言为心声，如果没有达到不吐不快的程度，即便是机遇来临也会望而却步。这次有幸撰写此书，是因为二者有了较为有机的融合。

　　大凡做事，只有在事情终了时回望跋涉的路程，才会真的体会到其中的滋味。一路走来的艰辛不时浮现在脑海中，仿佛就在昨日。而闪现最多的几个词汇依次排列当属感激、感慨、感悟。

　　每次想起在成书过程中向我伸出援助之手的人，都让我心里油然升起一种感激之情。真诚感谢南京师范大学新闻与传播学院毕一鸣教授，帮助我理清思路，并且一直给予我真诚的关心和指教。可以说没有他的关心爱护，此书难以完成。他对事业的执著和朴实的人品一直是我前行的动力。

　　感谢我的家人，不论是长辈还是同辈，尽管他们对播音主持专业并不十分知晓，但共同的关心却让我倍感亲情的温暖，使我在写作过程中充满信心，不断克服困难奋力前进。

　　一本书从构思到最后捧在读者的手中，是一连串精心细致的努力。除去了作者的写作，更有编辑的审视，以不同的角度对作品进行观察，会有一种远观庐山的体会。因此十分感谢本书责任编辑王天盈同志的辛苦工作。

　　本书中选用的优秀播音主持作品，节目编辑、播音员主持人还有技术制作人员都将自己的心血和智慧投入其中，才使得我们有机会走进如此美丽的有声语言艺术空间。感谢他们的真情投入，我们才可以循着他们的心路历程探访美的世界。

感谢湖南大众传媒学院热情提供部分参考资料，使得本书例证更为丰富。

感谢一切在我成长过程中曾经热情相助的前辈和朋友。

对于作品的赏析没有止境，因为一个人对于不同作品的感悟，以及多个人对于同一个作品的感受都不尽相同；人们需要富含美感的播音主持作品，时代的变迁给广播电视播音主持艺术提供了源源不断的创作源泉。以这样的方式让更多的人感受到美丽文字的声音样式，一种美妙的意韵，当是一件十分有意义的事情。

记得刚刚接到此书写作任务的时候，得知这会是一个十分艰难的历程，因为可以参照的资料很少。写作的过程中不时遇到绞尽脑汁的时刻，有时甚至到了山穷水尽的边缘。但心中总有一个声音在告诫我，前行。尽管不是坦途，却是在不断地向远方延伸。

人生的路途没有尽头，跋涉的脚步不能停歇，漫漫长路，有一盏灯指明方向，有一双手牵引前行，有一颗憧憬未来的心不停地跳动。

路途艰辛，一路走来，感慨万端。但只能稍作停留。擦去汗水，抬头远望，满目繁花似锦，更是一种继续前行的召唤。

路途漫漫，也许只有不停地求索，方可找到安慰自己心灵的理由，这是我写作此书的感悟，亦是对生命本质的感悟。